古代日本の情報戦略

近江俊秀

朝日新聞出版

目　次

イラスト　須田博行
図版作成　鳥元真生

古代日本の情報戦略

近江俊秀

『新日本古典文学大系　続日本紀』『日本思想大系　律令』『万葉集』（講談社文庫）の引用の表記は、旧字・異体字は新字に改め、読みがなは一部省略し、新かなづかいに改めた。

プロローグ

『続日本紀』大宝元年（七〇一）正月元日条に、次の記事がみえる。

天皇、大極殿に御しまして朝を受けたまふ。その儀、正門に烏形の幢を樹つ。左は日像・青龍・朱雀の幡、右は月像・玄武・白虎の幡なり。蕃夷の使者、左右に陳列す。

（『続日本紀』の読み下しは青木和夫他『新日本古典文学大系　続日本紀』による）

天皇は新年に大極殿に出御し、参列した皇太子以下、文武百官から祝いを受ける。この年も例年と変わらず厳か、かつ、きらびやかな儀式が行われたのであるが、『続日本紀』の編者はこれまで記すことがなかった言葉を付け加えている。

文物の儀、是に備れり。

文物とは学問・芸術・法律・制度である。この年の八月三日、国家の基本法典『大宝令』が施行される。祖父天武天皇が天武五年（六七六）に建設を命じ、祖母持統天皇が持統八年（六九四）に遷都した日本最初の都城、藤原京の大極殿で新年の儀式を無事終え、わが国最初の法典の完成を間近にした文武天皇の気持ちはまさにこの言葉どおりだっただろう（写真1）。

律とは刑法、令とは行政法のことで、古代中国では秦が中国全土を統一した時代（紀元前二二一年）に律令に基づいた中央集権体制がとられるようになった。「すべての土地と人民は皇帝のもの」という基本理念のもと、精緻な法体系をつくり、さらに支配を円滑に行うための官僚機構を整備した。日本が律令制に基づく天皇を中心とした中央集権体制による国家建設を目指したのは、七世紀初め、推古天皇（「天皇」号の使用が確認される最古の文字史料は奈良県明日香村の飛鳥池工房遺跡出土の丁丑年〈六七七〉の木簡であるが、本書では便宜的にそれ以前についても天皇と記す）の時代のことであった。それからおよそ百年を経て、ようやく中央集権体制が完成したのである。

西暦五八一年、西晋の滅亡以来、分裂状態にあった中国を二六五年ぶりに再統一した隋帝国の出現は、周辺諸国にも多大な影響を与えた。強大な国家の出現は、東アジア諸国を否応なしに隋を頂点とする国際社会へと向かわせることになる。東アジア社会に生まれた新たな国際秩序の中で、自国の優位性を得ようとすれば、それまで以上に国力を高める必要がある。そのために日本が選んだ道が、天皇を中心とした挙国一致体制の確立、すなわち天皇を頂点とする中央集権体制の樹立であった。

その間の紆余曲折については、本書でもふれるが、中央集権体制を実現するために何よりも必要だったのが、国家のすべての土地と人民を中央にいながらにして掌握するシステムの構築であった。

そのためには、
①すべての国民を把握するための戸籍制度の導入
②中央から派遣された官人（役人）が少人数で地方を効率的に統治できるようにするための制度と施設の構築
③中央の命令を正しく地方に伝え、地方の出来事をいちはやく中央に報告する情報伝達システムの構築

が不可欠であった。これまで、①②については多くの研究があり、その成果は教科書にも記されて

写真1　藤原宮大極殿跡（奈良県橿原市）
わずか16年の短命の都に終わったものの、宮と都市とが一体となったわが国最初の本格的な都城である。かつては、持統天皇の時代に造営が開始されたと考えられていたが、近年の発掘調査により、都市の街区の建設は天武朝前半にさかのぼることがわかった。（写真・著者、以下断りのないものは同じ）

いるが、③についての研究は限られ、一般向けの図書もきわめて少ない。かといって、③が①②に比べて重要度が低いわけではない。為政者にとって情報を常に的確に把握しておくことは、日本の古代社会においても現代社会と同様、必要不可欠であった。また、単に情報を得るだけでなく、いちはやく情報を得ることも重視されていた。中央集権体制における政治・行政上の意思決定は、原則としてすべて都で行われる。日常的な事柄に対しては、法律で定めているものの、反乱などの重大事件の発生、外交問題、災害や飢饉などの緊急事態発生となると、地方の行政官はいちいち都に方針を諮(はか)らなければならなかった。そうした事態に速やかに対応するためには、情報伝達そのものをスピードアップしなければならなかったのである。

そして何よりも、日本が手本とした中国の律令における緊急通信制度(駅制)は、異民族の国境侵入や内乱などの非常事態の発生に対応するため、可能な限り速やかに皇帝のもとに情報を届けられるよう制度設計がなされていた。そのため、中国の制度をとり入れること自体が、スピーディーな情報伝達方法を獲得できることにつながったのである。

本書では、中央集権体制を実現した古代日本の情報伝達システムとそれを可能にした社会の実態を明らかにする。また、情報が信号化されず人力で伝えられていた時代に、それがどれほどのスピードであったのか。情報伝達の方法や運営システムはどうなっていたのか。どんな情報が飛び交っていたのか。文献史料や考古学の成果から考えていくこととする。

第1部　情報はいかに伝わったか

第1章　藤原広嗣の乱

1　都を去り、大宰府へ

広嗣という人

天平一二年（七四〇）夏。大宰府（現在の福岡県太宰府市にあった九州を統括する役所）で悶々として楽しまない日々を送っている男がいた。年は二〇代半ば。しかし、偉大な父の死から長く続いた鬱屈した日々は、彼の風貌から若者らしい生気を奪っていた。

「もはや兵を挙げるしか、私の思いは聞き届けられないのかもしれない」

そう考えるとそら恐ろしくなるが、何か解き放たれたような不思議な気持ちも湧き起こる。

男の名は、藤原朝臣広嗣。天平一〇年一二月四日、大宰少弐に任命され、この地に派遣された。藤原宇合の長男である。宇合は、時の権力者、藤原不比等の三男として生まれ、長兄武智麻呂、次兄房前、弟の麻呂とともに、政権の主柱として働いた。ふたりの兄が中央を活躍の場として離れなかったのに対し、宇合は遣唐使として唐に派遣されたのを皮切りに、常陸守を務めあげた後、持節大将軍として蝦夷の反乱を鎮圧、その後は式部卿（文官の人事考課などを行う式部省の長官）の業務に携わるかたわら知造難波宮事として難波宮造営を監督し、さらには西海道節度使（地方の軍備を司る臨時の役職）と大宰府の長官である大宰帥を兼ね、その活躍の舞台は中央にとどまらず、東国から九州に及んだ。弟の麻呂は、美濃介を経て平城京の行政を担う左右京大夫を務めた後、兵部卿兼山陰道鎮撫使、そして陸奥国持節大使（持節大将軍の職名を改称）になるなど、まるで宇合の後を追うように経歴を重ねていた（図1）。

広嗣からみれば、三人の伯叔父たちに比して父の功績は大きく、偉大な父から多くを学んだ自分こそがその後を受け継ぎ、国家の柱石たらんと欲していた。しかし、悲劇は突然訪れた。天平九年八月五日。父が突然、薨去したのである（律令制度では、親王や三位以上の位階にある者が亡くなると「薨」、王や四位・五位の者には「卒」という尊敬語が使われた）。まだ四四歳。働き盛りの若すぎる死であった。

その前月の七月一三日には麻呂が、七月二五日には武智麻呂が相次いで薨去しており、同年四月一七日に薨去した房前も合わせ、広嗣の伯叔父らも瞬く間にこの世を去っていた。四人の命を奪ったのは遣唐使が唐からもたらした天然痘だった。次代は未熟で、それによって藤原氏の勢力は政権の中枢から一気にかき消えた。

未熟な次世代

この時、朝廷に残る藤原一族は武智麻呂の長男豊成が三四歳、次男仲麻呂が三二歳。房前の長男鳥養は卒去しており、次男永手は二四歳。位階は豊成が従四位下を授けられ、参議（政権の意思決定機関である太政官の官職で、大臣、納言に次ぐ地位）に任命されていたものの、まだまだ政治的な発言力は弱い。何よりも、藤原氏の氏上（天皇の承認を受けたウジの代表者）にしてはおとなしすぎる性格の豊成には、藤原一族を団結させ、再び一族を浮上させる力はないと広嗣はみていた。仲麻呂は秀才肌ではあるが、どこかつかみどころがなく、永手に至っては、その弟、八束（真楯）よりもその才が劣っているように思える。「せめて、自分が豊成の地位にあれば」、広嗣はそう思っていた。

　しかし、政治の世界は藤原一族の若者たちの成長を待つほど悠長ではない。伯叔父たちが担った事実上の政権の首班としての役割は、父たちの義兄弟の橘諸兄が担うことになった。諸兄政権の発足は、父の命を奪った天然痘の流行により、政界の有力者の多くが薨去したことを受けての緊急避難的な措置だったが、諸兄は学者の吉備真備と僧玄昉を政策ブレーンとし、聖武天皇の信を得、着実に政権基盤を固めていった（図２）。

　広嗣はあせった。このまま放置しておけば諸兄政権はいっそう盤石になり、藤原一族が世に出る機会がなくなるのではないかと。広嗣の不満は諸兄政権下で安穏と暮らしているようにみえる一族に向けられた。

　一族に対する誹謗中傷。事は身内の喧嘩では済まない。天皇に仕える官人、しかも政権の運営方針に従い忠実に仕事を行っている者を誹謗することは、天皇を非難することにつうじ罪に問われてもしかたがなかった。しかし、天皇は父の功績や光明皇后の甥であることに免じて、広嗣を大宰少

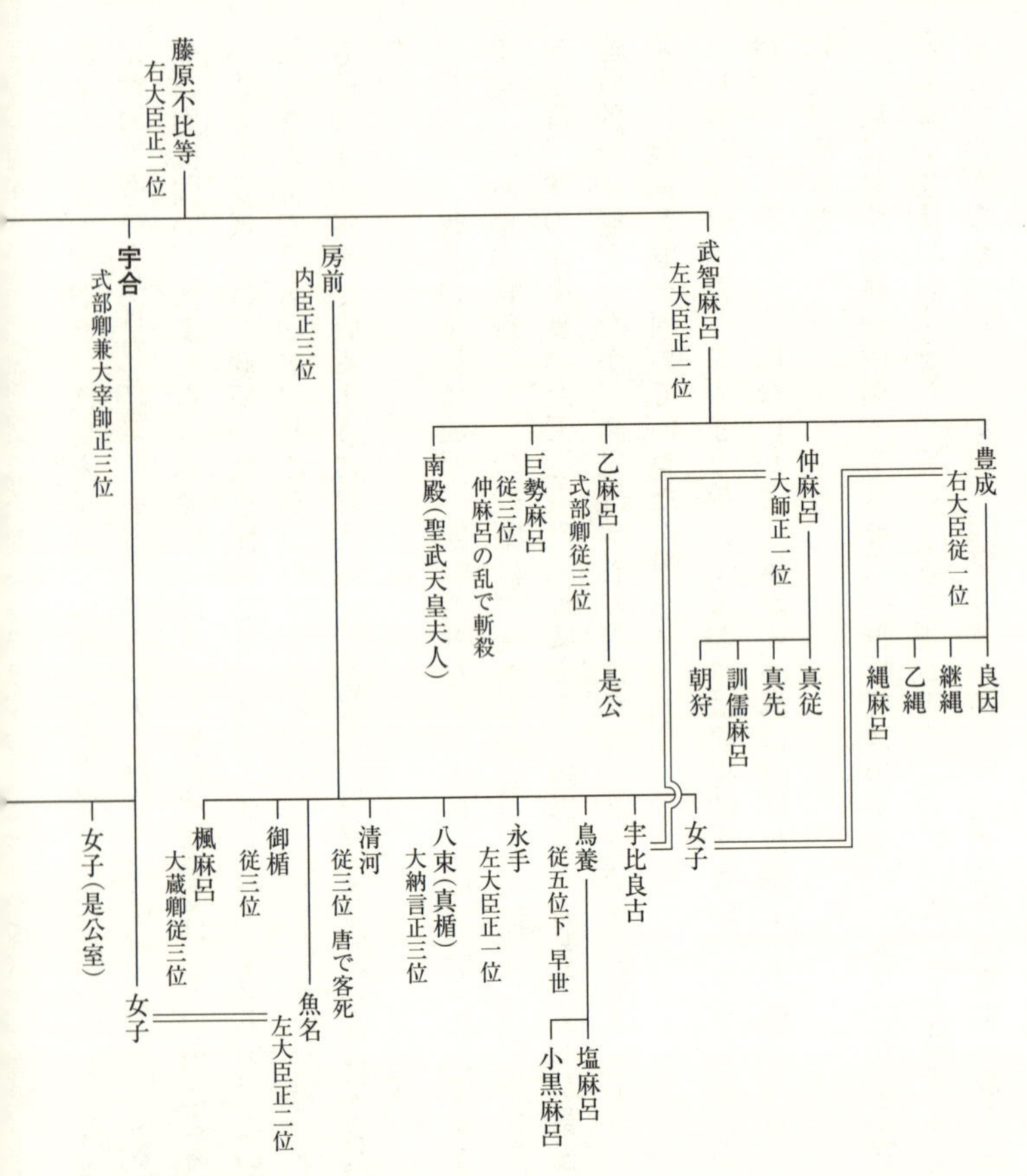

図1　藤原氏系図

藤原氏は大化の改新で功績があった中臣鎌足が、その死の直前（天智８年　669）に藤原朝臣の姓を天智天皇から賜ったことを始まりとする新興の氏で、文武２年（698）８月に不比等の子孫のみが藤原姓を名乗ることを許された。律令制度では個人が能力別に官人として天皇に仕える制度であることをうまく利用し、不比等の４人の子は太政官の有力構成員となった。また、律令の規定によると祖父や父の位階に応じてその子らは、21歳になると官位を受けることになっていた（蔭位〈おんい〉制）。そのため、藤原一族の若者たちは、出世に有利な立場で官人生活をスタートすることはできたものの、20代での位階はせいぜい五位。当時、政治家としての発言力を増すのは、早くとも30代後半以降であった。

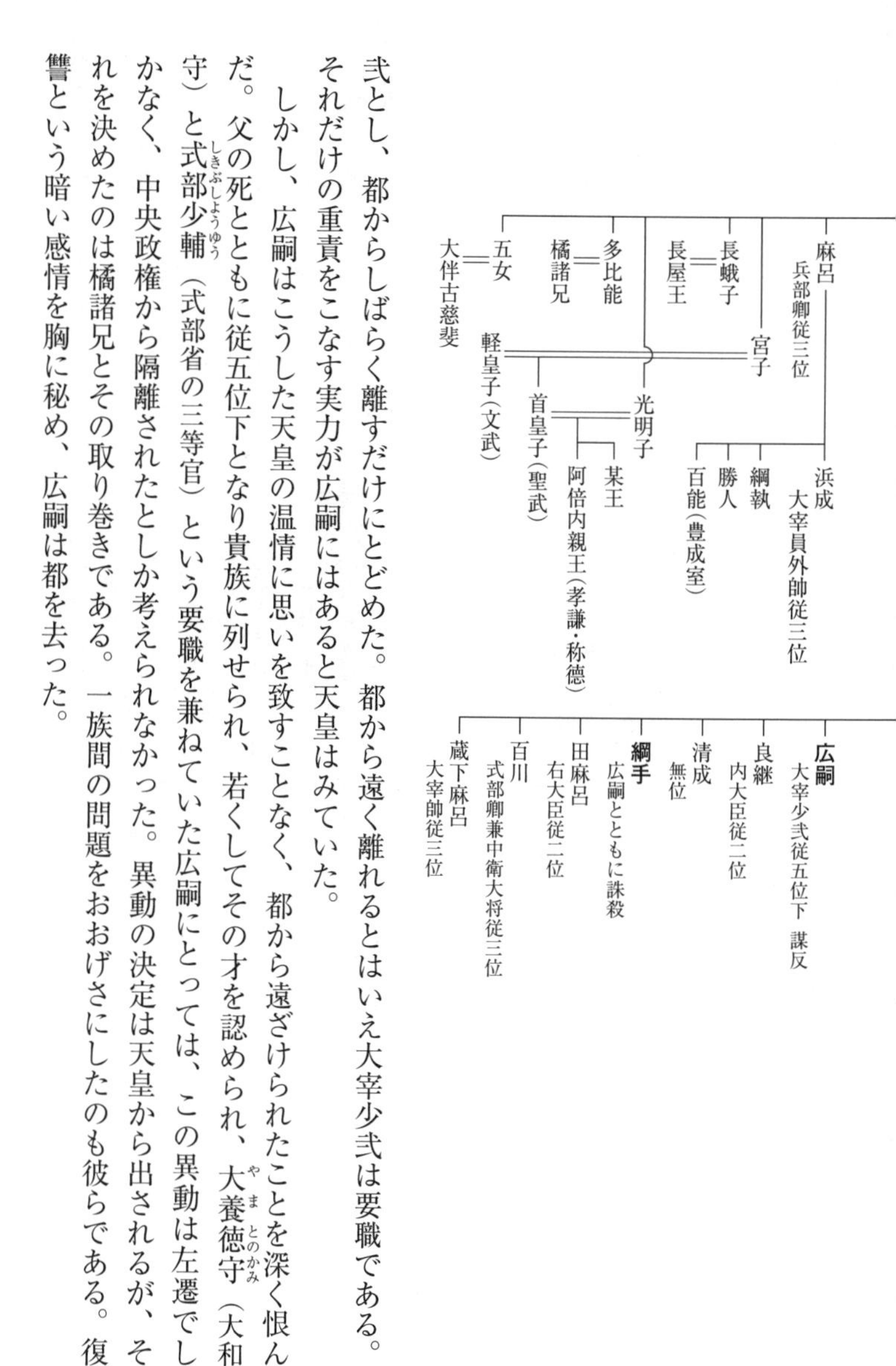

弐とし、都からしばらく離すだけにとどめた。都から遠く離れるとはいえ大宰少弐は要職である。それだけの重責をこなす実力が広嗣にはあると天皇はみていた。

　しかし、広嗣はこうした天皇の温情に思いを致すことなく、都から遠ざけられたことを深く恨んだ。父の死とともに従五位下となり貴族に列せられ、若くしてその才を認められ、大養徳守（大和守）と式部少輔（式部省の三等官）という要職を兼ねていた広嗣にとっては、この異動は左遷でしかなく、中央政権から隔離されたとしか考えられなかった。異動の決定は天皇から出されるが、それを決めたのは橘諸兄とその取り巻きである。一族間の問題をおおげさにしたのも彼らである。復讐という暗い感情を胸に秘め、広嗣は都を去った。

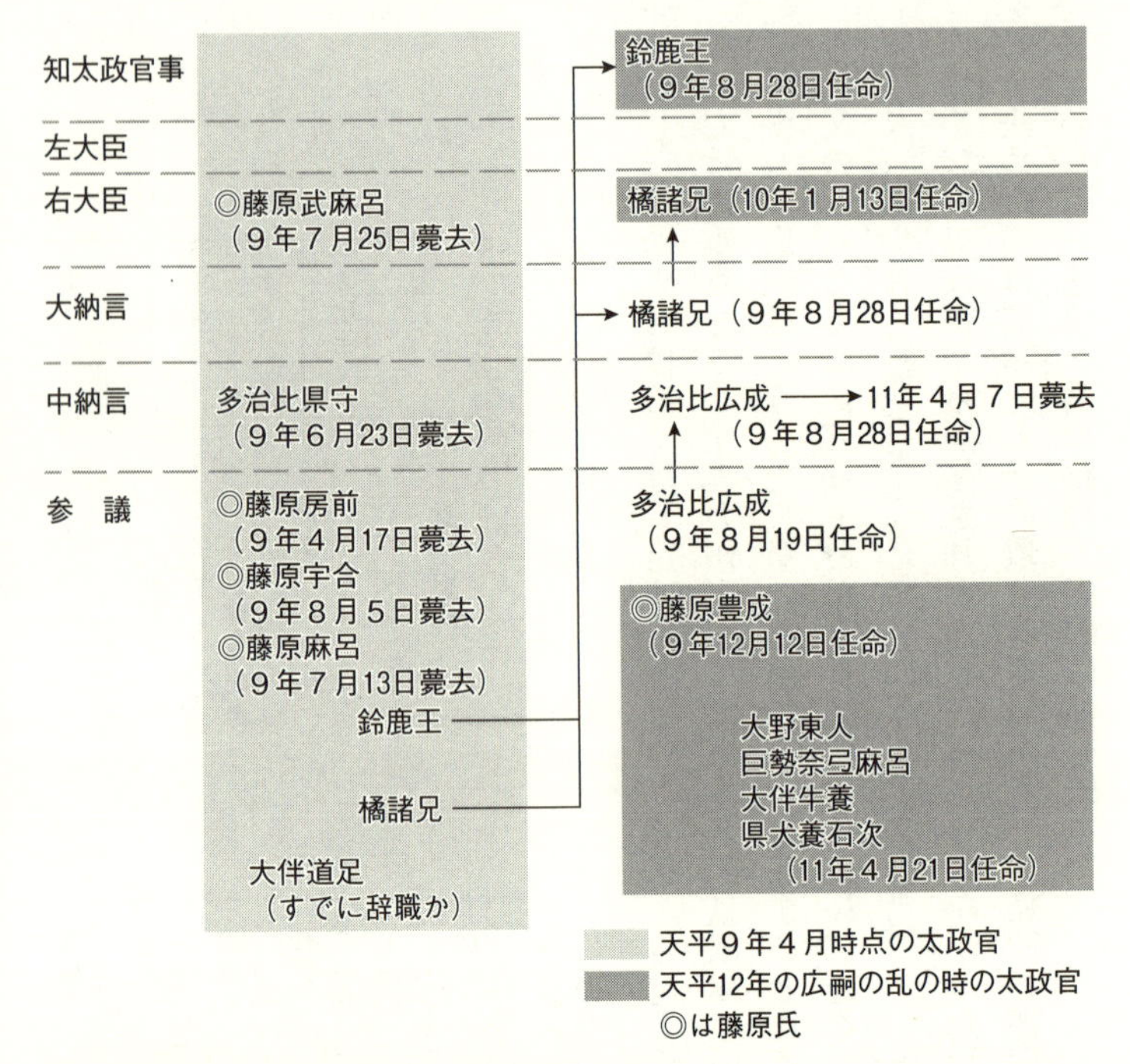

図２　天平９〜12年の太政官構成員の変遷
天平年間（729〜749）の政治は右大臣を首班とし、中納言と数名の参議が主導していた。藤原四兄弟の薨去の後、藤原氏の中で参議となったのは豊成のみで、11年４月の参議補充の時には、大野・巨勢・大伴・県犬養氏から、ひとりずつ任命されている。藤原氏政権から、橘諸兄を首班とした有力氏族による連合政権へと大きく様変わりした。なお、鈴鹿王が任命された知太政官事の権限は明らかでなく、名誉職という性格が強いと考えられている。

2　クーデター勃発

広嗣謀反

広嗣は大宰府で多忙な日々を送った。大宰府は九州島九カ国と壱岐、対馬の二島からなる西海道を管轄する役所であり、租税の調庸の大半がとどめ置かれ、財源とすることができた。その権限の大きさから「遠の朝廷」とも呼ばれていた。また唐や新羅などとの外交の窓口でもあり、広嗣が着任する一一カ月前にも新羅の使者が訪れている。

諸外国は当時、友好的な姿勢を保っていたが、その扱いを誤れば、国際問題にも発展する。また他国間の同盟関係次第でいざという時は、軍を発し迎え撃たなければならず、そのための準備も怠ることはできない。こうした緊張感のある役所である。

また、大宰府の長官である大宰帥は父宇合の薨去後は誰も任命されていない。帥以下は大弐、少弐と続くが、この時の大弐は高橋安麻呂。安麻呂は中央で朝廷の意思決定の最高機関である太政官の右大弁という役職を兼ねており、大宰府には赴任していなかった。そのため広嗣は同じく少弐の多治比伯（天平一一年三月二一日条に大宰少弐として名がみえる）とともに実質的な大宰府の長官の役割を担っていた。

広嗣は西国の様子をつぶさにみた。都に蔓延した天然痘は西国にも大きな被害をもたらした。人々は疲弊していた。また、西国には中央政権に従うことを潔しとしない勢力もいた。隼人と呼ばれる人たちである。養老四年（七二〇）、隼人は中央の支配に反発し、大規模な反乱を起こした。乱は大伴旅人を征隼人持節大将軍とする征討軍により鎮圧されたが、一年半にも及ぶ大規模な戦争は、隼人の強さと剽悍さを中央にも深く刻み込んだ。

「中央の政策で疲弊している人々の力と隼人の力を集め、軍事的に圧力をかければ現政権は崩壊する」、広嗣はそう考えた。広嗣の目的は日本という国の転覆ではない。右大臣橘諸兄を首班とする現政権の構成員（太政官）は、藤原豊成を除くと、巨勢氏、大伴氏といった古墳時代からの伝統的な氏族の代表者、諸兄の親族である県犬養氏、武官の大野東人といった顔ぶれであった。律令の制定にかかわってきた者はひとりもおらず、律令についてどれほどの知識があるかも疑わしい。

広嗣の祖父不比等が編纂を進めた『養老律令』は諸兄政権下では完成に至らず、その完成・施行は藤原仲麻呂が実質的に政権を担っていた天平宝字元年（七五七）を待つこととなる。完成が遅れたのには、政権の律令制度整備に対する関心の低さ、あるいは急速な改革に反対する伝統的な氏族の抵抗が示されているのかもしれない。

この顔ぶれでは、とても律令制に則った政治など望めないとみた広嗣は、諸兄政権を打倒し、再び藤原一族が天皇を支え律令制の理念にかなった国家を造りあげなければならないと考えた。意を決した広嗣は、天皇への上奏文をしたためた。天平一二年（七四〇）八月二九日のことである。

広嗣の上奏は痛烈な政権批判であった。政策ブレーンである吉備真備と玄昉を除くこと。さすがに、現政権の首班でもあり、かつ天皇家の血を引く橘諸兄を名指しにこそできなかったが、これだけでも十分すぎるほどの政治批判である。そして当時、政治批判は大罪であり、官人の犯罪についての罰則を定めた「職制律（しきせいりつ）」によると天皇批判と同等とみなされ、刑罰の中で最も重い斬罪に処されることになっていた。

しかし、広嗣にはもう迷いはなかった。上奏文の発出とともに広嗣はすぐさま軍の編制に取りかかった。彼の顔には再び生気がみなぎっていた。

反乱軍の組織

大宰府は白村江（はくそんこう）の敗戦〈天智二年〈六六三〉に朝鮮半島で起こった唐・新羅連合軍と日本・百済遺民軍との戦い〉以降、唐・新羅軍の攻略に備えて防御が施されていただけでなく、緊急時に備えて武器も豊富に備蓄されていた。前年、国防軍である軍団は廃止されていたが、陸奥国と大宰府管内は例外とされ、鎮（ちん）という役所に多数の兵が常駐していた〈軍団一団につき五〇〇から千名以上の兵がおり、九州には一八団、一万七一〇〇名の兵が常備されていたと考えられる〉。少弐の権限をもってすれば、こうした兵を自らのもとに集めることができる。広嗣は兵を集めるための烽火（のろし）をあげさせた。それと同時に、弟綱手（つなて）をはじめとする腹心の者を少弐の使者として九州各地に派遣し、兵を集めさせた。

兵は強く、武器もふんだんにある。何よりも、中央に対する不満は皆が抱いているはず。「負けるはずはない」。広嗣はそう思った。

3　謀反の結末

将軍大野東人

広嗣の上奏文は九月三日に都に届いた。都に緊張が走った。大宰少弐という要職にあれっきとした官人が、しかも天皇の外戚である藤原一族が反乱を起こすとは誰も予想していなかった。しかし、律令法が整備されていたこの時代は、こうした緊急事態にもすぐさま対応できるような仕組みができあがっていた。征討軍を指揮する将軍、副将軍らの任命や兵士の徴発は、軍事全般について定めた「軍防令（ぐんぼうりょう）」に則って九月三日のうちに始められた。

すなわち、東海・東山（とうさん）・山陰・山陽・南海道諸国に合計一万七〇〇〇人の兵を集めることを命じたのである。大将軍に任じられたのは大野東人。長く東北において蝦夷と戦ってきた百戦錬磨の将軍で、広嗣の叔父麻呂もその軍略の才を高く評価した人物である。この時代の軍人としては最も優れた軍才と豊富な実戦経験を持っていた。

東人の父大野果安（はたやす）は壬申の乱（六七二）の時、近江朝廷軍の将軍であり、大海人（おおあま）方の将軍大伴吹負（ふけい）軍を大和国で敗走させたが、果安は乱の後に許され、天武天皇に仕えた。東人は若くして軍才を認められ、養老四年（七二〇）の蝦夷の反乱鎮圧に従軍し、多賀城を築き、天平元年（七二九）から一一年の間は陸奥鎮守将軍（陸奥国に置かれた律令国家の軍事拠点、鎮守府の長官）として蝦夷経略の中心人物として活躍した。その間の功績はすさまじく、出羽国最上川河口付近にあった出羽柵（でわのさく）を秋田市付近まで北上させるなど、国家の支配領域を九〇キロメートルほど北へ押し上げ、さらに多賀城と出羽柵の連絡路を開通させることにより、太平洋側から日本海側への軍の移動を容易にした。それにより、陸奥国と出羽国の南部は完全に国家の支配領域に組み込まれたのであった。

名将東人はすぐさま広嗣の作戦を見破った。おそらく、軍の主力は隼人であろう、広嗣軍は大宰府にとどまらず豊前国あたりまで侵攻し、さらに関門海峡を渡って軍を都へと向かわせてくるだろうと。翌日、都に出仕していた隼人二四人が征討軍に編制された。隼人は仲間意識が強く、彼らが広嗣軍の隼人に対して広嗣に味方することの不利を説けば、戦わずして隼人は退散するという読みが東人にはあった。

出征の準備を終えた東人は、九月八日ごろに都を後にし、西へと向かい九月一七日ごろには長門国に到着した。長門国には諸国から召集された兵が続々と集まってきている。東人は長門国で征討軍の編制を行うとともに、広嗣軍についての情報を集めた。そして九月二一日、長門国豊浦(とようら)郡の少領(しょうりょう)(郡司の次官で、地元の有力者が任命されていた)、額田部広麻呂(ぬかたべのひろまろ)に精兵四〇人を率いさせ、豊前国に向けて海を渡らせた。

この当時、軍団の指揮官には郡司の一族が充てられ地元の兵を率いた。郡司を味方につけることが、その郡の兵をすべて掌握することにもつながったのである。

敗走

広嗣は東人の予想どおり筑前国と豊前国の国境付近にいた。豊前国の軍団の兵は広嗣軍に味方しており、軍団の兵士が常駐する鎮がその拠点となっていた。東人は二二日、天皇の命を受けた勅使、佐伯常人と阿倍虫麻呂に隼人二四名と兵四千をつけて海を渡らせ、広嗣に味方していた登美・板櫃・京都の三つの鎮を攻撃させた。反乱兵の鎮圧に成功した佐伯常人らは、現在の福岡県北九州市小倉北区板櫃町にあったとされる板櫃鎮を征討軍の前線基地とした。

征討軍の勢いが盛んなのをみて広嗣に味方した豊前国の人々の間に動揺が走り、続々と征討軍に投降した。情勢が変わりつつある。広嗣はあせった。ここで征討軍に打撃を与え、広嗣軍強しと示さなければ、九州の兵は征討軍に下ってしまうだろう。兵の中には、大宰少弐の命令だけで戦いの目的すらはっきりとは知らず集まった者も多く、自分たちが反乱に加担しているという意識すらない者も少なくなかった。戦況が膠着すれば兵の士気は急激に低下するはず。その前にまず勝利を収め、兵たちを後には引けない状況に追い込む必要がある。作戦の成否は、この一点にかかっていた。

作戦の当初、豊後国から北上する弟綱手の軍五千と豊前国田川郡を経て合流する多胡古麻呂の兵を待って決戦に臨むことにしていたが、ふたりの到着は遅れていた。情勢はそれを待たないほど逼迫してきた。一方で、広嗣自身が率いる兵は、遠珂郡家（郡の役所）で広嗣があげた烽火をみて集まった兵も加えて五千から一万に膨れあがっている。兵力ではまだこちらが圧倒的に優勢。征討軍の将軍、大野東人もまだ前線には姿をみせていない。どうやらまだ長門国で残りの兵が集まるのを待っているらしい。戦うならば今だ。決戦を覚悟した広嗣は、兵を進め板櫃川の対岸にある征討軍の前線基地を目指した（図3）。

広嗣軍の兵力は一万。対する征討軍は六千。兵力では大きな差があるが、敵は歴戦の強者である

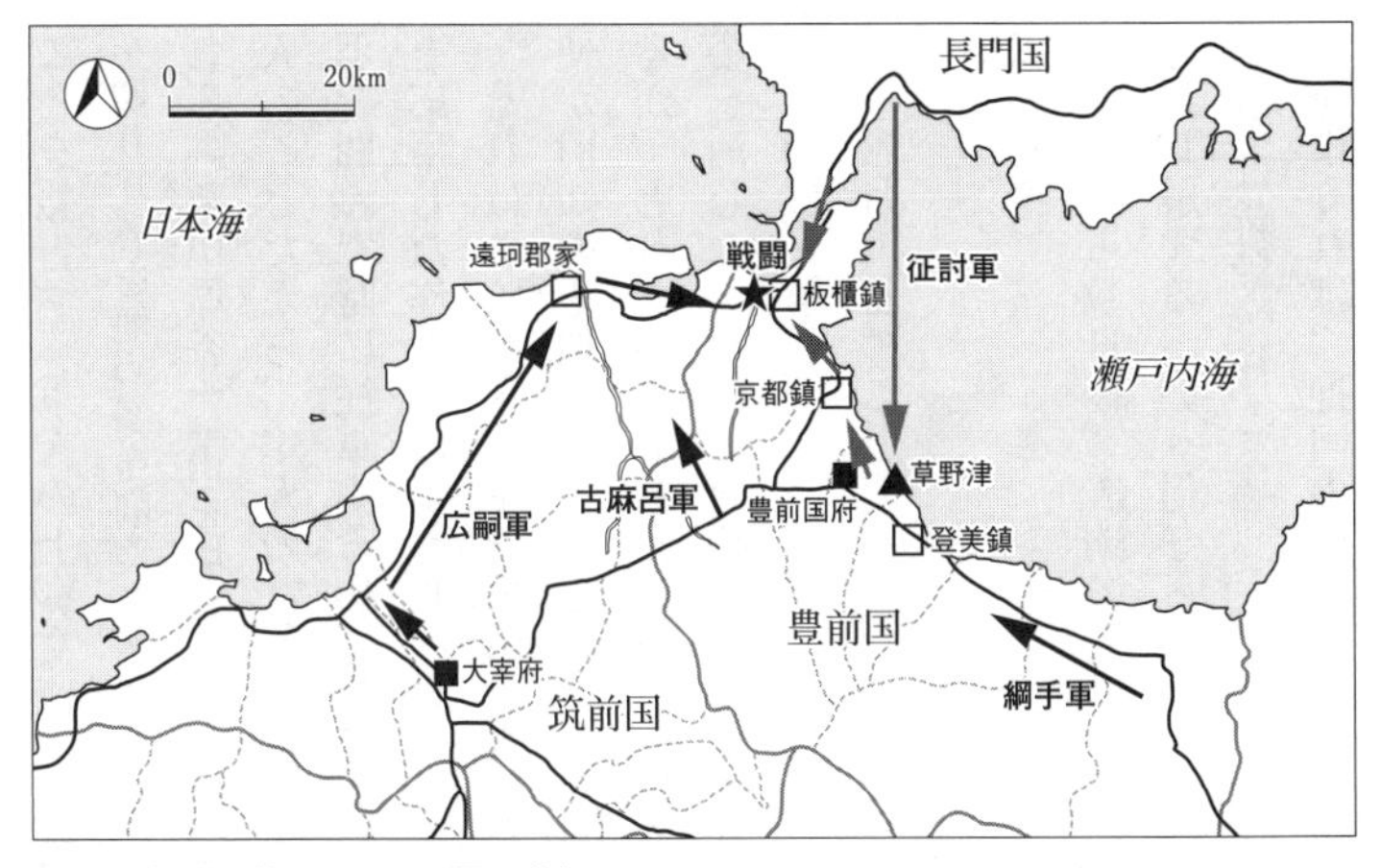

図３　広嗣の乱における両軍の進行
征討軍はまず、豊前国の海岸沿いの鎮を攻略し、瀬戸内海の制海権を確保し、そこから広嗣の本隊のいる筑前国境を目指した。一方、広嗣軍は九州全土から徴兵し、豊前北部で軍を集結させ、そこから長門国へ渡海する作戦であったようだが、九州南部の兵は決戦には間に合わなかった。

大野東人に作戦を授けられた精鋭部隊。どんな戦略を練っているかはわからないが、まずは緒戦で征討軍に打撃を与えようと、広嗣は精兵隼人軍を率い、自ら先陣を切って川を渡ろうとした。しかし、征討軍から雨のように打ち込まれる矢の盛んさに、広嗣は渡河を一旦断念し、川の西側に引き返した。おのずと両軍は川を挟んで対峙するかたちとなった。

その時、征討軍に従う隼人から広嗣軍に従う隼人に帰順するよう呼びかける声が響いた。征討軍から隼人の言葉で発せられる投降の呼びかけは効果てきめんだった。たちまち広嗣軍の主力である隼人に動揺が走り、戦意を失った。これこそが、東人が大将軍に任じられた時から構想していた作戦だった。

東人は中国の歴史書『史記』の内容にも精通していた。天平九年（七三七）の蝦夷戦争の時、東人は新たな軍用道路を開くが、そのことを報告する東人の上奏文には、「或は石を剋り樹を伐り、或は澗を塡み峯を疏る」(石を切り木を切り、谷を埋め峯を削る)とある。この表現は『史記』「蒙恬列伝」の軍用道路建設の記事にみられる「塹山堙谷」(山を切り、谷を埋める)という表現とよく似ている。中国の軍事史にも明るい東人のことだから、隼人の言葉による隼人への呼びかけという戦術も、漢の始祖劉邦が楚国の将軍項羽を囲んだ時に従軍する兵に楚の国の歌を歌わせ項羽に敗北を悟らせたという「四面楚歌」の故事を応用した作戦なのかもしれない。

それはさておき、主力の戦意喪失をみた広嗣は、戦いをあきらめ征討軍の呼びかけに応える。勅使が旧知の佐伯常人であることを知った広嗣は、自分は君側の奸を除こうとする忠臣であると伝えるが、とりあってもらえない。もはや弁舌は通用しないと悟った馬上の広嗣は、静かに軍勢の中に姿を消した。それと同時に、川を渡り征討軍に投降する者や逃散する者が相次ぎ、一万の広嗣軍は瞬く間に瓦解した。

一〇月九日のことであった。

広嗣の死

それから数日後。広嗣の姿は十数名の従者とともに船上にあった。ほとんど戦うこともなく、主力が瓦解するという信じられない敗戦を喫したにもかかわらず、彼の目には希望の光が宿っていた。「まずは新羅へ行こう」。大宰府という外交窓口で仕事を行っていた彼からすれば、まだまだ外国の力を借りれば、挽回の機会はあると踏んでいた。広嗣がみる限り、ここのところ日本と新羅との関係には、微妙な空気が漂っている。自分が行けば、新羅は決して身柄を日本に引き渡すことはしないはず。今度は、外交ルートを使って朝廷に吉備真備らの排斥を働きかけることができるのではないかと考えていた。

五島列島の値嘉島を出航して四日目。彼の目の前には、済州島の姿がくっきりと映っていた。目指す場所はもうすぐそこである。しかし、風が強くなかなか接岸できない。そうこうしているうちに風向きが変わり、船はもと来た航路を逆走していく。広嗣は身につけた駅鈴を掲げ、神に海を鎮めるよう祈り、そして駅鈴を海に投げ入れた。それにもかかわらず、風はますます激しさを増し、船を五島列島まで押し戻してしまった。

一方、一〇月九日の戦いに勝利した征討軍は、広嗣ら乱の首謀者の探索にあたっていた。大勝の報告を長門国で聞いた東人も大宰府へ入り、自ら探索を指揮した。そして、一〇月二三日。広嗣は値嘉島の長野村に潜伏しているところを征討軍に捕らえられ、肥前国松浦郡の郡家に連行された。一〇月二九日、大宰府で広嗣逮捕の知らせを聞いた東人は、それを告げる使者を都へ送ると同時に、広嗣の処刑を命じた。征討軍の将軍は天皇から、天皇の大権の委任の証として、節刀を賜っており、その権利には生殺与奪の権も含まれていたのである。

広嗣は一一月一日に弟綱手らとともに松浦郡家で斬刑に処された。広嗣処刑の知らせを五日に大宰府で受け取った東人は、乱の鎮圧を告げる使者を天皇のもとへと遣わした。死罪二六名、奴婢の身分に落とされた者五名、流罪四七名、杖罪一七七名。これが乱後に下された処分である。藤原氏の氏上、豊成は一族の中から反乱を起こした者が出たことの謝罪として、一族に伝えられた不比等

写真２　鏡神社
奈良市の新薬師寺の東にある鏡神社は広嗣を主神としている。この付近には、玄昉の首を埋めたという伝承がある頭塔（ずとう）、真備の墓といわれる吉備塚など広嗣・玄昉・真備にまつわる伝承が数多く残っている。鏡神社の社伝によると、この神社は大同元年（806）に佐賀県唐津市（広嗣が処刑された松浦郡にある）の鏡神社から勧請されたとある。唐津市の鏡神社の二ノ宮は天平勝宝２年（750）に、筑前守から肥前守に転任した吉備真備が広嗣の霊を鎮めるために建立したと伝えられている。時の政権に背いた広嗣は、いつのころからか神になり、生まれ育った奈良の地へ帰ったのである。

の財産、食封（じきふ）五千戸の返上を申し出るが、二千戸は藤原一族に返され、三千戸は国分寺の造営料に充てられることになる。

広嗣の乱は藤原氏にとって何ももたらさなかったどころか、藤原氏の貴重な財産を失わせることにもなってしまった。しかし、藤原氏に対する乱の処分は、広嗣とその兄弟だけにとどまり、他の一族には一切、お咎めがなかった。

その後、広嗣が排斥しようとした玄昉は、従兄弟の仲麻呂の手により天平一七年（七四五）に筑紫観世音寺（かんぜおんじ）に異動させられた。翌年、玄昉は彼の地で没するが、『続日本紀』は玄昉の死は広嗣の霊のしわざと人々が噂したと伝える。奈良時代後半以降になると、非業の死を遂げた人物がしばしば怨霊（おんりょう）として人々に災いをなすとみなされるようになるが、広嗣の場合は、記録に現れる怨霊の中で最も早いもののひとつである。

吉備真備も藤原仲麻呂政権下で筑前守を任じられ政権中枢から遠ざけられる。『続日本紀』はこれも広嗣の霊のしわざと伝える（写真2）。しかし、天平宝字八年（七六四）に七〇歳で大宰大弐から造東大寺司として帰京すると藤原仲麻呂（恵美押勝）の乱の鎮圧で大功を立て、やがて右大臣の地位まで昇り、地方豪族出身者としては異例の出世を遂げる。

4　迅速な危機対応　そのスピードは

『続日本紀』が語る情報伝達の速度

ここまで広嗣の乱の経過を簡単にみた。もちろん、広嗣が何を考え、どんな意図で行動していたか、史料は何も語らない。歴史は敗者に対し冷淡であり、功績があった人物であっても、負ければそれはかき消され、幼いころから凶悪で残忍な人物だったというレッテルが貼られてしまう。ここまで書いてきた広嗣の思いも人物像も、対する大野東人の軍略の意図も私の想像にすぎない。しかし、こうした想像ができるほど、広嗣の乱は橘諸兄政権の打倒という明瞭な動機があり、かつ乱の経過も『続日本紀』に掲載されている大野東人の報告から克明に知ることができる。

広嗣の乱の記事をみていくと、広嗣軍はもちろんのこと征討軍もきわめて短時間で軍を編制して

月日		出来事	『続日本紀』の記載日
天平12年（740）			
8	29	広嗣、大宰府から上奏文を提出	8月29日条
9	3	上奏文が都に到着。大野東人を大将軍に任命するなど征討軍を編制	9月3日条
	4	隼人24名を軍に加える	9月4日条
	5	佐伯常人・阿倍虫麻呂を勅使に任命	9月5日条
	21	長門国から大野東人の上奏文が到着	9月21日条
		長門から尖兵40名が渡海	9月24日条
	22	佐伯常人らが隼人24名、兵4000名を率いて渡海	9月24日条
	24	征討軍、豊前国の三つの鎮を占領。東人は後続の兵を待ち渡海の予定。広嗣、遠珂郡家で兵を集める	9月24日条
	25	豊前国の諸郡司ら兵を率いて帰順	9月25日条
	29	天皇、筑紫府の管内の官人・百姓らに詔。乱へ加担したものへの投降、鎮圧への協力の呼びかけ	9月29日条
10	9	板櫃川を挟んで戦闘。広嗣軍敗北。投降者から広嗣軍の動員計画を聞き、天皇に報告	10月9日条
	23	広嗣逮捕	11月3日条
	26	天皇、東国へ行幸する旨を征討軍に伝達	10月26日条
	29	東人、広嗣逮捕を上奏	11月3日条
11	1	肥前国松浦郡で広嗣・綱手兄弟を処刑	11月5日条
	3	広嗣逮捕の情報が行幸中の天皇に届く。天皇、広嗣の処刑を命じる	11月3日条
	5	東人、広嗣逃亡から逮捕に至る経過を天皇に使者を遣わし報告。乱に加担した者の名簿を提出	11月5日条
天平13年（741）			
1	22	天皇、広嗣与党の処分を命令	正月22日条

表1　広嗣の乱の経過
本文中で東人の出発日を9月8日ごろとし、長門到着を17日ごろとしたのは、後述する外交使節出迎えの使者の出発が任命から5日後であること、また、長門国に到着した東人からの上奏文が21日に都に届いているので、長門から都まで4日かかったと想定し、そこから逆算した。

いることが知られる。また、九州北部における軍団の配置や装備もわかる。そして、遠く九州で起こった事件が短時間で都へ伝えられていること、つまり当時の情報伝達スピードがみえてくる。

乱の経過を『続日本紀』の記載に従ってまとめてみた（表1）。所要日数の正確さを期すために、月をまたぐ場合は日付と干支を併記しておく。広嗣が真備、玄昉排斥の上奏文を提出したのが、八月二九日（癸未）、朝廷が広嗣の乱を知り大野東人を大将軍に任じたのが九月三日（丁亥）。この間、わずか五日である。八月二九日という日付が、広嗣の上奏文を発出した日か都に到達した日かは定かでない。『続日本紀』に記された日付には、地方からの文書の発出日を記す場合と、都でそれを受け取った日を記す場合のふたとおりがある。

大宰府と都との往来速度

しかし、この五日間が大宰府から都への情報伝達にかかった時間であるということは、征討軍が広嗣を捕らえた時の記事から裏付けられる。広嗣は一〇月二三日に値嘉島の長野村で捕らえられるが、このことを大野東人が大宰府から天皇に上奏したのは一〇月二九日（壬午）とある。それを、聖武天皇が行幸先の関宮（せきのみや）（三重県津市白山町付近）で受け取り、広嗣処刑を命じたのが一一月三日（丙戌）のこと。関宮は平城京から東へ約七三キロメートルの地点にあるので、大宰府、平城京間の距離約六五〇キロメートルより五五キロメートル（平城宮に向かう下ツ道（しものみち）と関宮に向かう北の横大路との交差点以北の宮との往復の距離約一八キロメートルを除く）長い約七〇五キロメートルの移動も同じく五日であった。

つまり広嗣の上奏文を運んだ使者は、一日に一四〇キロメートル以上移動していたことになる。この速度は、江戸時代に浅野内匠頭（たくみのかみ）が吉良上野介（きらこうずけのすけ）に対して起こした刃傷（にんじょう）事件を江戸から赤穂へと伝えた使者の速度とほぼ同じである。江戸と赤穂間の距離は約六二〇キロメートル、使者は早駕籠に乗り四日半で藩の存亡にかかわるこの事件を伝えた。

なお当時、瀬戸内海の水路を利用しての都と大宰府との往来は三〇日前後（後で詳しく述べるが）であるので、海路を利用したとは考えにくく、陸路を疾走したのは確実である。では、このような迅速な情報伝達は広嗣の乱に限ってのことだったのか。それとも一般的なスピードであるのか。広嗣の乱と同じ軍事関係の記事をみてみよう。

コラム　律令制の情報システム1　駅鈴の管理

新羅を目指した広嗣が荒れる海に投げ入れた駅鈴（えきれい）とは、駅使（えきし）と呼ばれる緊急事態を告げる使者の通行許可証であった。この鈴を与えられた使者は、駅馬（えきば）（「はゆま」とも読む）に乗り、駅鈴を打ち鳴らして陸路を疾走した。駅馬は駅鈴を持った駅使だけが利用できる馬である。また、駅鈴には剋（こく）（刻み目）があり、この数は利用できる駅馬の数を示しており、使者の身分により違っていた。たとえば、親王は一〇剋の駅鈴を使用することとされ、駅馬は一〇疋（ぴき）が利用でき、初位（そい）以下は二剋の駅鈴、駅馬は二疋といった具合である。

もちろん、ひとりで複数の馬に乗ったわけではなく、駅馬の数は駅使と従者の人数に対応していた。つまり、駅使の身分が高ければ高いほど、従者の人数も多くなるという仕組みであり、駅使は最低でもふたり以上、最大では一〇名で行動していたのである。

また、駅鈴は単なる通行許可証ではなく、国家の大事にあたる者の証明でもあった。「賊盗（ぞくとう）律（りつ）」では駅鈴を盗めば死罪の次の重罪、遠流（おんる）と定められるほどであった。藤原仲麻呂の乱（天平宝字八年、七六四）の緒戦は、皇太后宮や中宮にある駅鈴と内印（ないいん）（天皇の印）の争奪戦から始まっている。それは、駅鈴と内印を所持することで自らの立場の正当性が示されたからである。さら

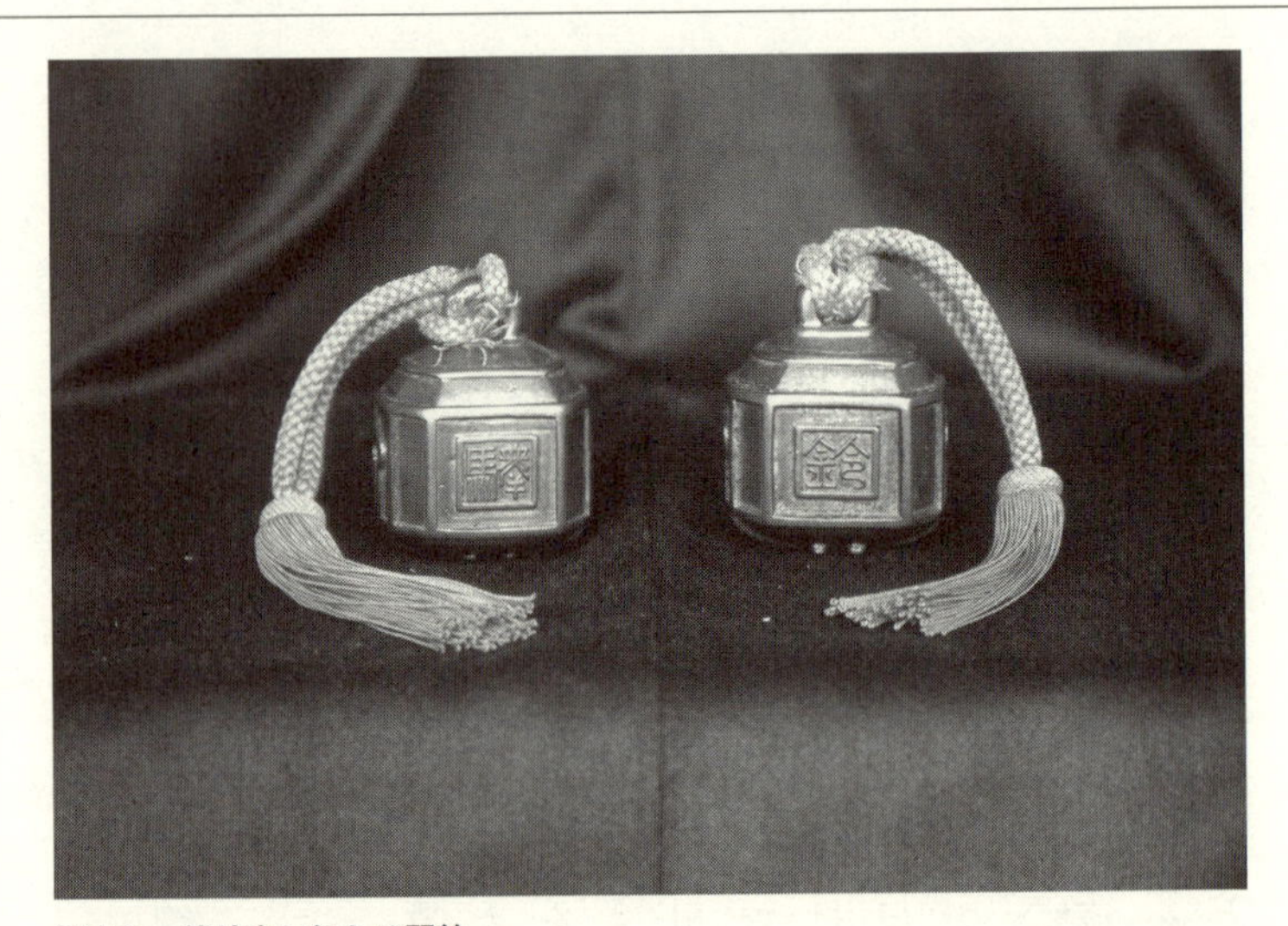

写真３　億岐家に伝わる駅鈴
かつては、官製葉書の切手部分の印刷の図柄にも用いられていた。幅約5.5cm、奥行き約５cm、高さ約6.5cmの大きさである。（個人蔵。写真・隠岐の島町教育委員会提供）

に、広嗣が荒れる海に駅鈴を掲げ投げ入れたのも、海神に対し、自らの正当性を訴える行動であるとともに、駅鈴が霊力を持つ器物とされていたことを示している。

こうした意味も持つ駅鈴は、普段から厳重に保管されていた。駅使への貸し出しや返納は少納言が天皇から許可を得ることになっていた。平城宮東方官衙地区から「鈴守」という文字とともに、時刻と人名が書かれた木簡が出土している。この木簡は駅鈴の警備の割り当てを示したものと考えられており、二名の兵士が二時間交替であたっていたことがわかった。また、諸国では印鎰（国印と正倉の鍵）とともに、鈴蔵で大事に保管されることになっていた。

なお、奈良時代の駅鈴のうち現存するのは、島根県隠岐の島町の玉若酢命神社の社家、億岐家に伝わる二点のみである（写真3）。刻がないことから、古代のものであるか否かを疑問視する見方もあるが、この駅鈴は安永八年（一七七九）の光格天皇の即位の式列に加えられており、江戸時代の随筆書『北窓瑣談』には、隠岐国造は鈴を持ち歩き、その音は「清亮、殊更に音高くしてよく遠く聞ゆ」とある。同じく、億岐家に伝わる「隠伎倉印」（正倉に貯蔵されている正税の出納の際に使用された印）とともに、代々億岐家に伝えられてきたものである。

第2章　蝦夷との戦い

1　三十八年戦争の始まり

宝亀五年の蝦夷戦争

九州とともに中央政府が常に目を光らせていたのが東北の情勢である。『日本書紀』や『続日本紀』などには、蝦夷との戦争の記事が複数、掲載されている。そうした記事の中にも、都と前線との情報伝達のスピードがわかるものがいくつかある。先の広嗣の乱ほど詳細な史料があるわけではないが、史料と発掘調査成果を示し、その意味を考えながら、代表的なものを三つみていこう。

宝亀五年（七七四）七月。これまで比較的平穏を保っていた東北の地に激震が走る。蝦夷が桃生城を襲撃したというのである。この事件は、桓武天皇が延暦二四年（八〇五）に、参議藤原緒嗣の建言を取り入れて中止を命じるまで続く、「三十八年戦争」と呼ばれる蝦夷と国家との長い戦いの幕開けを告げる事件となった。

桃生城は宮城県登米市の東南部、当時の陸奥国府であった多賀城から北東へ約四五キロメートルの地点、北上川に面した丘陵上にある。この地域の支配拠点のひとつとして、天平宝字年間（七五七～七六五）に国家により造られた役所と軍事拠点を兼ねた施設である（図4）。

このころ、国家による東北経営は着実に進んでおり、神護景雲元年（七六七）には、桃生城の北西約二〇キロメートルの地点に伊治城（これはり）を築いて支配領域を広げていた。それによって桃生城は軍事的な緊張から解放されたように思われていた。ところが、七月二五日（壬戌）、突如として現れた蝦夷軍は桃生城に通じる橋を焼き、周辺の道路を封鎖し、城を孤立させたうえで攻撃を仕掛けた。桃生城の西郭はたちまち落とされ、守る兵たちも蝦夷の勢いを押さえることができなくなった。桃生城跡の発掘調査でも、火災に遭った建物が何棟かみつかっており、それはこの時のものだと考えられている。

東北経営の態勢

当時、多賀城には鎮守将軍（陸奥国に置かれた軍司令部の長官でしばしば陸奥守と兼任され、陸奥国の軍事と行政全般を担当した）として大伴駿河麻呂（おおとものするがまろ）がいた。駿河麻呂は多賀城の兵を急ぎ応援に向かわせると同時に、事態を都へ急報した。この七月二五日という日付が、はたして都へ情報が到達した日か、文書の発出日かは定かでない。前述したように『続日本紀』には文書の発出日を記す場合と到着日を記す場合のふたとおりがある。

ただし、この時の日付は発出日とみてよいようである。七月二五日の記事の次の記事は、八月二日（己巳）。坂東八カ国（相模・武蔵・安房・上総・下総・常陸・上野・下野）に援軍の派遣を命じる

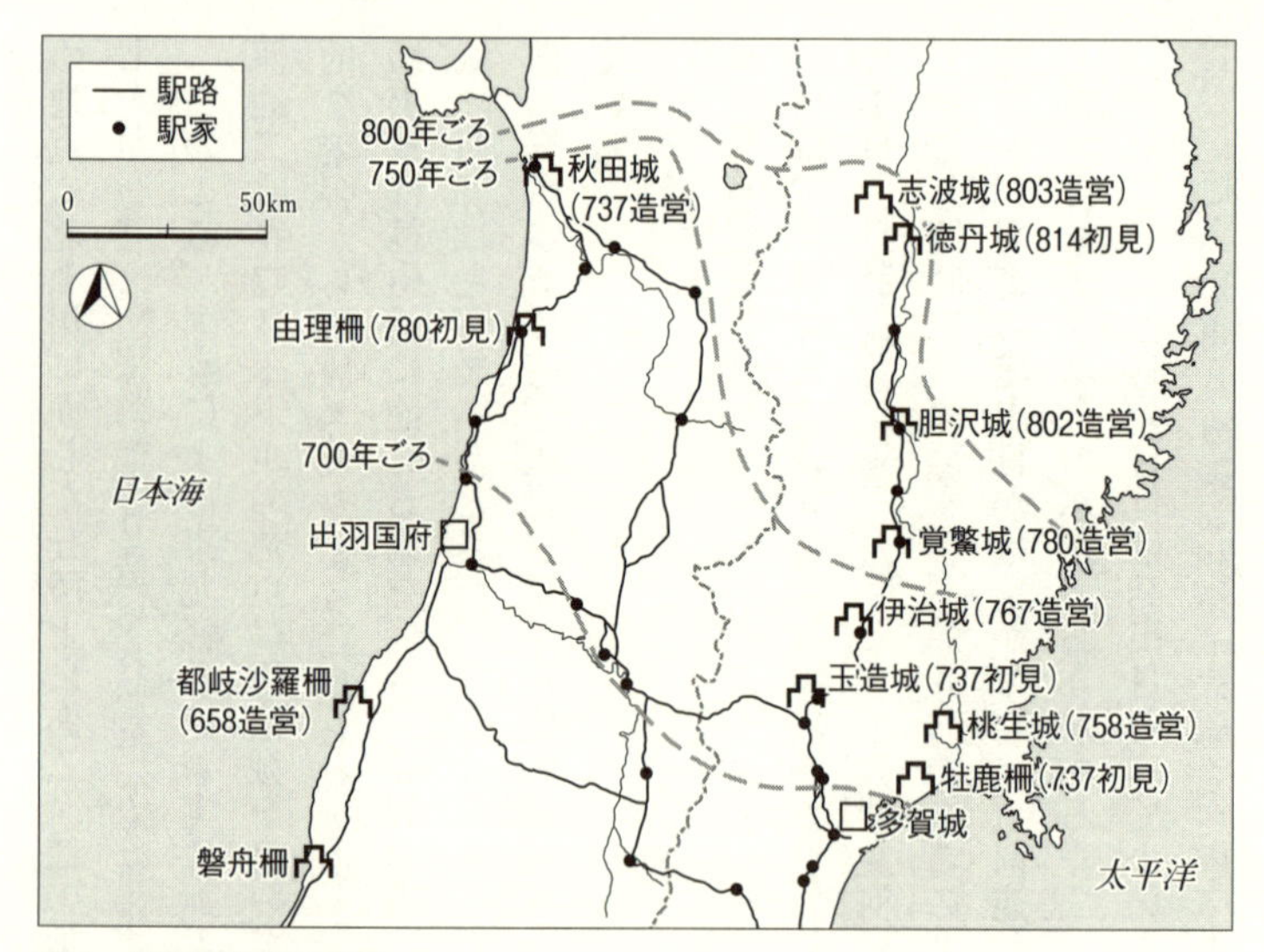

図4　城柵の分布と駅路

城柵とは国家による東北経営のために置かれた軍事と行政を行う役所である。斉明天皇の時代から本格化する国家による対蝦夷戦争により、国家の支配領域を次第に北へと押し上げていった。その具体的な状況が城柵の設置からうかがわれる。

ものである。緊急事態に対し、政府が八日間も何の対策も指示しないとは考えられないので、この八日のうちに事件の情報が桃生城から多賀城へ、そして多賀城から都へと伝えられたと考えられる。都から多賀城までは約八〇〇キロメートル。情報は一日一〇〇キロメートル以上のスピードで伝えられたのである。

なお、乱鎮圧の情報が都に届いたのは一〇月四日。一一月一〇日には次のような上奏文が陸奥国から都に届く。

> 大宰（だいさい）・陸奥（みちのおく）は同じく不虞（ふぐ）を警す。飛駅の奏、時剋（じこく）を記すべし。而（しか）るに大宰には既に漏剋（ろうこく）有れども、この国は独りその器無し。

大宰府と陸奥国はともに、緊急事態に備え警戒している。緊急連絡は時刻まで記すよう定められているが、大宰府には漏刻（時計）があるのに陸奥国（多賀城）にはそれがない（ので作らせて欲しい）という内容である。この申し出は許可されるのであるが、これにより非常事態を伝える文書には時刻まで記載することになっていたことがわかる。

2　伊治呰麻呂の乱

多賀城陥落の衝撃

宝亀五年の蝦夷戦争後、平穏を取り戻したかのような陸奥国であったが、六年後の宝亀一一年（七八〇）三月には再び大規模な反乱が起こった。首謀者は伊治呰麻呂（これはりのあざまろ）。呰麻呂は蝦夷出身であったが帰順し、この時は外従五位下という位階を持つ多賀城に勤める官人であった。その彼が陸奥国按察使（あぜち）（中央から派遣された地方行政の監督官）紀広純（きのひろずみ）を伊治城で殺害し、次いで多賀城を焼き討ちしたのである（写真4）。

広純は宝亀五年の戦争では大伴駿河麻呂のもと副将軍として従軍し、乱後の論功行賞で陸奥守・陸奥国按察使・鎮守将軍となり、陸奥国の軍事と行政を担っていた。また、宝亀一一年二月には参議に任じられるなど、政務の才能も高く評価されていた。

呰麻呂の乱を伝える記事は『続日本紀』宝亀一一年三月二二日条にみえる。乱鎮圧の征東大使の任命は三月二八日。三月二二日を陸奥国からの文書発出日とすると、情報は七日で陸奥国から都へと伝わったことになる。なお、三月二二日条は、第一報としてはあまりにも詳細であり、かつ多賀城焼き討ちという広純殺害の数日後の記事も含まれているが、これは『続日本紀』の編纂時に、その後に陸奥国から都へ届けられた情報も加えて、三月二二日条にまとめて記したためと考えられる。乱を告げる使者は、陸奥国から次々と都へ向けて出発したのだろう（表2）。

写真４　多賀城跡（宮城県多賀城市）
奈良〜平安時代の陸奥国の国府兼鎮守府であった多賀城は、神亀元年（724）に大野東人により築かれたとされる。仙台平野を見下ろす丘陵地にあり、築地塀で囲まれた、東辺約1050m、南辺約870m、西辺約660m、北辺約780mの区画のほぼ中央にある政庁（写真中央やや上）は、10世紀半ばに廃絶するまでの間、大きく４期の変遷が認められている。発掘調査では、呰麻呂の乱の時の火災の痕跡も確認されている。（写真・宮城県多賀城跡調査研究所提供）

月日		出来事
宝亀11年（780）		
3	22	伊治呰麻呂、紀広純らを伊治城で殺害。多賀城を焼く
	28	藤原継縄を征東大使、大伴益立、紀古佐美を副使に任じる
	29	大伴真綱を陸奥鎮守副将軍に、安倍家麻呂を出羽鎮狄将軍に任じる。大伴益立に陸奥守を兼任させる
4	4	大伴益立を従四位下に昇叙
5	8	征東軍が天皇に作戦を奏上（6月28日条）
	14	坂東諸国および能登・越中・越後に糒（ほしいい）3万石を準備させる
	16	天皇勅。征東軍を激励
6	8	百済王俊哲を陸奥鎮守副将軍に任じる
	28	天皇勅。征東軍から5月8日以降、報告がないことを叱責
7	21	征東軍が甲（よろい）千領を要求。尾張・三河など5カ国に運ばせる
	22	征東軍が綿入れの上着4千領を請求。東海・東山諸国から運ばせる
		天皇勅。坂東諸国から徴兵。9月5日までに多賀城に集結させること。また下総・常陸国に軍糧を運ぶよう命じる
9	23	藤原小黒麻呂を持節征東大使に任じる
10	22	征東軍が年内の征討を断念する旨を奏上（10月29日条）
	29	上記の奏上を受けて天皇勅。征東軍を叱責
12	10	征東軍、作戦を奏上。天皇、それを受けて注意事項を勅
	27	副将軍百済王俊哲奏上。神の加護により賊軍の包囲を脱することができた
天応元年（781）		
4	3	光仁天皇、桓武天皇に譲位
5	24	征東軍が天皇に戦果を報告するとともに、征東軍解散を報告（6月1日条）
6	1	上記の奏上を受けて天皇勅。副使を入京させ事情を報告するよう命令
7	10	藤原小黒麻呂を民部卿に任じる。陸奥国按察使と兼務
8	25	小黒麻呂凱旋。正三位に昇叙
9	22	紀古佐美を従四位下、百済王俊哲を正五位上に昇授させるなど指揮官クラスの論功行賞
	26	大伴益立の従四位下を剝奪
10	16	軍糧を輸送した者や兵に対する論功行賞

表2　宝亀11年の蝦夷戦争の経過

征東軍編制

征東大使（蝦夷征討軍の指揮をとるために臨時に任命された将軍、後に征東将軍、征東大将軍、征夷大将軍となる）に任命されたのは中納言従三位藤原継縄。藤原豊成の次男である。征東副使は正五位上大伴益立と従五位上紀古佐美。益立は軍事氏族、大伴氏の一員で桃生城や雄勝城、伊治城の築城に携わるなど、陸奥国での実績も十分な人物。古佐美はまだ軍事の実績は乏しいものの、名門紀氏の一族の出身。本章でもう一度、登場するのでご記憶願いたい。

藤原、大伴、紀という名門氏族が名を連ねる錚々たる顔ぶれである。しかし継縄は準備不足を理由に出発せず、副使任命の翌日に陸奥守にも任じられた益立が、半年後の九月二三日に継縄の後任として参議従四位上藤原小黒麻呂が任じられるまで、実質上の最高責任者となった。

益立は四月四日、従四位下に昇進した。実質的な征東大使として陸奥国へ向かうことに対するはなむけだったのだろう。戦いの準備は五月に整ったらしい。五月一六日条には光仁天皇が征東軍を激励する勅を発している。勅の内容は次の三つからなる。

①これまでの辺境警備では、烽火の間違いや斥候の怠慢がみられるので、そうした間違いをしないようにせよという注意喚起
②武官、文官が協力して作戦を練り、将軍は平定のために力を尽くせ、といった激励
③志願兵の応募や功績をあげた者の抜擢を約束することによる兵たちへの鼓舞

①②は、これまでの征東軍派遣にはみられない細かな指示である。陸奥国の軍事・行政の拠点多

賀城は蝦夷に焼かれてしまっており、征東大使は不在。今回の征東はこれまでにない困難を伴うことを光仁天皇も感じていたに違いない。この勅は、そうした天皇の不安の現れなのかもしれない。

都へ送られた前線情報

光仁天皇の激励にもかかわらず、戦闘の口火はなかなか切られなかった。六月二八日条にはそのことにいらだつ天皇の勅がみられる。勅の中には、五月八日に征東軍が天皇に作戦を文書で上奏して以来、何の連絡も送ってこないことに対する叱責の言葉もある。時間的な関係から、先の五月一六日の勅は五月八日の報告を受けてのものと考えられる。

その後は征東軍から天皇へたびたび上奏が行われるようになるが、その内容は何ひとつとして天皇を喜ばせるものではなかった。七月二一日条には征東軍が甲(よろい)一千領を都に要求、翌日には綿入れの上着四千領を要求（写真5）と、戦況報告はひとつもみられない。

そして、一〇月。天皇の怒りがついに爆発する。一〇月二二日に征東軍から出された「今年は兵を進めることはできない」という上奏文をみた天皇は、二九日に食糧や軍備不足を理由に征東をためらっている将軍らを再度、厳しく叱責する。この時叱責されたのが、持節征東大使藤原小黒麻呂であったのか、副使大伴益立であったのかはよくわからない。小黒麻呂の大使任命は九月二三日。益立の場合は副使任命が三月二八日で最初の作戦上奏が五月八日と、任命から現地に到着し部隊編制を終えるまで一カ月以上経過していることから、今年は兵を進めないという判断も小黒麻呂ではなく、益立らの判断だったと思われる。

それはさておき、この勅からは将軍らはしばしば征東の期日を上奏していたことがわかる。しかし、いざその時となると、夏は草が深いとか、冬は防寒の綿入れの上着が少ないとか、理由をつけては征東の期日を引き延ばしていたようであり、天皇は、そのことを強くなじった。天皇の強い怒りを知った将軍らは、遂に兵を進めた。

新たな作戦を上奏（一二月一〇日に都に到達か）した藤原小黒麻呂は、すぐさま作戦を開始したようである。このことは一二月二七日に陸奥鎮守副将軍のひとりである百済王俊哲（六月八日に追加任命）が蝦夷との戦いで苦境に立たされた時、神の加護によりそれを脱したと上奏していることからわかる。しかし、季節は冬。戦闘は、まもなく休止されたようで、『続日本紀』の記事もしばらく途絶える。

写真５　征東軍の兵士の装備
兵士は、ひとりにつき弓１張、弓弦袋１口、副弦（そえつる）２条、弓矢50隻、弓筒１具、大刀１口、刀子１枚、砥石１枚、藺帽（いがさ）１枚、飯袋１口、水甬（みづおけ）１口、塩甬１口、脛（すね）用の脚絆１具、鞋（わらぐつ）１両。兵10名ごとに、紺の布の幕１口。兵糧や水を入れる銅の盆か釜を２口。鍬・草切・斧・手斧・鑿（のみ）・鉗（かなはし）をそれぞれ１具、鎌を２張。兵50名ごとに、火打ち金１具、点火用の乾燥艾（よもぎ）１斤、鋸（のこぎり）１具を装備することとされていた。また、これらは自分で用意し、行軍の時は、自分ですべて携帯することとされていた（「軍防令」）。写真は甲を着用した兵士が弓を射る姿を復元したもの。（写真・福島県文化財センター白河館提供）

わずかな戦果で軍解散のワケ

　年も改まって天応元年（七八一）。四月三日に光仁天皇は桓武天皇に譲位する。次に征東記事が現れるのは、六月一日条である。何とか七〇名あまりの蝦夷を討ち取った小黒麻呂は、その戦果をもってすでに軍を解散したと上奏。それに対し桓武天皇は、蝦夷軍は四千余人、首領らは未だ健在であるのに、軍を解散したのは納得できないので、副使の内蔵全成か多犬養（任命記事はみえないが、小黒麻呂とともに征東副使に追加任命された可能性がある）を入京させ、戦況を報告するよう命じたというものである。小黒麻呂の上奏文の発出日は、この記事の七日前の五月二四日である。

　この後、八月二五日条に征東に関する記事がみえる。征東大使で陸奥按察使の藤原小黒麻呂が凱旋し、功績が認められ正三位に昇叙された。どうやら、副使の説明に天皇が納得し、小黒麻呂功績ありとされ帰京が認められたようである。この間の経過をたどると、六月一日の勅は七日前後で都から征東軍に届き、それを受けて副使らが都へ出発、天皇への説明を経て、再び征東軍の元に戻り、副使の報告を受けた小黒麻呂が凱旋するという流れになる。陸奥国と都との間の四度の往来が、六月一日から八月二五日の間になされたのである。

　当初、征東副使として戦闘を指揮した大伴益立は九月二六日、戦果をあげられなかった責任を問われて降格の憂き目にあった。小黒麻呂の凱旋から一カ月ほど後のことなので、益立は遠征先でさまざまな事務を終え、小黒麻呂に遅れて都に帰ったのだろう。一方、副使、紀古佐美は功績が認められて三階級特進し、従四位下となる。百済王俊哲も二階級特進し、正五位上となる。戦の責任は、益立ひとりが負ったのである。

当時の蝦夷との戦争は、征東軍が圧勝するということはなく、ある程度、面目が立つ程度の戦果があげられたならばそれでよしとされたようである。小さな戦果ではあっても兵糧や兵をいたずらに浪費しないうちに戦いを切り上げることが求められていたようである。

賞罰の根拠と情報収集

益立が罰せられたのは、なかなか軍を進めなかったことと、兵糧や物資を多量に消費したことにあった。しかし、益立には同情すべき点がいくつかある。陸奥国に着いた彼は、征東副使としての任務だけでなく、陸奥守として呰麻呂に焼かれた多賀城を復興するという仕事もあった。多賀城は陸奥国の支配拠点であるので、その任務は征東と同じくらいの緊急性がある。また、彼の軍事活動を鈍重にしたのは副使のひとりにすぎないという立場の曖昧さにもあった。大伴一族そのものが天平宝字元年（七五七）の橘奈良麻呂の乱により実力者の多くを失ったため、彼を擁護する人物が政界に少なかったため、敗戦の責任を一身に受けるという不運にも見舞われた。

一方の小黒麻呂が戦闘に参加したのは、早くとも一〇月末以降。征東軍の進軍は小黒麻呂着任後に進められた。そして、小さいとはいえ戦果をあげており、その後、さっさと軍を解散している。自軍の被害や支出を最低限に抑え、かたちだけでも戦果をあげたことが評価されたのだろう。もちろん、藤原北家の出身者という血筋のよさもあっただろうが。

この戦争では、多数の使者が都と陸奥国とを往来したようであるが、記録に残るのは限られている。さらに、情報伝達のスピードまで判明する事例は四例のみであるが、最も短いもので七日、長くても九日のうちには伝えられた情報に対するリアクションがみられる。先の宝亀五年の記事もそうであったように、情報は都と多賀城間、約八〇〇キロメートルを七日程度で駆け抜けた。これは、一日一一〇キロメートル以上のスピードである。

3 延暦八年の征東

蝦夷戦争に終止符を

延暦八年（七八九）に行われた蝦夷戦争は、征東軍の敗北に終わった。前年の一二月に征東大将軍に任じられた紀古佐美は宝亀一一年の蝦夷戦争の征東副使のひとりであった。桓武天皇の大きな期待を受けて、天皇大権の委任の証である節刀を帯び、堂々と都を出発した。征東大将軍は節刀を返上するまでの間、軍の指揮・命令権はもちろんのこと、軍を解散する権利も持っていた。ちなみに征東大将軍は延暦一三年（七九四）に征夷大将軍という名に改められる。

天皇は今回の征東は、絶対勝利すると信じ切っていた。それどころか、この征東で蝦夷との戦いに終止符を打とうとしていた。そのため、今回はこれまでにない入念な準備が行われた。

征東前年の延暦七年三月二日には、陸奥国と東海・東山・北陸道諸国に命じて、七月を目途に兵糧を多賀城に運び込むよう命じ、翌日には東海・東山道諸国と坂東諸国の兵五万二千八百余名を徴発し、翌年三月までに多賀城に集結するよう命じている。また、宝亀一一年の戦争に従軍した兵をすべて徴発した。実戦経験を持つ将軍・将校に率いられた大軍。しかも兵糧も軍備も万全。これで負けるはずがないと天皇が思うのも当然であった。

この征東において、大将軍、紀古佐美は、良きにつけ悪しきにつけ、宝亀一一年の戦争の経験を十分に生かすことになる。もちろん、古佐美も勝利を疑っていなかったが、それ以上に何が天皇に賞せられ、逆に何が天皇に叱責されるのかに気を配った。能吏であり、政治家としても有能であった古佐美は、その有能さゆえに、敵である蝦夷よりも、後方にいる天皇の感情に気をとられていた。

延暦八年三月九日、多賀城に集結した征東軍は、三万もの兵力をもってすぐさま蝦夷の本拠地である胆沢(いさわ)を目指し進軍した（召集されたのは五万二千八百余名とあるが、後の古佐美の上奏から進軍したのは三万で、残りは城柵の警備や兵糧の運搬などに充てられたと考えられる）。春の訪れとともに、速やかに軍を進めたのは、進軍をためらい、叱責された宝亀一一年の征東軍を意識してのことであろう。同月二八日、国家による支配領域の北限である衣川を越えたところで陣を敷き、臨戦態勢に入った。そのことは四月六日に天皇に上奏されている。しかし、征東軍はここでなぜか進軍をやめてしまう。天皇は五月一二日に、なぜ進軍しないのか理由を問うとともに、蝦夷軍の状況を報告するよう命を下す。

天皇の叱責。何よりも古佐美が恐れていたものであった。この命を受けとった古佐美は進軍停止の理由を上奏することなく、すぐさま戦端を開いた。しかし、その結果は惨憺(さんたん)たるものになってしまった。

阿弖流為の大勝利と古佐美の詭弁

『続日本紀』延暦八年六月三日条によると、征東軍は軍を三つに分け渡河（北上川か）を開始したが、阿弖流為（あてるい）率いるわずか一五〇〇名ほどの蝦夷軍の巧みな作戦に翻弄され、戦死者は別将以下二五名、負傷者二四五名、蝦夷に追われ溺死した者一〇三六名、武器・武具を捨て命からがら川を渡って逃れた者が一二五七名と、蝦夷戦争史上最大の損害を被ってしまった。また七月一七日条によれば対する蝦夷軍の損失は戦死八九名、焼かれた家屋八〇〇の他、武器などが接収されたとある。

この知らせに対し天皇は将軍らの作戦ミスを指摘したが、六月九日に届いた上奏は、天皇の怒りに火をつけた。古佐美は兵糧不足や輸送の困難さを理由に六月一〇日以前に征東軍を解散すると決定したというのである。この上奏に対する天皇の指示は、当然、六月一〇日には間に合わない。

能吏の古佐美らしく、上奏では解散の理由として軍事行動を続ける場合のコストを具体的に提示、その損失の大きさをあげ、蝦夷には人的被害をさほど与えられなかったものの、春の作付けの時期の戦争で蝦夷は生活基盤を失い、自然と立ち枯れになることなどをあげた。そして今、征東を中止することが得策と説いている（図5）。しかし、必勝を期して送り出した征東軍が無惨にも大敗し、しかも天皇の指示を待たずに軍を解散した古佐美らへの怒りは、いくら具体的な数字を並べても収まることはなかった。

この天皇の怒りに対し、軍を解散してしまった古佐美がとった行動は、先の敗戦を戦勝として改めて上奏することであった。七月一〇日の上奏は、先の戦いの中から戦果のみをとりあげ、征東軍の進撃により蝦夷の本拠である胆沢の地は荒れ果て、蝦夷にはもう抵抗する力が残っていないとし、

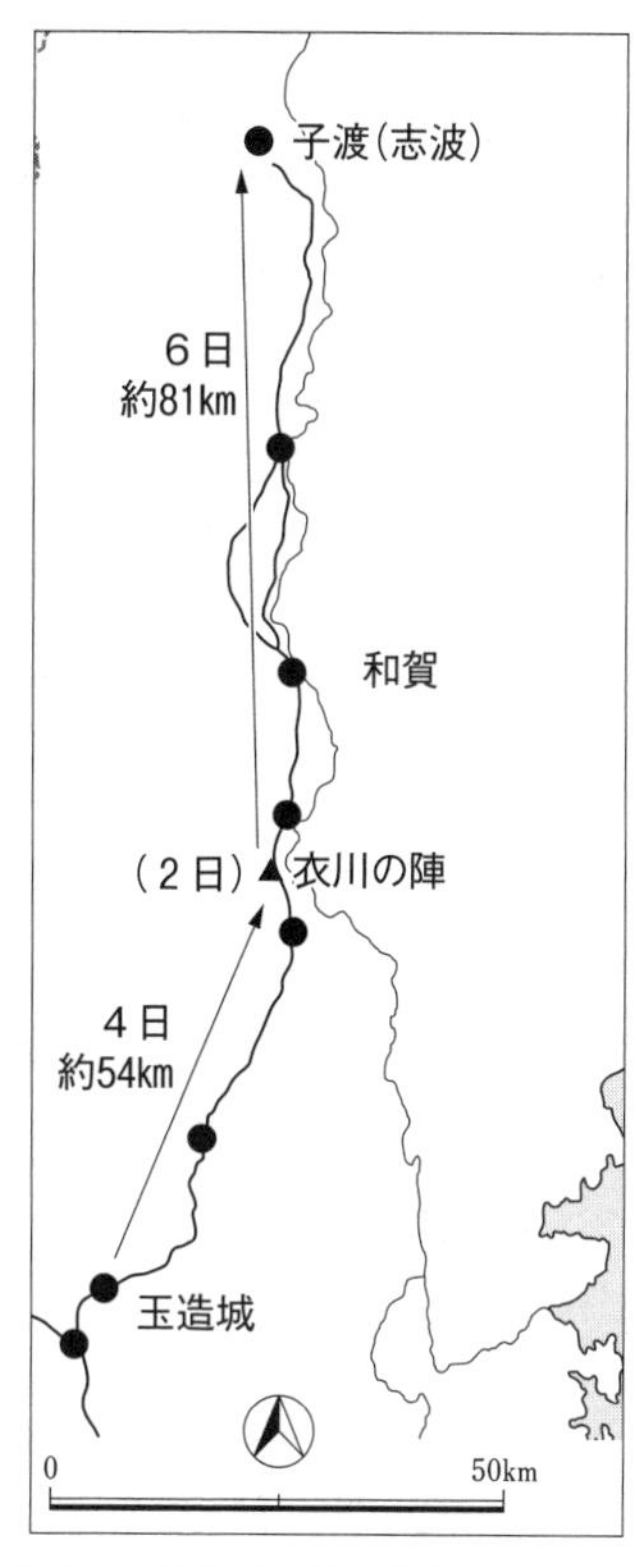

輸送にあたる兵　12,440名
運搬できる兵糧　6,215斛
※一人5斗を運ぶ計算

前線の兵　27,470名
一日の食糧　549斛
※一人一日2升を食べる計算

1回の輸送で11日分の兵糧を運搬
しかし、輸送日数は
玉造～衣川　片道4日
衣川～志波　片道6日
受け渡し　2日
往復だと24日を要する

兵糧をピストン輸送しても不足する

図5　古佐美のコスト計算
図に掲げた数字以外でも、輸送にかかる日数と距離の関係をみると1日13.5km（当時の1里は533mなので、約25里）となる。これは後述するように、律令で定められた徒歩での1日の移動距離の半分である。しかし、律令では荷を届けた後の復路は、往路の倍のスピードで進むことになっているので、実際には往復17日。それを古佐美は24日と過大申告している。古佐美は軍の解散を正当化するために、数字を巧みに操作し戦費を過大に積算して提示したようである。

この戦いは征東軍の勝利であると言い換えた。そして、上奏の結びには戦勝の喜びにたえず至急の駅使を遣わしますとある。

先の宝亀一一年の戦争も、さほど大きな戦果はあげていないものの、天皇に戦勝が認められて帰京が許され、官位も与えられている。それと同時に叱責されたのは、兵糧をいたずらに消費したことだった。たとえ小さな戦果であっても、これ以上戦闘を続けることの損失とともに訴えれば、凱旋将軍として迎え入れられるのではないかという期待が古佐美にはあったし、先の戦争では古佐美自身もそれを経験している。しかし、この上奏文を受け取った天皇は、七月一七日、さらに厳しい言葉を古佐美らに投げかける。

情報を比較し虚偽を見抜く桓武

天皇は、六月三日に届いた上奏と七月一〇日の上奏文とをいちいち比較し、古佐美の言を虚飾であると断じ、大敗を喫しながらも改めてそれを戦勝として急報してくるとは恥ずかしいと思わないのかと痛烈に批判した。

一カ月半後の九月八日。何らなすことなく古佐美をはじめとする征東軍を率いた将軍らは都へ帰る。古佐美らは一九日に取り調べを受け、それぞれ天皇から処分を受けた。意外にも古佐美は、長年の功績により罪には問われなかったが、副将安倍猨嶋臣墨縄（あべのさしまのおみすみただ）は官職を解かれ、位階剥奪。池田真枚（いけだのまひら）は官職剥奪となった。ちなみに古佐美らの取り調べにあたったのは、藤原継縄、小黒麻呂と桓武天皇の信頼も篤（あつ）い紀船守（きのふなもり）ら三人で、先の蝦夷戦争にかかわったふたりと紀氏一族であり、古佐美と

月日	征東軍の動き	所要日数	都の動き	月日
延暦7年（788）				
			征東大将軍紀古佐美、天皇から節刀を賜る	12/7
延暦8年（789）				
3/2	征東軍多賀城から進軍開始（3月9日条から推定）			
			征東軍から進軍の上奏到達	3/9
			伊勢神宮に征東軍進軍を告げる	3/10
3/28	征東軍衣川を渡り陣を敷く（5月12日条）	9日		
			征東軍から衣川布陣の上奏到達（5月12日条）	4/6
			天皇勅。征東軍の進軍停止について理由を説明せよ(5月12日条)	5/12
5/20	天皇の勅、征東軍に届く			
5/21～5/24	蝦夷軍と戦闘　征東軍大敗を喫する			
5/25	戦況を告げる使者が都へと向かう			
	征東軍解散を決定			
6/1	征東中止と征東軍解散を告げる使者が都へと向かう			
			征東軍から戦況報告が都に到達 天皇から亡くなった兵を悼む詔	6/3
			征東軍から征東継続の不利を説くとともに軍を解散する旨の上奏が到着。天皇これを叱責する勅	6/9
~6/10	征東軍解散			
6/11	6月3日の勅が征東軍に届く			
6/17	6月9日の勅が征東軍に届く			
7/10	征東軍から戦勝を告げる上奏（7月17日条・多賀城からか？）	8日		
			天皇、征東軍の上奏を虚構と断じ叱責する勅	7/17
7/24	7月17日の勅が征東軍に届く			
			従軍した陸奥国の者の租を免除する勅	8/30
			紀古佐美、都へ到着	9/8
			紀古佐美らを取り調べ	9/19

表3　延暦8年の蝦夷戦争の経過

は旧知の間柄であった。古佐美はこの時、天皇に厳しく叱責されたものの、この敗戦はその後の彼の出世には何の影響も及ぼさなかった。

古佐美の偽りの戦勝報告（七月一〇日の上奏）は、八日で都に到着している。軍を解散した後の報告なので、多賀城から発出されたとすると、五月一二日の天皇の叱責が多賀城の北方約九〇キロメートルの地点にある衣川河畔にいた古佐美のもとに届いたのは、五月二〇日ごろ。そして敗北の報告が都に届いたのが六月三日（甲戌）なので、移動時間を九日間とすると、敗北を告げる使者の出発は、五月二五日（丙寅）となる。そして、征東軍の解散決定の情報は六月九日に都に到着しているので、その使者は六月一日に出発したことになる。

つまり、阿弖流為率いる蝦夷軍との戦争は、五月二〇日以降、五月二五日の間に行われたことになり、軍の編制と戦果や損害の把握のための時間を考えれば、五月二一日から二四日の間に絞り込むことができる。そして、五月二五日に敗戦の報告の使者を出発させた後、その使者が都に到着すらしていない六月一日には軍を解散させることを決定し、そのことを上奏する使者を派遣したということになる（表3）。

コラム　国土を把握する　多賀城碑

多賀城の入り口付近に多賀城碑がある。まずは碑文の全文を掲げておこう（写真6）。

西
多賀城
去京一千五百里
去蝦夷国界一百廿里
去常陸国界四百十二里
去下野国界二百七十四里
去靺鞨国界三千里

此城神亀元年歳次甲子按察使兼鎮守将

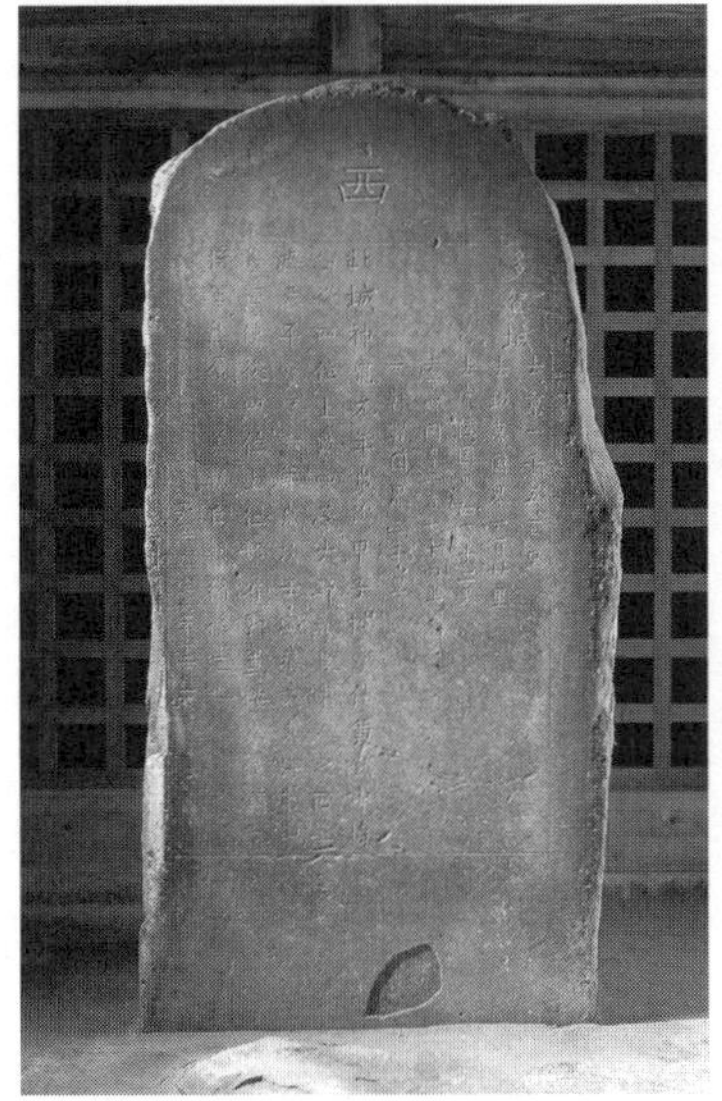

写真6　多賀城碑
栃木県大田原市の那須国造碑、群馬県高崎市の多胡碑とともに、日本三大古碑のひとつとされる。江戸時代に伊達家により作られたという説もあったが、現在では古代の碑であることが確実視されている。松尾芭蕉もこの碑について『奥の細道』で紹介している。（写真・宮城県多賀城跡調査研究所提供）

軍従四位上勲四等大野朝臣東人之所置也天平宝字六年歳次壬寅参議東海東山節度使従四位上
仁部省卿兼按察使鎮守将軍藤原恵美朝臣朝獦修造也
天平宝字六年十二月一日

前段には多賀城の位置が記され、後段には多賀城が神亀元年（七二四）に大野東人によって造営されたこと、天平宝字六年（七六二）に藤原仲麻呂の四男、藤原朝獦（あさかり）により修理されたことが記されている。ここで注目したいのが、前段の多賀城の位置にかかわる記載である。

当時の一里は約五三三メートルであるので、京からは約八〇〇キロメートル、蝦夷との境界まで約六四キロメートル、常陸国とは約二二〇キロメートル、下野国とは一四六キロメートル、靺鞨（まっかつ）国（中国沿海州）とは、約一六〇〇キロメートルということになる。

それぞれの距離を、これまでの研究により明らかになった古代の道路網を現代の地図に記して計測してみよう。まず、多賀城～平城京間の距離は約八〇〇キロメートル、下野国国境である白河関との距離約は一七五キロメートル、常陸国は内陸部（福島県白河市から久慈川に沿って常陸国府へ向かうルート）の道路を通れば約二一五キロメートル、太平洋沿岸を通れば約一七五キロメートルである。下野国境までの距離の誤差が大きいことが気になるが、都との距離が合致するなど、律令国家はかなりの精度で都と地方拠点との距離を把握していたことがわかる。

もちろん、当時現代のような精度の地図があったわけではない。おそらく、律令国家は都と国府との距離を当時の道路に沿って測量することにより、国土の大きさとかたちを把握していたと

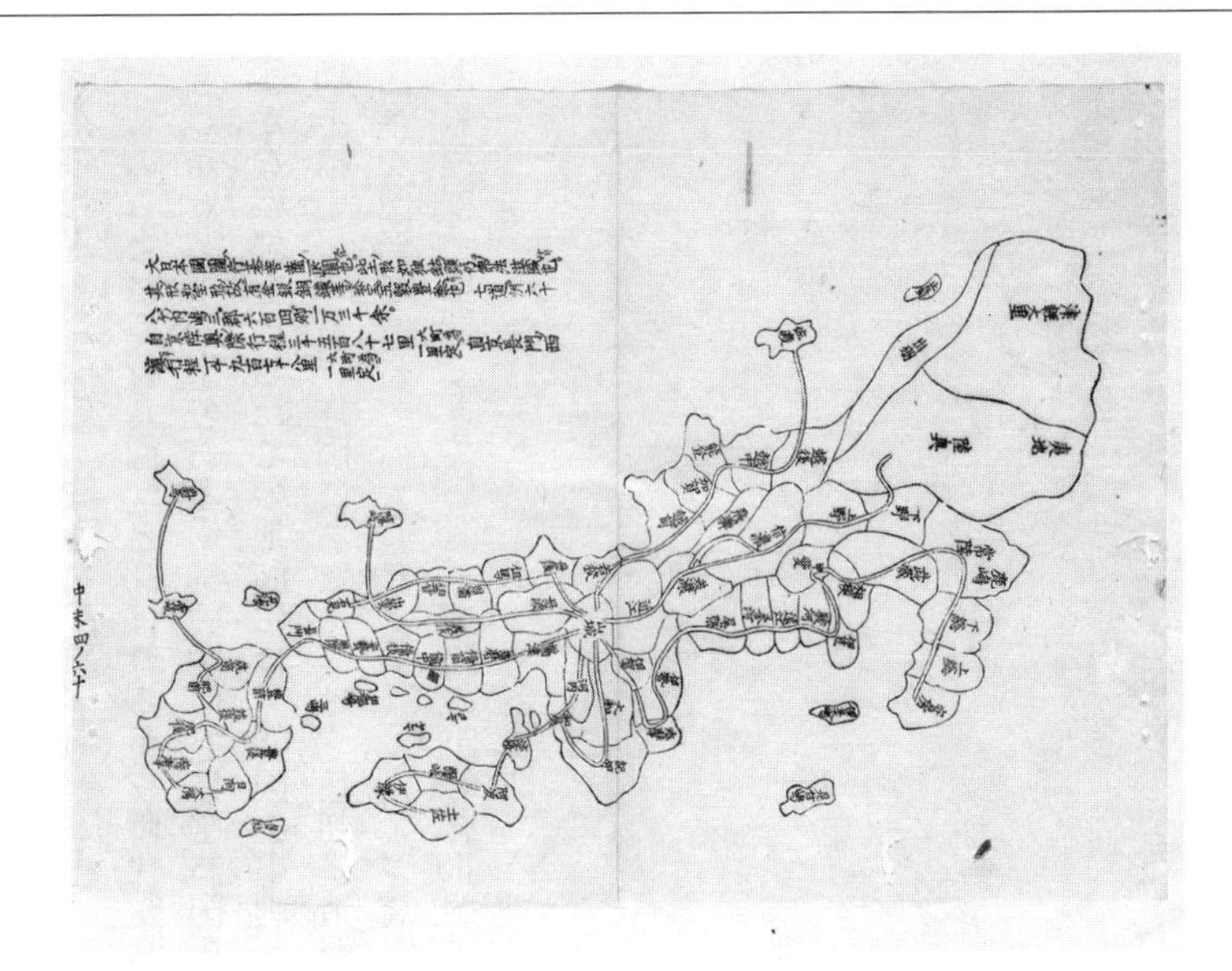

写真7　行基図

奈良時代の僧行基がつくったと伝えられることからその名があるが、実際は不明である。最古の行基図は延暦24年（805）に下鴨神社に納められたものであるが、江戸時代の写本が残っているにすぎない。したがって、その成立年代についてはさまざまな見解があるが、江戸時代中ごろまでに描かれた日本地図の形式はおおむね、これに拠っていることから地図の様式として早くに定着し、長く受け継がれた様式であるといえる。写真は行基図の様式で描かれた『拾芥抄』（寛永19年〈1642〉、洞院公賢編）の大日本国図。（早稲田大学図書館所蔵）

考えられる。

このことは「行基図」と呼ばれる平安時代から江戸時代にかけて複数作成された日本地図からもわかる。平安京のある山城国を中心に、諸国を俵形や卵形に表現することによって、国土の大まかな輪郭を示したこの地図には、諸国を串刺しにするようなかたちで、都を中心に延びる道路網を描いている。作図にあたっては、最初に道路を描き、それぞれの道路ごとに通過する国々を簡単な図形で連ねている（写真7）。きわめて簡単な地図でありながらも、日本列島のかたちをある程度、把握できている。道路の距離を正確に把握していたからこそ可能だったのだろう。

第3章　古代の緊急伝達システム　駅制

1　駅制と古代の法律

古代の情報伝達速度はどれほどか

　第1・2章でみたとおり、古代国家は一日一〇〇〜一五〇キロメートルの速度で情報を伝えることができた。この速度は、交通システムが整った江戸時代にも引けをとらないが、では現代においてこれがどの程度速いのかを確認しておきたい。後に詳しく述べるが、古代の緊急の使者は、馬に乗って情報を届けた。当時の馬は馬体が小さく（体高一二〇〜一三〇センチメートル程度）、人を乗せた場合の速度も時速二〇〜三〇キロメートルだったと考えられる。また、使者には徒歩による随行者（駅子〈えきし〉）もいたので、古代の移動速度をイメージするには陸上競技の長距離走と比較するのが適当だと思う。

　二〇一五年現在のマラソンの世界記録は、二〇一四年九月二八日にケニアのデニス・キメット選手がベルリン・マラソンで記録した二時間二分五七秒。時速約二一キロメートルとなり、約七時間で一五〇キロメートルを駆け抜ける計算となる。逆に二四時間かけて一五〇キロメートルを走るとすれば、時速は六・二五キロメートル。フルマラソンを六時間半かけて走るペースであり、これなら何とかなりそうである。

しかし、奈良時代は人々が移動できる時間は日の出から日の入りに限られていた。街道に置かれた関所は日の出とともに門を開き、日の入りとともに閉門する。よって通行できる時間は、一一〜一三時間程度となる。そうすると時速は一二キロメートル前後、一九八四年にニューヨークで開催された一二時間ロードレース（一二時間でどれだけ走れるかを競ったレース）で、ギリシャのイアニス・クーロス選手が記録した一六二・五四三キロメートルに匹敵するペースということになる。

もちろん、古代にこうした超人的なアスリートが複数いたわけではない。古代国家は、誰が情報を届けるにしても一定の速度で、しかも確実に伝達できるようなシステムを整えていたのである。そのシステムこそが、駅制という制度であった。

駅制とは

七〜八世紀の日本（『日本書紀』天武三年〈六七四〉三月条には「倭国（やまとのくに）」とあり、『大宝律令』〈七〇一〉には「日本」を用いているので、「日本」の国号はこの間に成立したと考えられている）は律令制をとり入れ、中央集権国家の樹立に成功したものの内外に不安の種を抱えていた。列島内には蝦夷がおり、また、広嗣の乱に象徴されるように、いつ何時（なんどき）、支配者層にとって思いも寄らない反乱がどこかで勃発しないとも限らなかった。外にはその時々によって大きく変化する唐や新羅との外交問題があった。

そして、日本における律令制の導入そのものが、白村江の敗戦を受けた国防政策の中で急速に進められ、壬申(じんしん)の乱という古代史上最大の内戦に勝利した天武天皇によって体系化されたものであった。いわば、わが国における律令国家は戦塵(せんじん)の中から生まれたのである。そうした国家の生い立ちからしても、緊急通信システムの構築は律令国家にとっては不可欠であった。そして、その中で最もその運営に力が注がれたのが駅制である。

駅制とは緊急通信を実現するためのソフトウェアとハードウェアからなる交通制度である。駅制も律令の他の規定と同様、中国（唐）の制度を手本としていた。中国の歴代王朝は異民族による国境の侵略や国内の反乱などの異変をいちはやく中央に伝えるためのシステムとして、烽火(のろし)の制度とともに駅制を整え、律令で規定していた。中国の律令を受容した日本の駅制もその根幹は突発的に起こる異変をいちはやく都に伝えることにあり、どんな状況であっても、誰が情報を伝えるにしても、一定の速度でしかも確実に情報が伝えられるような仕組みを整えた。

律令には情報伝達の方法や一日あたりの移動距離をはじめ情報を速く確実に届けるための規定が細かく取り決められていた。情報を伝達する使者は駅使と呼ばれ駅鈴が貸与された。この鈴は通行許可証としての役割を果たした他、駅使が休憩したり宿泊したりする駅家(うまや)という施設の利用許可証でもあった。駅家は駅路(えきろ)（駅使が利用する道路）沿いに一定の間隔で置かれたが、そこには駅使が乗る馬、駅馬が置かれていた。

つまり駅制は、情報を運ぶ駅使と、駅路、駅家、駅馬からなっていた。そして、駅家の経営、駅路の維持、駅馬の飼育など駅制を支えるためのシステムも律令によって規定されていた。

ここでは、まず駅制の基本的な構成要素について述べ、駅家の経営をはじめとする駅制を支える施設と人については第2部で述べることとする。

古代の法制度

駅制の中身に入る前に、古代の法律について少しふれておきたい。

現代日本の法体系を簡単にまとめると、日本国の基本原理・原則を定めた憲法があり、その実現のために民法や刑法などの「法律」がある。そして、個々の法律の内容を補完したり、細部の取り決めをしたりするために政令、省令や地方自治体が定める条例があるという構造となっている。

古代の法体系を現代のそれにあてはめると、憲法にあたるのが「すべての国土と国民は天皇のもので、天皇が絶対的な権限を持つ」という国家の理念であり、律令は法律に当たる。そして、律は刑法と他の法律の中から罰則に相当する部分を集めたもの、令はそれ以外の法律をひとまとめにしたものと理解すればよい。

現代に伝わる律令は、藤原不比等らが『大宝律令』を部分的に修正して作成し、天平宝字元年(七五七)から施行された『養老律令』である。律一〇巻一二編、令一〇巻三〇編からなり、これが古代国家の基本法典であった(表4)。

しかし、社会のさまざまなルールを律一〇巻一二編、令一〇巻三〇編だけで規定することは困難である。そのため律令国家も現代の政令、省令に相当する規定を策定した。これが格と式である。

	編	編目	条数	規定内容
律	1	名例律	※	総則
	2	衛禁律	※	宮・京および関などの警備に係る罰則
	3	職制律	56	官人の服務規律違反に係る罰則
	4	戸婚律	−	戸籍・戸口・婚姻・良賤などに係る罰則
	5	厩庫律	−	官牛馬および倉庫官物の取り扱いに関する刑罰に係る罰則
	6	擅興律	−	軍規違反に係る罰則
	7	賊盗律	53	反逆・殺人・強盗・窃盗に係る罰則
	8	闘訟律	※	闘殴・誣告などに係る罰則
	9	詐偽律	−	公文書・官物の偽造に係る罰則
	10	雑律	−	私鋳銭など、その他の罪に係る罰則
	11	捕亡律	−	兵士・防人・奴婢などの逃亡に係る罰則
	12	断獄律	−	禁獄・断罪などについて，刑吏および囚人の犯した罪に係る罰則

−は現存せず。※名例律は32条のみ、衛禁律は14条のみ、闘訟律は３条のみ現存

	編	編目	条数	規定内容
令	1	官位令	19	官位に係ること
	2	職員令	80	中央・地方各官司の職名・定員・職掌など
	3	後宮職員令	18	妃・夫人・嬪の定員と品位、宮人の職名・定員・職掌など
	4	東宮職員令	11	皇太子付属の官庁の職名・定員・職掌など
	5	家令職員令	8	親王および諸王諸臣三位以上の家政機関の職名・定員・職掌など
	6	神祇令	20	神祇・祭祀など
	7	僧尼令	27	僧尼の禁止事項など
	8	戸令	45	戸（世帯）に関する規則など
	9	田令	37	農地の配分・貸与など
	10	賦役令	39	税や労役など
	11	学令	22	官人の育成教育など
	12	選叙令	38	官位の任命など
	13	継嗣令	4	皇族の身分や婚姻および諸臣の継嗣など
	14	考課令	75	官人の人事など
	15	禄令	15	皇親や官人らの封禄（食封と俸禄）など
	16	宮衛令	28	皇居・中央官庁・京などの警衛など
	17	軍防令	76	軍隊の編制など国防について
	18	儀制令	26	儀礼や作法など
	19	衣服令	14	官人の服装など
	20	営繕令	17	国家が行う建築や製造など
	21	公式令	89	公文書の様式や法令の施行細則など
	22	倉庫令	22	倉庫の出納・管理など
	23	厩牧令	28	牛馬の飼育や管理・利用など
	24	医疾令	27	医薬全般
	25	仮寧令	13	官人の休暇など
	26	喪葬令	17	皇族や官人の葬儀
	27	関市令	20	関・市に関する管理・運営など
	28	捕亡令	15	盗賊の制圧など
	29	獄令	63	刑罰など
	30	雑令	41	その他

表４　律令の構成と内容

格は原則として律令の改正や追加にかかわる規定であり、式は律令の各条文の施行細則のことである。駅制でたとえるならば、後述するように駅家の経営のため、駅子を富裕な戸から出せということまでは令で定めるが、駅子の具体的な労働内容は式で示すといった構造になる。

こうした格式は、天皇の命令を文書化した詔書(しょうしょ)や太政官が国府などの役所に宛てて発出した命令書である太政官符(だいじょうかんぷ)として、事案ごとに個々に発出されていた。そのため法律の運用にあたり、バラバラに出された文書をいちいち見直し、参照するのは大変手間がかかった。

また、律令国家は律令の規定と異なる政策を行う場合でも、法改正せずに格を出して制度の矛盾を解消するという方針をとった。その結果、現在にたとえるならば、法律と政令とで取り決めが異なり、しかも政令の方が法律に優先するという法体系としては大きな矛盾を抱えることになった。

これらを解消するために、律令国家がとった手段のひとつが律令の解説書を作成することであった。つまり、この法律はこのように運用しなさいという取り決めを示したのである。それが、天長一〇年〈八三三〉に淳和天皇(在位弘仁一四年〈八二三〉~天長一〇年〈八三三〉)の命により編纂された『令義解(りょうのぎげ)』である。また律令の解説書には法律家である惟宗直本(これむねのなおもと)が九世紀中ごろに私的に編纂した『令集解(りょうのしゅうげ)』がある。

一方、奈良時代後半には『大宝律令』制定以降に出された格や式は膨大な数になっていた。これらの中には有効なものもあれば、すでに失効したものもあった。そうしたこれまでに出された格や式を個々の事案ごとに整理し、法令集「格式」としてまとめる事業が嵯峨天皇(在位大同四年〈八〇九〉~弘仁一四年〈八二三〉)の命により開始される。格式編纂事業は、清和天皇、醍醐天皇の時代にも行われ、『弘仁格式』『貞観格式』『延喜格式』の三つの格式が編纂された。この三つを総称して「三代格式」という。

『弘仁格式』は大宝元年（七〇一）～弘仁一〇年（八一九）までの格式を、『貞観格式』は弘仁一一年～貞観一〇年（八六八）までの格式をまとめている。『延喜格式』は、貞観一一年～延喜七年（九〇七）までの格をまとめた『延喜格』とこれまでの式の中から必要なものを取捨選択して編纂した『延喜式』からなり、『延喜式』は「三代格式」のうち唯一、完全なかたちで現存することから、古代の制度を研究するうえで重視されている。

特に『延喜式』には駅制に関する施行細則も記されているため、これからも何度か引用するが、当時の情報伝達システムを知るうえでは律令とともに欠くことができない史料なのである。

2　通信速度と厳しい罰則規定

駅馬を乗り継ぐ

まずは駅制による緊急伝達の速度についてみていこう。その規定は公文書の様式や法令の施行細則を定めた「公式令」にある。

> 凡そ駅伝馬給はむことは、皆鈴、伝符、剋の数に依れ。事速ならば、一日十駅以上。事緩くは八駅。還らむ日に事緩くは、六駅以下。親王及び一位に、駅鈴十剋、伝符卅剋。

（律令の読み下し文は、以下、井上光貞他『日本思想大系　律令』による）

駅伝馬とは駅馬と伝馬という公用の馬のことで、牛馬の飼育や管理・利用などについて定めた「厩牧令」の規定によれば、駅馬は都に向かう幹線道路に置かれ、大路、中路、小路と道路の等級に応じて馬の数が決められていた（後述）。また、駅馬は「皆筋骨強く壮なる者を取りて充てよ」とあり、屈強な馬が充てられた。なお、伝馬の規定は次の項で述べる。

「公式令」の規定では、利用できる馬の数は鈴（駅鈴）に刻まれた剋の数によることと（二九頁コラム「律令制の情報システム1　駅鈴の管理」参照）、緊急の使者は一日に一〇駅、それ以外の場合でも八駅、進むよう定められている。駅（駅家）は「厩牧令」に、原則として三〇里（約一六キロメートル）ごとに置くこととされ、駅馬は駅家ごとに乗り換えることとされていた。つまり、一〇駅だと一日に約一六〇キロメートル、八駅だと約一二八キロメートル進むということになる。また、一疋の駅馬が走る距離を一六キロメートルに限定して乗り換えを繰り返すことにより、馬体の小さな馬であっても一定の速度での移動を可能にしようとしたのである。

しかし、実際の駅家間の距離は後述するように、必ずしも三〇里ごととはなっておらず、都と大宰府間では六五〇キロメートルに対し間に五八の駅家が置かれた。駅家間の平均距離は約一一キロメートル。一日一六〇キロメートル進むとすれば四日、一〇駅とすると六日の行程となり矛盾が生じる。多賀城と都との間は約八〇〇キロメートル、四九駅。走行距離では五日、駅家に換算しても五日となるが、実際には先にみたように七日程度を要している。これは、駅馬一疋あたりの走る距離が山陽道駅路の一・五倍以上であることに加え、多賀城と都の間の使者の往来は、標高九六〇メートルの碓氷峠をはじめ山がちの道で難所を通る東山道駅路を利用したためだと考えられる。

こうした駅家間の距離の違いや地形上の理由から、陸奥国からの連絡速度が大宰府からよりもやや遅れるという実態はあるものの、広嗣の乱に象徴される緊急通信は、おおむね律令の規定に則って行われている。これは、駅制というシステムが、全国的にもしっかりと機能し、駅馬の乗り換えや速度に大差がなかったことを示していると考えられる。

伝馬の規定

伝馬についてもみておこう。駅馬が駅家に置かれたのに対し、伝馬は郡の役所、郡家に五疋ずつ置かれた。駅馬が緊急通信用とされたのに対し、伝馬は国司の離着任など緊急以外の場合に用いた。なお、郡の役所は史料上では郡家と表記されるが、史料が示す郡家とは郡役所の中心施設のみを指すものから、周辺の集落まで含めて表現するものまで、用例が多様である。よって、ここからは史料そのものの引用や史料に○○郡家と記載されたものを除いて、郡役所を示す学術用語である郡衙を用いることとする。

伝馬を利用する者は、政府から伝符という通行許可証を与えられ、その剋の数によって利用できる伝馬の数が定められていた。剋の数は利用者の位階によって異なっており、親王と一位には三〇剋の伝符が与えられた。駅馬の場合は、親王に与えられる駅鈴は一〇剋なので、位階が同じであっても伝馬の方が多く利用することができたということになる（表5）。また伝馬を利用する使者の休憩や宿泊には郡衙が充てられたようである。つまり、駅馬と伝馬の違いは、駅鈴が伝符に、駅家が郡衙にと、制度設計上はさほど変わりはない。

しかし、緊急通信制度である駅制が、これからみるように、律令でかなり細かいことまで規定されているのに対し、伝馬についてはあまり規定がみられず、伝馬の実態についてはわからないことが多い。この違いは、緊急通信か官人の通常の移動かという利用目的によると考えられる。迅速な情報伝達を求めるならば、それなりの制度を整え、設備等も準備しなければならないからである。

乱暴かもしれないが、駅馬はパトカーなどの緊急車両、伝馬は通常の公用車にたとえると両者の違いはわかりやすい。

なお、律令で定めた緊急時のみに利用が認められる駅馬だったが、後述するように時代を経るごとに駅馬が利用できるケースが拡大していく。

	駅使		伝使	
	駅馬（疋）	従者（名）	伝馬（疋）	従者（名）
親王一位	10	9	30	29
二位三位	8	7	20	19
四位	6	5	12	11
五位	5	4	10	9
六位	3	2	4	3
七位八位	3	2	4	3
初位以下	2	1	3	2

表5　駅馬と伝馬の利用規程

その結果、伝馬を利用することとされていた使者も、駅馬を利用することになっていき、延暦一一年（七九二）には伝馬は一時、廃止される。

駅使に対する規定

律令には駅使についても厳しい規制がある。まず、駅馬の利用に関する令の規定をみていこう。

先にみたように、駅使は伝えるべき情報の内容により一日の移動距離が定められていた。また、「廐牧令」では、駅馬は駅家ごとに乗り換えること、三駅ごとに食事が与えられることとされており、「職制律」から、通行する道路が定められていたことがわかる。ちなみに駅使の食事は『弘仁式』「主税式」によると、一日に米二升（一升は七七六ミリリットル）、塩二夕（夕は一合の十分の一を示す単位）、酒一升。従者は米二升、塩二夕、酒八合であったことが知られる（写真8）。

写真8　容量を書いた土器
「雑令」では、容積の単位は、10合を升、３升を大升の１升、10升を斗、10斗を斛とすると定められ、こうした単位を用いて支給する米の量などが定められている。発掘調査で出土した「合」や「升」などの単位が描かれた土器から、当時の容積を現在の容積に置き換えることにより、当時の人々にどれだけの量の米が支給されていたかがわかる。（奈良市教育委員会所蔵、写真・奈良文化財研究所提供）

米二升、塩二夕は『延喜式』にみえる都へ税を運ぶ運脚の往路一日あたり功賃と同額である（復路は荷物がないため半減された）。また、米二升とは現在の八・六合に相当し、ひとり一日の食事とするとあまりにも多く、実際に支給された食事ではなく、出張手当として支給された額を示していると考えられる。ちなみにこの価値がどのくらいであったのかを、食品の物価に関する史料が比較的充実している宝亀二年（七七一）から算出すると米二升が一四文、酒一升が一二文となる。このころは、生瓜一個が二文、茄子一升が二文、芹一升が六文、栗一升が五文、ない。

布海苔一升が五文（「奉写一切経料銭用帳」などによる）なので、この額を一日の食費に費やせば、かなり充実した食事にありつけただろう。なお、「奉写一切経料銭用帳」に現れる食品は米、野菜、調味料と海苔などの海産物が中心であるため、今のメインディッシュに相当する食材の値段はわからない。

話をもとに戻そう。駅使のもたらす情報には国家機密にかかわるものもあった。そのため「公式令」では、駅使が機密事項を口外することを禁じている。もし、駅使が任務の途中で病気になった場合の対応についても「公式令」で定められている。

こうした規定を破った駅使はどうなるのか。罰則は「職制律」にみえる。「獄令」によれば当時の刑罰は笞杖徒流死の五段階に分けられており、「笞」は先端が六ミリメートルの細い棒で身体を打つ刑罰、「杖」は先端が九ミリメートルの棒で打つこと、「徒」は懲役のうえ、強制労働にあてられ、「流」は流罪、そして「死」は極刑で斬殺、絞殺の順とされていた。駅使が規定の日数より遅延した場合の罰則は一日の遅延で笞三〇。遅延すればするほど罰は重くなり、情報の遅延のために何らかの支障が生じた場合の最も重い刑罰は流刑であった（図6）。

駅馬を規定よりも多く使用した場合には、一疋につき杖八〇。貸し出した側も過失があれば同罪とされた。また定められた道路を利用しなかった場合は、五里につき笞五〇。駅家で駅馬を乗り換えなかったら笞四〇。この他にも、駅使が目的地と違う場所に文書を届けた場合や文書を正当な理由なく人に託した場合、駅馬で私物を運んだ場合などにも厳しい罰則が設けられている。情報の遅延と駅馬の規定外の利用に最も厳しい罰が与えられることになっていた。

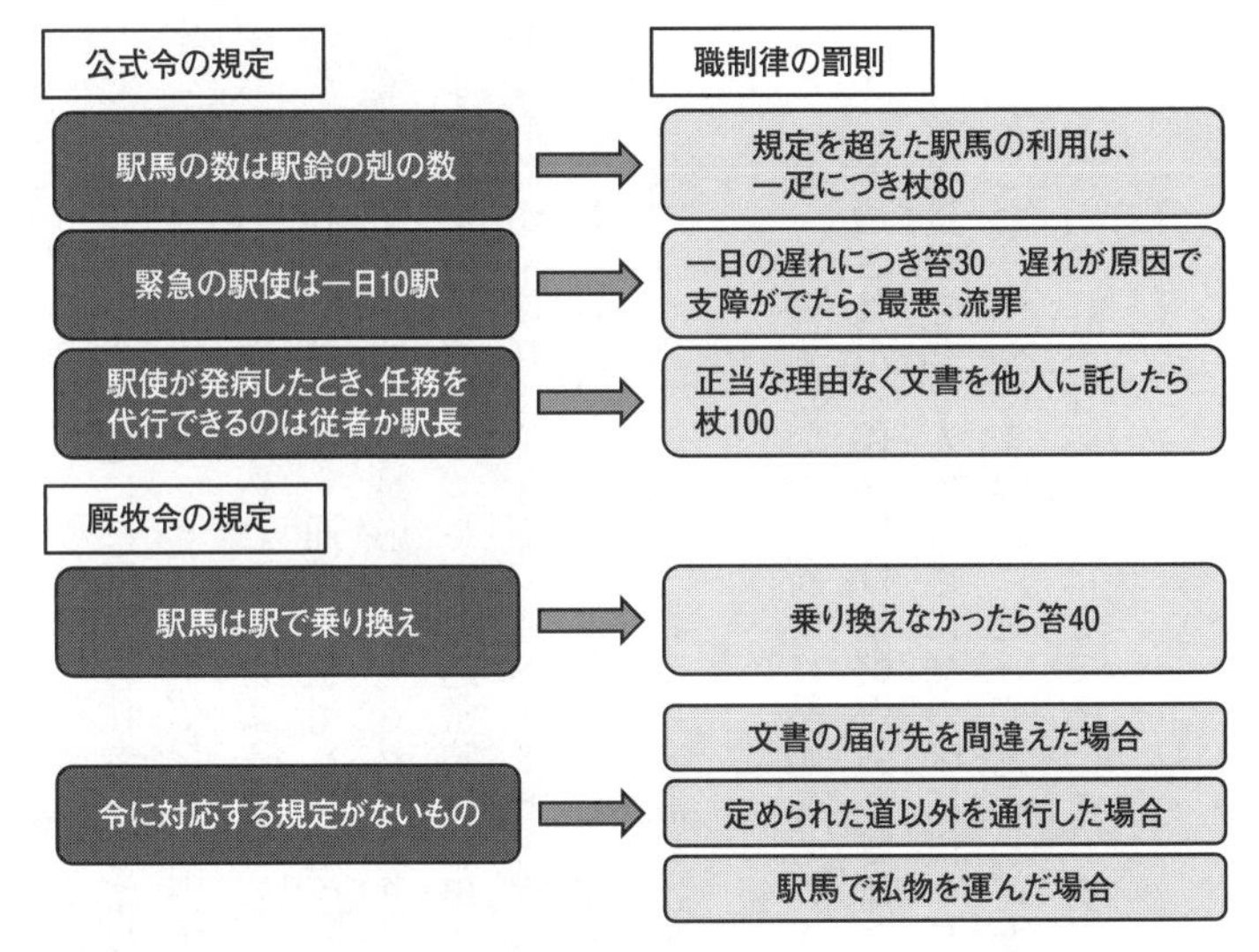

図６　令の規定と律の罰則との関係
官人の職務上の瑕疵（かし）や不正は「職制律」で規定されている。故意の不正に対しては厳しい規定があるものの、過失であっても影響が大きければ厳罰に処せられた。

こうした規定が本当に適用されたのかは定かでなく、駅使がこれらの規定によって処罰されたという記録も残っていない。また、この規定そのものは中国の唐王朝の律をとり入れたものであることが知られており、制度の運用実態は実はよくわからない。

駅使の仕事

繰り返しになるが、駅使とは、駅馬の利用の証である駅鈴を与えられた使者のことを指す。そして、駅馬を利用できる場面は律令により定められており、本書の冒頭で述べたように律令制における駅制は、外国の侵略や国内の反乱などの緊急事態に対処することに重点を置いていた。奈良時代の初めまでは、こうした緊急事態への対応が優先されていた。
しかし、律令の規定には緊急の使者としては相応しくない親王や高位の官人の利用を想定した規定（「公式令」）がある。また、都から遠い国々からの使者については、早くから通常の用務であっても駅馬の利用が認められていたようである。こうしたことから、駅制という制度には、緊急通信のための利用だけでなく通常の利用も想定されていたことがわかるが、少なくとも奈良時代の初めまでは、緊急事態への対応が優先されており、通常の利用については特例的に認められていただけのようである。それが、やがて通常時に利用できる場面が増加し、駅制そのものを変質させていくのであるが、これは第3部で述べることとする。
それはさておき、ここでは非常事態を告げるために地方に配置された駅使の姿をみてみよう。『万葉集』巻一六―三八〇三の歌の左註に次のような話が載せられている。

昔一人の男がいた。新たに結婚をしたがしかしいくらも経たないのに駅使に任命され、遠国に派遣された。任務には規則があって離れることができず、逢う時とて日がなかった。そこで新妻は嘆き悲しんで、遂に病の床に伏す身となった。何年かの後に男が帰京し、無事役目を果たした。すぐに妻の許に赴いて見ると、妻は痩せ衰え、見るかげもなくやつれ果てて、涙に咽んで言葉にもならないほどであった。男は悲嘆の涙にくれて歌を作り口ずさんだ。

（口語訳は中西進『万葉集』より）

この男は、駅使に任命され東国に行くが、数年間駅使の仕事に就き、その間、家にも帰ることはできなかったという。東国から都への緊急連絡員としていずれかの国府に派遣された下級官人であったと考えられる。各国の国府には、緊急事態の発生に備えて、駅使となる者が派遣され、常駐していたと考えられる。そうした人たちは、都へ情報を届けた場合でも、「公式令」の規定により、機密事項の漏洩を防ぐために、家族にも会うことが許されなかったのだろう。

3　古代のハイウェイ　駅路

駅使が利用する道路

駅使が通行する駅路には、東海道駅路、東山道駅路、北陸道駅路、山陽道駅路、南海道駅路、山陰道駅路、西海道駅路という七つがあり、これを総称して七道(しちどう)駅路と呼ぶ。

駅路は大・中・小の三等級に区分され、大路は山陽道駅路と西海道駅路の一部、つまり、都と大宰府とを結ぶ路線、中路は東海道駅路、東山道駅路であり、その他の駅路は小路とされた。この区分は、路線としての重要度の違いを示しており、「厩牧令」では、駅家ごとに大路には駅馬二〇疋、中路には一〇疋、小路には五疋を置けとある。また、発掘されたそれぞれの駅路の幅も、大路と中路は幅一二メートルを超えるものが多く、小路は六～九メートルである場合が多い。

駅馬が置かれた施設が駅家であり、『延喜式』には国ごとに駅家の名前とそれぞれの駅家に置かれた駅馬の数が記されている。また、駅家の名前は、通常、地名を冠していることから、『延喜

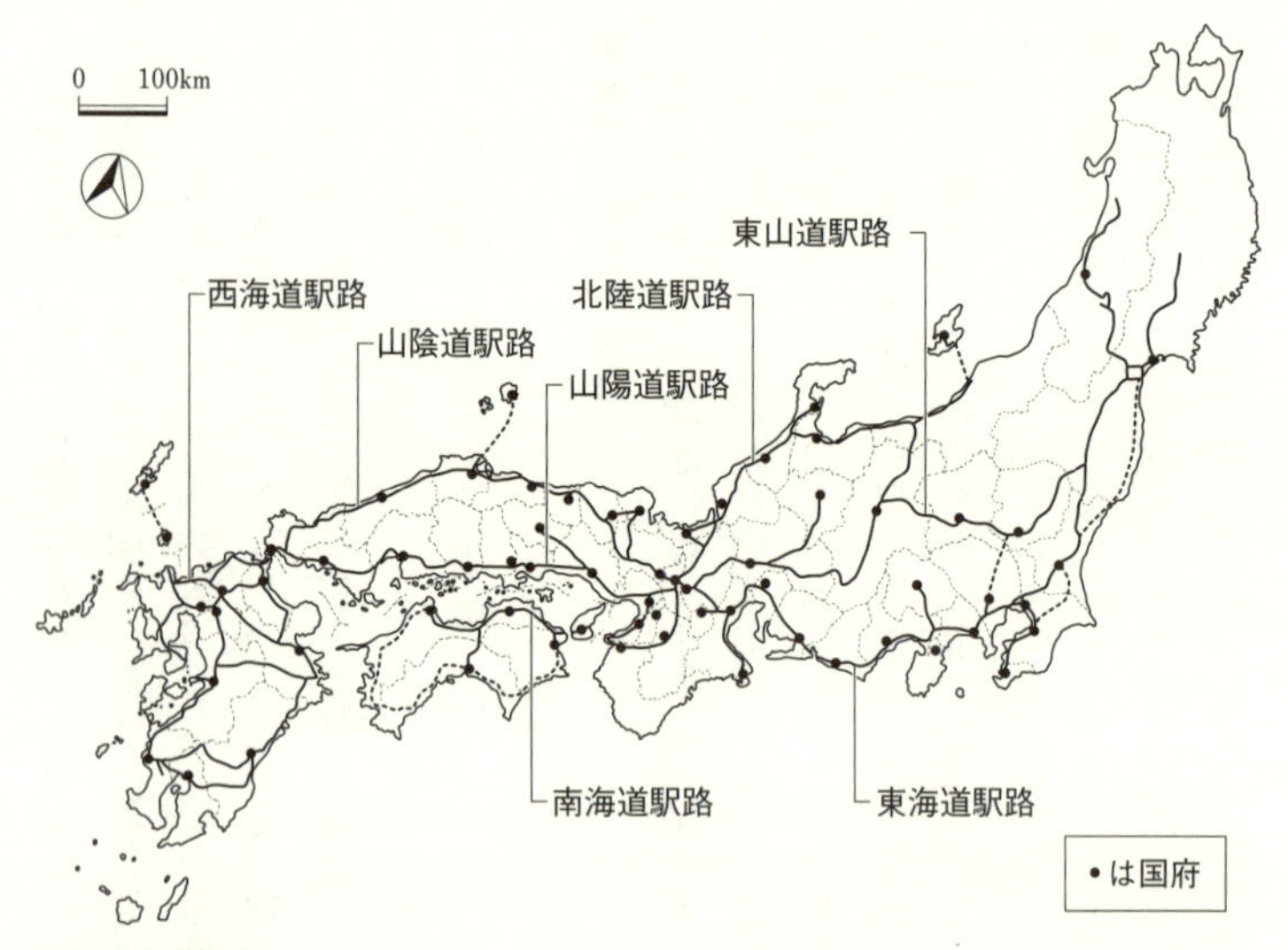

図７　七道駅路
駅路の総延長は6300kmにも及び、都を起点として全国に向けて放射状に延びていた。地方の事情はほとんど考慮されることなく、都と地方拠点を直結することを目的とした、中央政府の事情によって造られた、支配のための道であった。

式』に記された駅家の名と地名との照合作業を丹念に行うことにより駅家の場所を絞り込み、さらに発掘調査でみつかった駅路の位置や歴史地理学的な方法で地表に残る駅路の痕跡を探すことによって、律令国家が造りあげた道路網の全貌が明らかになっている（図７）。その総延長は約六三〇〇キロメートルにも及んでいる。

駅路は発掘調査によって北は岩手県から南は鹿児島県に至る各地でみつかっている。幅は路線によって違いがあるものの、通過する場所や造られた時期によっても違いをみせ、最大のものは幅三〇メートルを超える例も認められている。また、道路の造り方は、平らで安定した土地であれば、二本の側溝を掘る程度であるが、土地がぬかるんでいれば土を盛り、多少の丘陵であれば、それを切り崩している。

そして、何よりも驚かされるのは、駅路はとことん直線にこだわっていることである。この前後の時代の道路は、ぬかるんだ土地など道路を通すのにふさわしくない場所はできるだけ避け、地形に沿うようにゆるやかな蛇行を繰り返すという特徴があるが、駅路はそんなことはお構いなしに、どこまでもまっすぐに造られている（写真9）。

また、駅路は都と国家が地方支配のために国単位に置いた国府との間を最短距離で結んでいる。つまり、都と地方拠点とを最短距離を通るように新たに敷設されたのである。

写真9　発掘された東山道駅路（武蔵路）
東京都国分寺市で長さ340mにわたって発掘されたこの道路は、武蔵国分寺に関連する駅路として史跡指定されている。現地にはみつかった道路側溝が地表に表示されている。上野国新田郡衙から南下するこの道は、東山道武蔵路と呼ばれ、写真10の東の上遺跡の道路とつながっている。（写真・武蔵国分寺跡資料館提供）

維持・管理の措置も徹底している。発掘された駅路の中には、路面のでこぼこを埋めた痕跡や、路肩が崩れないように石や杭で補強したものもある。国家が行う建築や製造について定めた「営繕令」には津・橋・道・路（路は都や国府の周辺など都市の道路を指し、道はそれ以外の道路を指していると考えられる。そうだとすると駅「路」は都市空間の一部と認識されていたことになろう）は毎年、九月の半ばから修理し一〇月いっぱいに終わらせることとされている。通行に支障が出るような損壊があったならば、時期に関係なく修理することともされており、駅路はこうした規定に則って大事に維持・管理されていた。

都へ最も早く向かうことができ、かつ維持管理も徹底された幅広の直線道路。それこそが、駅使が通ると定められた駅路なのである。

駅路の成立をめぐって

駅路とは駅使が通行するよう定められた道路であるので、その成立は駅制という緊急通信制度の成立時期と同じということになる。『日本書紀』には駅制の存在を裏付ける「駅馬」「駅使」などの文字が、欽明三二年（五七一）条、崇峻五年（五九二）条、推古一一年（六〇三）条、皇極元年（六四二）条などにみえるが、これらは『日本書紀』編纂時の潤色と考えられている。

大化二年（六四六）のいわゆる改新の詔に、駅伝制がみえるのをもって、駅制の成立とする見方が近年では強まっており、天武元年（六七二）の壬申の乱の記事には、駅鈴、隠駅家、伊賀駅家がみえることから、少なくともこのころには、畿内とその周辺諸国では、駅制のシステムが整っていたことがわかる。しかし、このころ利用されていた駅路が国家により全国的な規模で整備敷設された道路であったかは、はっきりしない。

幅広の直線道路である駅路の成立時期については、天智天皇のころに造られたという説と、天武天皇のころというふたつに絞り込まれてきている。

天智朝説をとる立場は、天智二年（六六三）に百済救援のために朝鮮半島に派遣した日本軍が唐・新羅連合軍に大敗を喫した白村江の戦いの後、国防政策の一環として道路網が整備されたとみる。事実、敗戦後の天智天皇は大宰府防衛のために水城（みずき）をつくり、また対馬や筑紫国などに城を築くなど、国防に奔走している。直線的な駅路は、軍隊の移動をスムースに行うことを目的に敷設したとみるのである。

一方、天武朝説をとる立場は、壬申の乱に勝利した天武天皇が律令国家を完成させるためにさまざまな制度を整備し、わが国最初の本格的な都城である藤原京の建設に着手するなどのハードウェアの整備も進めていることから、こうした律令国家建設のための事業のひとつであるとみる。

ちなみに私は、天武朝説を強く支持しており、天武天皇が行った地方役所の整備や条里制という土地区画制度（耕地を一辺約一〇九メートル四方に区画する制度）の導入などと一体として行われた、古代の日本列島改造であるとみている。

しかし、駅路の発掘調査が各地で進められ、その確認事例が三〇〇件あまりにも及んでいる現在でも、両論は決着していない。その理由は、発掘調査で年代決定の決め手となる土器などが稀にしか出土しないからである。道路は通常、廃棄の場にはならないため、また仮に道路が造られた時期を示す土器が出土したとしても、その土器が使用された実際の年代を読み解くのは簡単ではない。
考古学では、各地域の土器のかたちの変化を分析し、変化の傾向をとらえるとともに、実年代が判明した資料との照合をつうじて、土器のかたちを基準とした年代の「ものさし」をつくっているが、ものさしの目盛りはせいぜい数十年単位であり天智朝（六六二～六七一）と天武朝（六七三～六八六）とを明確に区分できるほどの精度ではない。

また、土器のかたちの変化には法則性は認められるものの、その変化のスパンは一定ではないし、かたちの違いも時代による変化だけでなく地域やつくり手の違いもある。そのため、一度つくられた「ものさし」も、土器の出土が増えるたびに絶えず見直しが行われ、その結果、ものさしの目盛りが変動することもよくある。そうした事情もあって、なかなかまっすぐな駅路の成立時期は確定できていないのである。

それはさておき、奈良時代初めに成立した『常陸国風土記』によると、駅家は都へ向かう路線、本線から分岐し香島社（鹿島神宮）や平津（ひらつ）などの港に向かう道路、下野国府に向かう道路にも置かれていることが知られる。つまり、奈良時代初めの駅路とは、都と地方拠点を結ぶのみならず、地域の重要な施設や、国と国とを結ぶ網の目状に張りめぐらされた道路網であったと考えられる（図8）。

『常陸国風土記』にみえる平津駅家は港に置かれた駅家であるが、那賀郡衙から平津駅家に向かう道路跡が水戸市町付（まちつき）遺跡で発掘されている。路面幅こそ三メートル程度であるが路線は直線的であり、その西への延長にはこの道路そのものの痕跡と考えられる直線的な小径が残っている。このような地方の路線が次第に整理され、奈良時代中ごろ以降に都と地方拠点とを結ぶ路線のみを駅路としたようである。

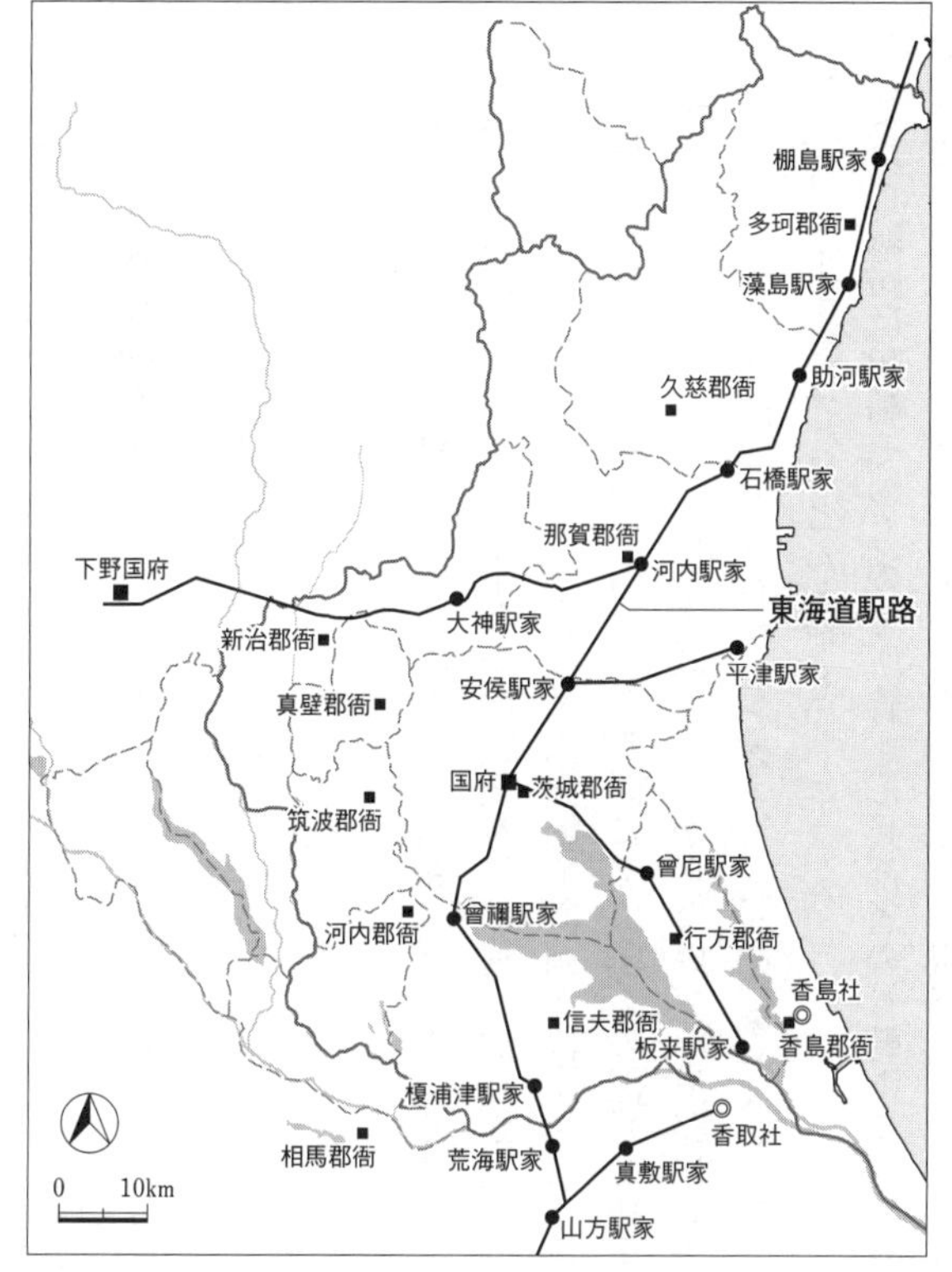

図8　常陸国風土記の駅路
『常陸国風土記』によると常陸国には東海大道が通っていたとあり、国名の由来は直道（ひたみち）にあるという。現在でも、東海道駅路の痕跡と考えられる切り通しや直線的な地割りが各所に残っている。

コラム　**古代道路の建設**

史料に現れない道路建設

総延長六三〇〇キロメートルにも及ぶ道路は、どのようにして造られたのだろうか。不思議なことにこれほど大がかりな事業なのに史料には何も記録が残っていない。現代の高速道路建設は、国会などの場におけるさまざまな議論を経て計画が決定され、開通した時には大々的なセレモニーが行われるなど計画から開通に至る間に実に多くの記録を残すのに、古代にはなぜ記録を残さなかったのだろうか。その答えはよくわからないが、道路に限らず条里の施工など、飛鳥時代後半から奈良時代にかけて行われたと考えられる国家レベルの大規模土木工事について『日本書紀』『続日本紀』は、ほとんど何も記していない。

また、駅路は駅制そのものを所管する兵部省の管轄下に置かれていた。兵部省は文字どおり、軍事にかかわることを所管する役所であるため駅路の主たる設置目的が軍事目的にあったとする見方もある。しかし、律令そのものが唐の制度をほぼ移入し、どの役所が所管するかも、制度と同様、唐の仕組みをとり入れたもので、兵部省が所管していることをもって、軍事目的と限定的に考える必要はない。

古代の道路建設

発掘調査でみつかる直線道路はどのように建設されたのか。現在の高速道路は国交省やネクスコが建設を担当するが、律令体制下では道路建設に限らず国家規模の事業を直接実施する国の役所は常置されておらず、宮の建設や国立寺院の建設にあたっては造宮司（ぞうぐうし）や造寺司（ぞうじし）を臨時に置いて建設にあたっている。道路に関してこうした司（つかさ）が置かれた形跡はなく、中央政府の命を受けた各国が施工したと考えられる。

事実、発掘された道路をみると、その規模や直進性には高い規格性が認められる反面、一本の道路の建設にあたって用いられている工法は実に多様である。盛り土で造った道路でも、ぬかるんだ土地に単に土を盛ったものもあれば、ぬかるみを取り除き地盤改良をしたものなどもある。こうした施工方法の多様さは、建設にあたった集団がそれぞれ異なる可能性があることを示している。

現在まで発掘調査でみつかった道路のうち、最も長い区間で共通する工法が認められるのが、東山道武蔵路（総延長約七〇キロメートル）である。上野国新田郡衙（群馬県太田市）で東山道駅路から分岐し武蔵国府（東京都府中市）へと向かう区間の工法上の特徴は、断面長方形に側溝を掘ることであり、このような側溝は武蔵国府付近から所沢市東の上（あずまのうえ）遺跡までの約一二キロメートルの区間で共通して認められ、上野国では認められない（写真10）。共通する工法が郡（府中市は武蔵国多摩郡、所沢市は武蔵国入間（いるま）郡）を越えて認められることから、少なくとも東山道武蔵路の

写真10　東の上遺跡の道路（埼玉県所沢市）
東山道武蔵路は、12mという道幅、断面が長方形で断続的であるという側溝の形状が発掘された武蔵国のすべての地点でほぼ共通して認められる。きわめて厳格な指揮命令系統の中で短期間のうちに造られたのだろうか。（写真・所沢市教育委員会提供）

建設には武蔵国府が中心的な役割を果たしていたと考えられる。

それ以外の路線では、工法を比較できるだけの材料に乏しいが、郡を越えて共通性が確認できる確実な事例はみあたらない。おそらく、実際の建設は国司の命令を受けた郡司が郡内で労働力を徴発して工事にあたらせたと考えられる。律令国家は戸籍により国民ひとりひとりを把握し、口分田（くぶんでん）を与える代わりに納税や労役の義務を課した。古代道路の建設も、国家が求める労役のひとつとして地域の人々に課されたと考えられる。

こうした地域の力を結集してつくった駅路は、実は地域のためにはあまり役に立たなかった。駅路の路線はあくまでも都と地方拠点とをできるだけ短距離で結ぶことを目的としたため、集落をほとんど無視して敷設された。そのため、公民が日常生活で利用することはあまりなかったと考えられる。そして、駅路を公民が利用するのは、もっぱら都へ税を運ぶためや、国司の命令により都や他国での労役に向かう場合であった。

駅路を利用する旅とは、公民にとっては、苦痛を伴うものであったのである。そして、このことが駅路を廃絶させる要因になるのだが、その話は後ほど改めて紹介しよう。

第4章　駅制の実態

1　古代国家の非常事態

ここからは駅制の利用実態についてみていくこととする。まず駅制による緊急通信がどんな場合に行われたのかをみてみよう。緊急通信制度を用いて伝えよとされた出来事は律令によって限定されていた。

駅馬の利用

国家が非常事態とした出来事は戸（世帯）に関する規則を定めた「戸令（こりょう）」、官位の任命などについて定めた「選叙令（せんじょりょう）」、軍隊の編制など国防について定めた「軍防令」、「公式令（くしきりょう）」、盗賊の制圧などについて定めた「捕亡令（ほもうりょう）」、刑罰などについて定めた「獄令」に具体的に記されている。それをまとめると次のようになる。

①異国にいた人が帰還あるいは異国人が帰化する時の状況を報告する場合（「戸令」）
②国司が在官中に死亡あるいは解免（けめん）があった場合（「選叙令」）

③烽火を間違えたことを報告する場合（「軍防令」）
④国に、大瑞（たいずい）（後述）、軍機（軍を動かすこと）、災異、疫病、境外の消息（異国や蝦夷の動向の報告、飢饉救援の要請など）があったことを報告する場合（「公式令」）
⑤緊急事態の発生を諸国が相互に告知する場合（「公式令」）
⑥罪人を追捕（ついぶ）する場合（「捕亡令」）
⑦謀反の疑いがある者を取り調べている場合（「獄令」）
⑧すでに死罪が定まり天皇へ報告した後、冤罪の訴えを聞き再審する場合（「獄令」）

これらの出来事の伝達の他に、特例的な扱いとして朝集使（ちょうしゅうし）の派遣がある。朝集使とは、職員の考課（こうか）（勤務評価）の行政文書の提出のため、諸国から毎年一回定期的に都に派遣される使者で、国司の四等官のうち一名が交替で充てられた。また場合によっては天皇に直接、上奏することもあったので、高い身分のものが充てられた。ただし、朝集使のうち駅馬を利用できるのは相模国以東の東海道、上野国以東の東山道、越後国以北の北陸道、出雲国以西の山陰道、安芸国以西の山陽道、土佐国などの南海道および西海道に限られており、これ以外の国の朝集使は、それぞれの国の民間の馬に乗ることとされている。

こうしてみると、駅馬の利用は基本的には外交や軍事など政治上の重要事項に限られていたことがわかるが、現在の私たちの感覚からすれば、なぜ駅馬を利用し急ぎ報告することになっているのか理解に苦しむ事柄もある。

瑞の報告

たとえば、大瑞の報告である。これは祥瑞と呼ばれる縁起のよい前兆の中でも特に縁起がよいとされたもので儀礼や作法などについて定めた「儀制令」によると、麒麟・鳳凰・仙亀・神竜といった類のものが出現した場合それを捕らえ、その種類・名称および出所を明らかにしたうえで速やかに報告せよとされている。

また、古代の年号の中には、白雉、霊亀など動物にちなむものがいくつかあるが、これらは天皇に献上された動物に由来するものである。当時は天皇の徳が高ければ天がそれに応えて瑞を表すと考えられ、大瑞は国家にとってうれしい非常事態であった。

奈良時代には祥瑞の種類とその程度を記した図書もあった。それに照らし合わせ、大瑞は即時報告され、上瑞は治部省に報告した後、元日にまとめて天皇に報告することと規定されていた。さらに、瑞雲（めでたい前兆として現れる雲）などつかまえることができないものや、木連理（樹木が他の樹木と連なったもの）など実物を送ることができない類は、所在の官司が真偽を確かめて虚偽でなければ、つぶさに図を描いて進上することとされた。大瑞であれば、捕らえた者に官位や褒美が与えられるシステムとなっていた。

『続日本紀』神護景雲四年（七七〇）五月一一日条には、白鹿の献上を受けた称徳天皇がその喜びを語るとともに、それに応えて左大臣藤原永手と右大臣吉備真備らが、珍奇なものが都の倉に溢れかえっていること、それが称徳天皇の徳の高さを示していると述べている。平城宮の一角には、奇妙な動物が溢れかえる、動物園さながらの施設があったのだろう。

2　外交使節の到来

北東アジア緊張の時代

駅制による緊急通信の速度は先にみたように「公式令」で規定されていた。そして戦争に関する情報は、ほぼその規定が守られていたが、その他の場合はどうだったのか。ここでは、そのことについて確認する。『続日本紀』などからは、都と地方との間の頻繁な往来が確認されるが、情報伝達に要した時間までもがわかる事例は残念ながらきわめて少ない。

その中で、ここではまず「戸令」と「公式令」に規定がみえる外交関係の情報伝達速度についてみていく。

律令国家は常に海外の動向に注意を払っていた。天智二年（六六三）の白村江の敗戦により、唐・新羅連合軍の襲来に備え国防が強化されたが、その後、唐と新羅が不和となり、唐に対抗するため日本との関係を修復しようとする新羅と、同じく唐を警戒する日本との利害が一致し、両国の関係は修復した。しかし、国際関係は常に複雑である。律令制とともに中国の中華思想（自国の政治・文化を最高とし、周辺諸国を蔑視する思想）をとり入れた日本は、新羅を日本の天皇の徳を慕ってやってくる朝貢国として位置づけようとし、新羅は本音（ほんね）はともあれ形式的にはそれを了承した。唐にしても日本と新羅の両国と敵対するのは得策ではない。大国としての威厳を保ちながらも、両国と表だって対立することを避けた。

三国の利害が複雑に交差する中、天武朝以降の外交は展開した。天武朝前半には新羅から日本への使節はほぼ毎年、天武朝後半から持統朝にかけては二年に一回の割合で来訪している。文武朝から聖武朝ではばらつきがあるものの、それでも平均すると三年に一度のペースであった。古代日本の外交窓口は博多湾であり、それを所管するのが大宰府であった。そのため使節来訪の情報は大宰府から都へ伝えられていた（表6）。

こうした新羅からの使節への対応記事の中に、情報伝達のスピードがわかるものがある。『日本書紀』の記事からみていこう。天武二年（六七三）閏六月一五日条には、天武天皇の即位を祝う新羅の使者が筑紫に到着し、八月二五日に京に呼んだとある。この間、二カ月以上。広嗣の乱への対応とは比べものにならないほど時間がたっている。もちろん、これは単純に情報伝達にかかった時間とはいえない。その後も新羅使は何度も筑紫を訪れている。天武四年八月一日に筑紫に到着した耽羅（たむら）（済州島）の使節は九月二七日に難波に到着している。この間、約二カ月弱である。

平時の外国からの使節の移動

通常、新羅使などの外交使節が九州に到着すると、大宰府によって使節の訪日目的、規模（船の数と人数）、代表者の官位などの聞き取り調査が行われ、大宰府からその情報を都へ発信、情報を受けた都では出迎えるか追い返すかなど対応を審議、その結果を大宰府へ伝達するという流れになる。また、都へ迎え入れると決定された場合は、別途、出迎えの使者や騎兵が召集され、大宰府へ向かわされた。その間、外交使節は大宰府で滞在させられ、結果を待つ。

『日本書紀』からわかる外交使節到着から難波や京に到着する二カ月には、大宰府から都への情報伝達に要する時間、都での審議の時間、出迎えの使者や騎兵を召集する時間、使者が都から大宰府に向かう時間、外交使節が都へ移動する時間が含まれている。

『日本書紀』には、それぞれどの程度時間を要したかがわかる記事はないが、『続日本紀』には、外交使節到着の知らせを受けた政府の対応が時系列に記された記事があり、各段階の所要時間がわかる。まずは、それらを列挙してみよう。

①文武元年（六九七）一〇月二八日（辛卯）に新羅使が筑紫に到着。それから一三日目の一一月一一日（癸卯）出迎えの使者が都を出発。

②慶雲二年（七〇五）一〇月三〇日（丙子）新羅使到着。一四日目の一一月一三日（己丑）出迎えの騎兵を都で召集し、出発させた。

③和銅七年（七一四）一一月一一日（乙未）に新羅使到着の情報が都へ到達し、即日、騎兵を召集、騎兵出発は五日目の一五日（己亥）。

①②によると、大宰府から都への情報伝達と、政府による審議、出迎えの使者の出発までに要した日数が一三～一四日であることがわかる。そして③の記事から、都への情報到着から政府による審議、出迎えの使者の出発に要した時間は五日であることがわかるので、①②の日数から単純に五日間を引けば、大宰府から都への情報伝達の日数ということになる。そうすると所要日数は、八～九日間。一日の走行距離は約七二～八〇キロメートル。広嗣の乱の時の情報よりもだいぶ遅い。なお、このころ日本と新羅との関係は良好であった。

所要日数	入京等			備考
	年	月	日	
80	2	1	1	元日朝賀に参列
54	大宝元	1	1	元日朝賀に参列
11	3	閏4	1	難波において饗応
45	2	12	27	入京
65	2	5	20	
41	7	12	26	11月11日は都への情報到達日
89	3	閏7	7	
				大宰府から帰国
	7	8	8	筑紫到着の記事なし
	3	5	24	筑紫到着の記事なし
65	4	5	11	入京
71	7	2	17	12月6日は大宰府からの情報到達日
				大宰府から帰国（6月24日条の記事）
				2月3日は大宰府からの情報到達日。2月5日に入京を認めないことを伝達
				3月6日は筑前国司からの情報到達日。4月25日に新羅使を取り調べるために都から派遣された役人からの報告が都に到達。入京認めず
75	4	6	14	閏3月22日は新羅使到着日か？　新羅国王子が700名余、船7隻を率いて来日（過去、最大規模）
				入京認めず
				入京認めず
				入京認めず
75	宝亀元	3	4	
				入京認めず

到着					到着地	所要日数	都の対応		
年			月	日			月	日	
文武	元	697	10	28	筑紫	13	11	11	陸路と海路から出迎え
	4	700	11	8					
大宝	3	703	1	9					
慶雲	2	705	10	30		14	11	13	騎兵を召集
和銅	2	709					3	15	陸路と海路から出迎え
	7	714	11	11	筑紫	5	11	15	使者･騎兵派遣
養老	3	719	5	7					
	5	721	12						
	7	723							
神亀	3	726							
天平	4	732	1	22	筑紫	43	3	5	大宰府へ召す
	6	734	12	6	筑紫				
	10	738	1		筑紫				
	14	742	2	3					
	15	743	3	6					
天平勝宝	4	752	閏3	22	筑紫	7	閏3	28	陵に報告
天平宝字	4	760	9	16	陸奥か？				
	7	763	2	10	筑紫				
	8	764	7	19	博多津				
神護景雲	3	769	11	12	対馬	38	12	19	大宰府に使者派遣
宝亀	5	774	3	4					

表6　文武朝以降の主な新羅使

一〇年ぶりの新羅使

しかし、天平勝宝四年(七五二)閏三月二二日(己巳)の新羅使到着の情報は、乱の情報と同様のスピードで都に伝えられている。この時の使節の代表は新羅国の王子金泰廉(きむたいれん)。総勢七〇〇余名が七艘の船でやってくるという、かつてない大規模な使節団であった。これまでの新羅使の人数は最少で二〇名、最多でも一八七名、また、新羅使は天平一五年(七四三)三月以来、一〇年ぶりの来日であった。

七三二年、新羅は唐の要請を受けて山東半島に進出した渤海(ぼっかい)を撃退、新羅と唐との関係は良好になった。唐の脅威から解放された新羅にとって朝貢というかたちにこだわる日本と無理に友好関係を続けていく必要性が薄れた。日本、新羅両国間の関係は冷え込んでいたため、新羅からの使者も日本へ来なかったのである。

一〇年ぶりに新羅からの使者来たる、という情報はすぐさま都に届けられたようで、二八日(己亥)には天武・持統陵をはじめ陵墓にも新羅使到着が報じられている。つまり、大宰府からの情報は五~六日の間に都へ伝わったのである。日本は新羅を天皇の徳を慕ってやってくる朝貢国と位置づけており、過去にも新羅からの天皇への献上品を陵墓へ奉ることはあった。しかし、今回のように複数の陵墓へ新羅使到来を報告した例はなく、この使節団に対する日本側の関心が並々ならぬものであったことがうかがわれる。

長らく国交が途絶えていた新羅からの突然の使者を、左大臣橘諸兄の権力を凌(しの)ぎ、実質的に政治を主導していた藤原仲麻呂がどのようにみたのかは定かでないが、その七年後の天平宝字三年（七五九）に仲麻呂が新羅征伐計画を進めていることからすると、この新羅使も両国の緊張関係を解消するには至らなかったようである。いずれにせよ、同じ新羅使到着の情報であっても、その時々の両国関係によって、都への情報伝達の速度は違っていたのである。

ついでながらもうひとつ外交にかかわる情報伝達の事例を紹介しておこう。宝亀九年（七七八）一〇月二三日に遣唐使小野滋野（おののしげの）が唐での任務を終え、肥前国松浦郡橘浦（たちばなのうら）（佐賀県唐津市か）に到着した。この知らせを受けた大宰府は、遣唐使帰国の上奏とともに、唐での出来事などを滋野が記した天皇宛ての文書を添付し、一〇月二五日に都へと送った。この上奏は早くも二八日には天皇のもとに届いている。『続日本紀』一〇月二八日条には天皇が大宰府からの二五日付けの上奏を受け取ったことと、この船に同乗してきた唐使のねぎらいや滋野の入京が命じられたと記されている。

日付に誤りがないならば、使者はわずか三～四日で都に到着していることになり、これは古代における大宰府、平城京間の移動の最速記録となる。

3　自然災害の報告

地震の報告

災害の報告もみておこう。天平宝字三年（七五九）九月一三日条には、大宰府で八月二九日に大風が吹き、大宰府の施設や百姓の家を壊したと報告している。九月一三日を文書の到達日とし、八

年			月	日	被災した国	被災原因
大宝	元	701	3	26	丹波	地震
			8	14	播磨・淡路・紀伊	大風・高潮
				21	参河・遠江・相模・近江・信濃・越前・佐渡・但馬・伯耆・出雲・備前・安芸・周防・長門・紀伊・讃岐・伊予	蝗害（こうがい）・大風
	2	702	3	5	因幡・伯耆・隠岐	蝗害
			8		駿河・下総	大風
	3	703	7	17	近江	山火事
慶雲	元	704	8	5	伊勢・伊賀	蝗害
				28	周防	大風
			12	20	大宰府	大風（秋の出来事）
	3	706	7	24	丹波・但馬・大倭	山火事
				28	大宰府管内	大風・日照り
			8	3	越前	山火事
和銅	元	708	7	14	隠岐	長雨・大風
	2	709	5	20	河内・摂津・山背・伊豆・甲斐	長雨
	6	713	11	1	伊賀・伊勢・尾張・三河・出羽等	大風
	7	714	10		美濃・武蔵・下野・伯耆・播磨・伊予	大風
霊亀	元	715	5	25	遠江	地震
				26	三河	地震
神亀	3	726	12	24	遠江・尾張	水害
	4	727	10	2	安房・上総	大風・山崩れ
天平	14	742	11	11	大隅	10月23～28日の間に連続地震
	16	744	5	18	肥後	雷雨・地震
	17	745	4	27	美濃	地震

天平勝宝	元	749	2	5	下総	蝗害・日照り
天平宝字	3	759	9	13	大宰府	8月29日に大風
	6	762	5	9	美濃・飛騨・信濃	地震
	8	764	12		大隅・薩摩	噴火
天平神護	2	766	6	3	日向・大隅・薩摩	大風
				5	大隅	噴火・地震
			9		伊勢・美濃等	大風
宝亀	元	770	1	21	大宰府	大風
			6	8	志摩	大風
				14	美濃	長雨
			7	28	出羽	雹
	3	772	10	10	豊後	前年の5月23日に山崩れ
			11		全国	大風・大雨
	4	773	3	5	近江・飛騨・出羽	大風
				17	三河	大風
	6	775	8	22	伊勢・尾張・美濃	暴風雨
			11	7	日向・薩摩	風雨
	7	776	8	15	全国	蝗害
			閏8	28	壱岐	大風
	9	778	3	3	土佐	前年7月の風雨
	10	779	8	2	因幡	6月29日に大雨
			11	15	駿河	7月14日に大雨
天応	元	781	7	6	駿河	火山灰
延暦	4	785	10	10	遠江・下総・常陸・能登等	7、8月に大風
	7	788	7	4	大隅	3月4日に噴火

表7 『続日本紀』にみえる主な災害　※アミカケは、発生時期、情報を発信した日がわかるもの

写真11　秋田城跡（秋田市）
律令国家が東北経営のために造った城柵の中で最北端に位置する。発掘調査によって木簡や漆紙文書（漆容器の蓋に使った反古紙で、漆が付着することにより紙に書かれた文字が残ったもの）が出土していることから、文書行政がこの地にまで浸透していたことがわかる。現在は、遺跡の一部が復元整備されている。

月二九日を発出日とすると、その間一五日。一日四五キロメートル程度のスピードとなる（表7）。

天平一四年（七四二）一一月一一日条には大隅国が一〇月二三日から二八日にかけて地鳴りがあったと上奏している。これに対し使者の派遣が決定されたのは一一月二五日。報告が届いてから一五日目のことである。都と大隅国との距離は、九州西岸を通過し大宰府を経由したとすると約九四〇キロメートル。すべて陸路を移動したとすれば、一日あたりの移動距離は、六〇キロメートル以上となり、軍事関係の使者のスピードの半分程度ということになる。

『日本後紀』にも災害発生を告げる使者の記事がある。天長七年（八三〇）正月三日午後六時ごろに秋田城国司（秋田城には出羽国司のひとりが常駐していた）から出羽国司に送られた文書は、秋田城を壊滅させるほどの大規模な地震が発生したことを告げている。この知らせは出羽国司からすぐさま都に上奏されるが、情報到達日は二六日目の正月二八日。災害に関する報告であるが、出羽国の防衛拠点であり、対蝦夷の最前線基地でもある秋田城が大きな被害を受けたという軍事にもかかわる情報であり、国司もそのように伝えているのに対し、所要時間がいささか長い（写真11）。

都と秋田城の距離は約一〇〇八キロメートル。単純計算では一日わずか四〇キロメートル程度しか進んでいないことになる。地震と積雪による交通網の遮断という要因が大きかったと考えられるが、宝亀五年（七七四）から始まった三十八年戦争時のスピーディーな情報伝達はこのころは行われなくなっていたのかもしれない。

律令の規定にない駅馬の利用

駅制は律令の規定に基づいて運用されることになっていたが、史料をみていくと律令の規定にはないが、天皇の許しを得て、特別に駅馬の利用が認められる事例や、国司の判断でこれらの規定にある以外にも利用した事例も確認される。

たとえば『万葉集』巻四―五六七の左註には、足の腫れ物により死も覚悟した時の大宰帥、大伴旅人が遺言を伝えるために、弟、稲公（いなきみ）らを大宰府に呼び寄せてほしいと駅馬を利用して天皇に上奏したとある。天皇はそれを許し、稲公らは駅馬を利用して大宰府へと向かった。「選叙令」の規定では、国司が死んだ場合か罷免された場合でなければ駅馬は利用できないとされているが、死んだ場合を死にそうな場合と拡大解釈して運用したのであろう。さらに、巻八―一四七二には、大伴旅人の妻、郎女（いらつめ）の死去を聞いた天皇が駅使を使わして弔問し、物を与えたとある。天皇の命令は律令の規定に優先し、こうした天皇の命令が格や式として制度化されていくのである。

これらの情報伝達の速度については記録が残っていないため不明であるが、旅人を見舞うために駅使として大宰府に赴いた大伴稲公は、帰路に大宰府から約一八キロメートルしか離れていない夷守(ひなもり)駅家で、惜別の宴を催している。駅使といえども大急ぎで都へ帰ったわけではなさそうである。

史料に見える情報伝達の実態

ここで、史料にある駅制の概要と情報伝達の実例との対比をしてみよう。まず、藤原広嗣の乱をはじめとする軍機にかかわる出来事は、大宰府からだと五日程度、多賀城からでは七日程度。この日数は、移動距離に換算すると最低でも一日一二〇キロメートル程度。律令の規定にある一日一〇駅、約一六〇キロメートルという距離には及ばないが、それに近い距離である。

一方、新羅使の到着といった境外の消息にかかわる出来事や災害の報告は、大宰府から八〜一四日前後を要しており、八日の場合だと一日八〇キロメートル以上、一四日だと一日四五キロメートル以上となる。前者はかろうじて、「公式令」でいう事緩やかな場合の移動距離である一〇〇キロメートルに近いといえるが、後者は規定に遠く及ばない。

このように、実際に駅使の移動時間がわかる史料をみていくと、軍機にかかわる情報こそ「公式令」の規定に近いが、それ以外の駅馬の利用が認められた情報については、その時々の状況により一日あたりの移動距離が変わっている。このことは、必ずしも駅馬を利用するすべての場合において「公式令」の規定が守られていたわけではないことを示している。つまり、当時の情報伝達は、情報の内容により緊急性を現場がみきわめて、それに応じた速度で伝達されたと考えられる。

コラム　祥瑞の情報と古代思想

大瑞による改元のはじまり

現在のように、科学が発達していない時代では、人々は普段、目にすることがない不思議な光景を目の当たりにすると、それを天の声だと考えた。これは、日本だけではなく、世界的にも同様である。天の声には悪い予言もあれば、よい予言もある。祥瑞の祥は吉凶の発現、瑞とは天が宝をもって人の徳・不徳に応じることであり、発現したものに応じて、とくにめでたいしるしを大瑞、それに次ぐものを上瑞とした。

古代、中国では優れた王者が現れると、その徳をたたえるために天が大瑞を表すと考えられていた。鳳凰や麒麟、竜、霊亀などの瑞獣（ずいじゅう）は、その代表的なものである。こうした思想は日本にも伝わり、主に飛鳥時代から平安時代の記事には、祥瑞にかかわる記事が数多くみられる（表8）。

縁起のよい生き物を捕獲し、天皇に献上した最古の例は『日本書紀』推古六年（五九八）一〇月一〇日に越国が白鹿を献上したという記事である。その翌年には百済国から、駱駝（らくだ）や驢馬（ろば）、羊とともに白雉が献上されている。どうやら、推古朝から始まる海外への関心の高まりによって、珍しい動物を捕獲、献上するということが日本でも始まったらしい。舒明七年（六三五）七月には、剣池（奈良県橿原市）でひとつの茎からふたつ蓮の花が咲いたという報告があり、これも祥瑞とされている。

祥瑞はそもそも、大王の徳を示すものであるので、捕獲した場合はすべて、日本の場合は天皇に献上されることになっていたが、『日本書紀』の中には唯一、天皇以外の人物に祥瑞が献上された例がある。それは、乙巳の変（六四五）の直前にみられる凶兆を伝える記事の中にみえる。捕獲された白雀が皇極天皇ではなく、蘇我蝦夷、入鹿に献上されたというものである。おそらく、祥瑞を受け取ったことは蘇我父子による皇位の簒奪という野心の現れだということを伝えるために掲載された記事と考えられる。

七世紀中ごろ以降になると、大瑞の出現による改元が行われるようになる。白雉という元号は、長門国で白い雉が捕獲され、それが献上されたことによりつけられた元号である。『日本書紀』白雉元年（六五〇）二月九日条は、その一連の経過を詳しく伝えている。正月九日に長門国麻山で捕獲され献上された白雉について、孝徳天皇は百済君や道登法師、旻法師ら学識豊かな者たちに、それが意味するところを尋ねた。三人は口をそろえて、中国の故事なども持ち出し大瑞であると語り、天皇の徳をたたえた。そして、一五日には、正月の儀式と同様の大規模な儀式を行い、天皇の徳をたたえるとともに、大赦（刑罰の免除）を行い、さらに改元を宣言した。これによって大瑞の出現は国家にとっての重大事項となったのである。

祥瑞を利用する

天武朝になると、珍しい生物の献上記事が急激に増加する。天武二年（六七三）三月には備後国が白雉を献上したことにより、献上した郡の課役の免除と全国に大赦が行われた。孝徳朝の白雉の故事にならったのである。四年正月には、大和国が瑞鶏、東国が白鷹、近江国が白鵄（しろとび）（鳶）を献上。五年から八年にかけては、祥瑞の献上や甘露（かんろ）（天が降らせる甘い露）などの目撃報告が毎年行われるようになる。さらに、これまで主として畿内周辺や山陽道からの献上のみであったものが、大宰府や伊予国、相模国といった具合に全国から献上されるようになる。献上した者にはその内容に応じて、位階や物が与えられるようになった。

先にみたように、祥瑞の献上や報告は律令の規定により制度化されるが、天武朝期から献上や報告が相次ぐことは、祥瑞に関する制度がこの時期に整えられた可能性を示している。

また、中国では王朝交替の時にしばしば祥瑞を利用しているが、日本でも奈良時代になるとこれがまねられるようになる。元明天皇から元正天皇への譲位は、霊亀が献上された直後に行われており、それをもって元号も霊亀に改められている。献上された亀の首には、中国の三公（最高の官職である太師（たいし）・太傅（たいふ）・太保（たいほ））を示す星文があり、甲羅には日本では天皇の象徴である北斗七星があったという。

元正天皇から聖武天皇への譲位にも亀がかかわっている。養老七年（七二三）一〇月一一日に平城京に現れた白い亀は国家の大瑞とされ、神亀に改元されるとともにその年末に聖武天皇へ譲位が行われた。

天平への改元も亀の出現によるものである。天平元年（七二九）六月二〇日に平城京の行政を所管する左京職の長官であった藤原麻呂の手を経て献上された亀の甲羅には「天王貴平知百年」の文字があったとされる。国家の大瑞である。この時の大きな政治問題は、藤原不比等の娘、光明子を皇后にするか否かであったが、大瑞の出現により、八月一〇日、光明子は皇后になった。臣下出身の皇后は、仁徳天皇の皇后、葛城氏出身の磐之媛以来のことであった。

譲位問題や政治問題が起こった時に絶妙のタイミングで現れる祥瑞は、もちろん政治的な意図をもって仕組まれたものであろう。天皇の即位を祝うという意味や徳の高い天皇であることを宣伝する意図もあったと考えられるが、光明子立后など政治的に意見が割れた時に、一方が自らの意志を遂げるために祥瑞を利用したのである。

捏造がばれた祥瑞

このように、『日本書紀』『続日本紀』には、多数の祥瑞が記されており、政治の行く末にかかわる重大事項を決定するために利用されたものもあれば、個人的な動機から祥瑞により位階や物を得ようとしたものまでさまざまである。また、どうも祥瑞にはブームがあったようで、飛鳥時代にあれほどもてはやされた白雉は、奈良時代になるとそれほど大きくとりあげられていない。祥瑞とは、単にめでたいしるしというだけでなく、為政者にとって都合のよいタイミングで出現したものこそがもてはやされた。

この他、より珍しいものがもてはやされるという傾向もあった。白燕や赤烏などは、しばしば諸国から献上されるものであったが、そのほとんどは上瑞とされ正月にまとめて紹介される程度

年号	年	西暦	月	日	献上国等	内容
慶雲	2	705	9	26	越前	赤烏
	3	706	5	15	河内	白鳩
			7	28	周防	白鹿
和銅	元	708	5	29	長門	甘露
	3	710	7	7	都	瓜
	5	712	3	19	美濃	木連理・白雁
			9	3	伊賀	黒狐
	6	713	1	4	備前	白鳩
					伯耆	嘉瓜
					左京職	稗が変化して稲になったもの
			11	16	大和	嘉蓮
					近江	木連理
					但馬	白雉
			12	16	近江	慶雲
					丹波	白雉
霊亀	元	715	1	1	都	慶雲
					遠江	白狐
					丹波	白鳩
			5	12	伯耆	甘露
			8	28	左京	◎霊亀
養老	4	720	1	1	大宰府	白鳩
	5	721	1	1	武蔵	赤烏
					上野	赤烏
					甲斐	白狐
					尾張	小鳥が大鳥を生んだ
	7	723	10	11	左京	◎白亀

年号	年	西暦	月	日	献上国等	内容
神亀	2	725	1	1	山背	白燕
					備前	白燕
	3	726	1	2	京職	白鼠
					大和	白亀
	4	727	1	3	左京職	白雀
					河内	嘉禾
天平	元	729	6	20	左京職	◎亀
	3	731	1	1	美作	木連理
			12	2	甲斐	神馬
	4	732	1	1	左京職	白雀
	5	733	1	1	越前	白烏
	6	734	1	1	但馬	木連理
					安芸	木連理
					長門	木連理
	10	738	1	1	信濃	神馬
	11	739	1	1	出雲	赤烏
					越中	白烏
			3	21	対馬	神馬
	12	740	1	1	飛騨	白雉・白狐
	17	745	10	28	河内	白亀
天平勝宝	4	752	1	1	大宰府	白亀
	5	753	11	2	尾張	白亀
	6	754	1	1	上野	白烏
	7	755	6	15	安芸	白烏
天平宝字	元	757	3	20	内裏	◎天井に天下太平の文字
			8	13	駿河	◎蚕の卵が文字

年			月	日	献上国等	内容
神護景雲	元	767	8	8	参河	◎慶雲
	2	768	1	10	播磨	白鹿
			6	21	武蔵	白雉
			7	11	日向	白亀
			8	8	参河	白烏
			11	2	美作	白鼠
	3	769	5	16	伊勢	白鳩
宝亀	元	770	5	11	大宰府	白雀
					伊予	白鹿
			7	18	常陸	白烏
					筑前	白雉
			8	5	肥後	◎白亀
				17	肥後	◎白亀
	2	771	3	1	大宰府	白雉
			閏3	18	壱岐	白雉
			5	24	右京	蚕の卵が文字
	3	772	6	4	参河	白烏
			7	22	上総	蹄が牛に似た馬
			9	3	山背	木連理
宝亀			10	11	肥後	白亀
	4	773	9	15	常陸	白烏
			12	25	備前	木連理
	5	774	7	10	上総	白烏
	6	775	4	13	近江	赤目の白亀
				15	山背	白雉
			9	15	河内	白亀
	8	777	11	18	長門	白雉
	9	778	4	8	摂津	白鼠
			7	9	飛騨	慶雲
			12	11	大宰府	赤目の白鼠
天応	元	781	11	8	近江	木連理
延暦	3	784	5	24	摂津	白燕
			6	12	大和	赤烏
	6	787	4	16	山背	白雉
	9	790	9	16	摂津	赤目の白鼠
	10	791	7	22	伊予	白雀

◎は改元のもととなった祥瑞

第2部　緊急情報伝達システムの基盤

第1章　駅制を支えた駅家

1　駅家を探す

駅家の謎

古代の緊急情報システムである駅制は、乗馬ができれば、誰でもほぼ同じスピードで情報を伝達できる、言い換えれば個人の運動能力をさほどあてにしないシステムであった。そのため移動には屈強な馬を利用した。馬は臆病な動物で、危険を察知すると進まなくなってしまう。馬が安心して走るためには、整備された道路が必要であった。それがまっすぐな駅路（えきろ）であった。

ただし、馬と道路だけでは迅速な移動はできない。当時の馬体の小さな馬は、人を乗せると時速は二〇～三〇キロメートル程度、しかも全力疾走できるのはせいぜい五〇〇～六〇〇メートル。一疋の馬が律令（りつりょう）の規定にある一日一六〇キロメートルを駆け抜けることはできず、途中で何度か馬を替える必要があった。馬の乗り換えの場であり、駅使（えきし）の休憩・宿泊の場であった駅家（うまや）は、律令国家の緊急通信制度の根幹を支える重要な施設であった。

後述するように駅路は一〇世紀中ごろ前後に廃絶する。それに伴って駅路沿いに置かれた駅家も廃絶し、地上から姿を消すが、『延喜式』には北は秋田県から南は鹿児島県に置かれていた四〇二の駅家の名前と駅家ごとの駅馬の数が記されている。これらの駅家は一定の間隔を保って駅路沿いに置かれていた。そのため、『延喜式』にみられる駅家の名前をヒントに、駅路の推定ラインに沿ってみつかる飛鳥時代後半から平安時代の遺跡を詳しく調べていけば駅家の遺跡にたどり着くはずである。

しかし、実際のところ発掘調査で駅家の遺跡がみつかった例は、山陽道の駅家の一部に限られており、その全体像まで判明しているものは皆無である。そのため、駅家の規模や構造はもちろん、駅家の経営にあたった人々の暮らしぶり、駅馬はどこにいたのかなど、駅家の実態は未だ謎だらけなのである。

第2部では駅家に関するこれまでの研究成果と問題点をまとめ、それを受けて文献史料や考古学の成果から駅家の実態に迫る。

駅家はいくつあったのか

『延喜式』における駅家名の記述は、畿内、東海道といった地域区分に従って、都に近い国から順に国名を掲げ、駅馬の数の多い順から駅家名と駅馬数を記している。また、駅馬数が同数の場合は、都に近い駅家名から順に記している。たとえば、東海道―伊勢国駅馬―鈴鹿廿疋―河曲、朝明、榎撫各十疋―市村、飯高、度会各八疋、といった具合である。

ただし、駅家は飛鳥時代後半から平安時代をつうじて、駅路の変更などによって、改廃を繰り返しており、『延喜式』が編纂された平安時代中ごろ以前に廃止された駅家の名前は『延喜式』には記されていない。『延喜式』にみえる駅家は、あくまでも平安時代中ごろに存在していた駅家だけなのである（表9）。

史料にみえる最も古く確実な駅家の記事は、『日本書紀』天武元年（六七二）六月二四日の隠駅家（なばりのうまや）と伊賀駅家である。壬申の乱の時に、東国に向かった大海人（おおあま）皇子が焼いた駅家で、この時期までに駅制が成立していたことがわかるが、このふたつの駅家は奈良時代のうちに廃止されたようで、『延喜式』には名前がみえない。

『延喜式』編纂以前に廃止された駅家は、『続日本紀（しょくにほんぎ）』や『風土記』『万葉集』などの史料や、発掘調査で出土した木簡によって、その名が知られるものもあり、そうした駅家も含めると、名前がわかる駅家の数は四六七になる（巻末の「駅家名一覧」参照）。さらに『続日本紀』には駅家の名前を記さずに、設置あるいは廃止された駅家の所在する国名と数だけを伝える記事もあるので、そうしたものも含めると飛鳥時代後半から平安時代の駅家の総数は五〇〇以上、つまり駅家の遺跡もそれだけあるはずである。

名前が知られている四六七の駅家については、名前をヒントにその所在場所の特定作業が各地域で進められており、名前が不明な駅家についても置かれた駅路の延長距離をもとに検討が行われ、現在では、すべての駅家について候補地が示されるまでに至っている。しかし、その反面、実際に駅家跡を発掘調査で確認した事例は山陽道沿線の十数件に限られている。

年			月	日	地域名	記事に現れる駅家など	改廃の内容	備考
大宝	2	702	1	10	紀伊	賀陀	設置	水駅か
和銅	4	711	1	2	山背	岡田・山本	設置	
					河内	樟葉	設置	
					摂津	大原・殖村	設置	
					伊賀	新家	設置	
養老	3	719	7	21	石城	十駅	設置	
	7	723	8	19	因幡	四駅	増設	
天平	元	729	4	3	山陽道			駅家を造るために駅起稲5万束を充当
天平宝字	3	759	9	26	出羽	玉野・避翼・平戈・横河・雄勝・助河	設置	
					陸奥	嶺基	設置	
神護景雲	2	768	3		山陽道			郡と郡を結ぶ伝馬道が遠いため、人民を駅戸に配置することなどを希望
					淡路	神本	廃止	駅間の距離が近いため
延暦	7	788	10	8	美濃・飛騨	下留	設置	駅間の距離が遠いため
			6	7	備前	藤野	移設	水害を受けにくい川の西側に移設
	8	789	7	14				三関の廃止
	14	795	7	26	近江・若狭		駅路の調査	
			閏7	17	近江・若狭か		駅路廃止	
			8	15	近江	相坂剗（せき）	廃止	

表9　駅家の改廃記事

	15	796	2	25	南海道		駅路の廃止と新道の設置	
			8	21	諸国			国郡、郷里、駅道の遠近、名山・大川を詳しく記載した地図の作成を諸国に命じる
			11	2	陸奥	伊治城と玉造塞の間	設置	駅家新設
	16	797	1	27	阿波	不明	廃止	
					伊予	11駅	廃止	
					土佐	12駅	廃止	
					土佐	吾椅・舟川	設置	
	23	804	3	25	大隅・薩摩	蒲生駅と田尻駅の間	設置	駅間の距離が遠いため
			5	10	陸奥	斯波城と胆沢城の間	設置	駅間の距離が遠いため
			6	26	山城	山科	廃止	勢田駅の駅馬を増やす
			11	7	陸奥	栗原郡三駅	設置	
	24	805	4	5	土佐			駅路が通過する郡に伝馬5疋を追加。新たな駅路が険しいため
			10	25	下総	鳥取・山方・真敷・荒海等	廃止	不要になったため
			11	13	陸奥	太平洋側の伝馬	廃止	不要になったため
大同	2	807	10	20	大宰府	11駅	駅馬の削減	
			10	25	山陽道	51駅	駅馬の削減	
	3	808	5	2	但馬	3駅	廃止	不要になったため
			6	21	因幡	莫男・道俣	駅馬の削減	利用者が少ないため、2疋削減

			10	19	能登	越蘇・穴水・三井・大市・待野・珠洲	廃止	不要になったため
弘仁	2	811	4	22	陸奥	海道10駅	廃止	
						長有・高野	設置	陸奥・常陸連絡路の新設
			8	15	紀伊	萩原・名草・賀太	廃止	
	3	812	10	28	常陸	安侯・河内・石橋・助川・藻島・棚島	廃止	
						小田・雄薩・田後	設置	
	6	815	12	22	常陸	板来	廃止	
	9	818	8	7	長門	11駅	駅馬の削減	駅馬55疋が不要。駅ごとの駅馬を減らし、鉛を運ぶ駄馬とする
承和	7	840	12	1	駿河	永蔵	移設	伊豆に移す。駿河郡には3駅あったため
	10	843	10	18	遠江	猪鼻	再興	かつて廃止したが必要性が認められたため
貞観	6	864	12	10	駿河	柏原	廃止	
寛平	元	889	6	6	周防	大前	廃止	

奈良時代の後半から平安時代前半にかけて全国各地で、駅路の付け替えが行われている。発掘調査でも、この時期に付け替えられた駅路や、路線そのものは変更していないが道幅を半分程度に縮小したものがみつかっている。どうやらこの時期に天皇の命により、七道駅路の見直しが行われたようで、それに伴い駅家も変更されたようである。

古代の地名にあたる

駅家の名前は基本的には地名に由来しており、古代の地名が現在まで残っている場合は、駅家の場所の特定もしやすい。たとえば、巻末の表「駅家名一覧」に掲げた駅家の中でも、摂津国須磨駅家は神戸市須磨区、武蔵国豊嶋駅家は東京都豊島区としてその名を今もとどめており、須磨区内と豊島区内を通過する駅路に面した場所に、それぞれの駅家があったと推定できる。

また、承平年間（九三一〜九三八）に源順（みなもとのしたごう）によって書かれた日本最古の辞書『和名類聚抄』（わみょうるいじゅしょう）には、古代の行政区分を国━郡（こおり）━郷（さと）という順で記した部分がある。国家が地方をどのように分割し支配していたかがわかる重要な史料であると同時に、この史料は古代の地名を現代の地名に照合する際の第一級の史料としても用いられている。

律令国家が定めた国━郡といった行政区分は、明治四年（一八七一）の廃藩置県まで基本的には踏襲された。そのため古代の郡の範囲は、その名前から現代の地図とほぼ照合することができる。それに対し五〇戸を単位とする郷は、一〇世紀中ごろの律令制度の崩壊とともに行政区分としての実態を失ったために、現代の地図から単純に範囲を特定しにくい。そこで古代の郷の復元を行うために用いられるのが、『和名類聚抄』である。

『和名類聚抄』には、郡ごとに郷の名前が記されているため、各郡にどんな名前の郷があったかがわかる。古代の郡の範囲を近現代の地図にあてはめ、その範囲の中から『和名類聚抄』にみえる郷名と共通する地名を探し出すことにより、古代の郷の位置もある程度、特定できるのである。

こうした古代の郡・郷の比定は、郡・郷と同じ名前を冠する駅家の位置を特定するのに効果を発揮する。つまり、地名と駅路の路線復元により、そうした駅家の所在地をある程度、絞り込むことができ、そのあたりにある古代の遺跡が駅家の候補地ということになる。こうしていくつかの駅家を特定し、そこを起点に駅路に沿った一六キロメートルの範囲で古代の遺跡を探せば、前後の駅家の候補地も絞り込めるということになる。

また、駅家があった場所には、須磨や豊嶋以外にも現在でも駅家に因む地名が残っている例もある。有名なところでは広島県福山市駅家町(えきやちょう)、三重県松阪市駅部田(まえのへた)などがある。

路線の重要度によって異なる駅家の間隔

このような作業を経てつくられた駅家の分布図をみると駅家は必ずしも「厩牧令(くもくりょう)」の規定どおり三〇里ごとに置かれたわけではないことがわかる。

たとえば、七つの駅路それぞれの総延長を単純に駅家の数で割ると、東海道、東山道(とうさんどう)の駅家間の距離はおおむね一六キロメートル程度となるが、北陸道や山陰道、南海道では約一四キロメートル、山陽道は約一一キロメートルで、西海道(さいかいどう)は約九キロメートルと規定よりも短くなる。

さらに路線ごとに駅家間の距離を測ってみると、東海道では最短で八・二キロメートル、最長で二三・七キロメートル、東山道は八～三四・三キロメートル、北陸道は七・三～二二・八キロメートル、山陰道は八・三～二〇・二キロメートルといった具合に、駅家間の距離に大きな開きがある。

また、大路(たいろ)山陽道駅路と西海道駅路の一部（大宰府まで）は、全五九区間中、三二区間が一〇キロ

		路線延長	駅家数	駅間距離
東海道	本路	617.7km	38	16.7km
東山道	本路	712.5km	45	16.2km
北陸道	本路	481.8km	36	13.8km
山陰道	本路	424.2km	31	14.1km
山陽道	本路	544.9km	49	11.4km
南海道	本路	318.8km	23	14.5km
西海道	大宰府路	88.4km	11	8.8km

表10　七道駅路の路線延長と駅家の数（武部健一氏の研究成果をもとに作成）

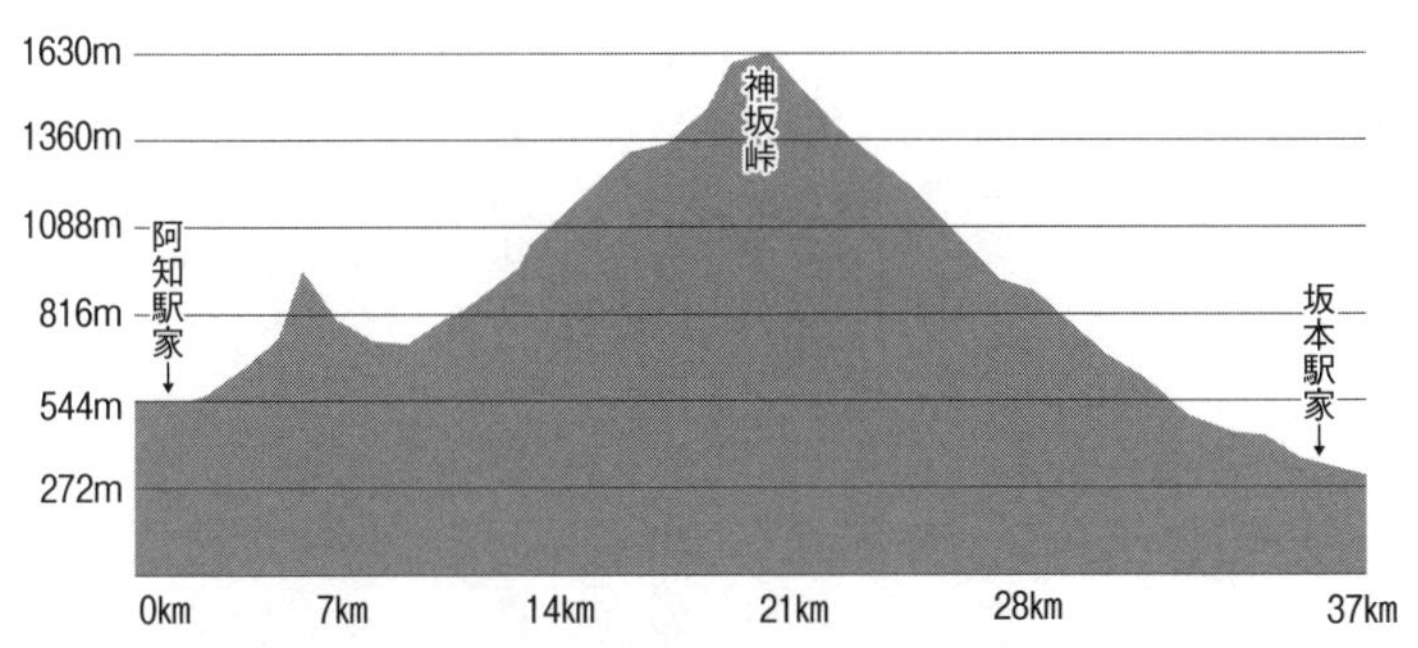

図9　東山道信濃国阿知駅家と美濃国坂本駅家の距離と高低差
七道駅路全体の中で最も駅家間距離が広いのがこの区間である。標高1569mの神坂（みさか）峠を挟んでおり、このふたつの駅家の間に駅家を設置できる場所はない。そのため、律令の規定では駅馬は10疋とされているにもかかわらず、このふたつの駅家には30疋の駅馬が置かれた。

メートル以下で駅家が配置されるなど、路線による配置状況も大きく異なっている（表10）。

駅家の設置は地形や水の有無などにより、必ずしも三〇里とは限らないという規定が「廐牧令」にあり、事実、駅家間の距離が極端に長いものは、途中に集落のない山岳地帯を挟んでいる場合がほとんどである（図9）。しかし、このような大きなばらつきは単に地理的要因のみでは説明できない。大路の駅家の間隔が狭いことからすると、交通路としての重要性や駅使の往来頻度などを考慮して駅家を設置していたと考えられる。

第1部でみたように、大宰府（だざいふ）と都との往来の場合、一日の移動距離は一四〇キロメートル以上であるのに対し、多賀城から都では一一〇キロメートル程度。通過する地形の違いもあるだろうが、駅家間の距離の違いにも起因すると考えられる。駅家間の距離とはすなわち、一疋の駅馬が走る距離であり、山陽道駅路の駅馬は一疋あたり約一〇キロメートル走るのに対し、東山道駅路では一疋あたり約一六キロメートル走らなければならなかった。

2　駅家はどのように運営されたのか

律令国家の支配体制

ここからは律令の駅家経営の規定についてみていくが、その前に律令国家の地方支配を確認しておく。

律令国家は戸籍により公民（律令制における公民の概念については諸説あるが、以下、皇族や官人、賤民を除く一般の人々を公民と呼ぶこととする）ひとりひとりの年齢、性別などを把握していた。また、全国を国―郡（『大宝律令』以前は「評」）―里（同「五十戸」、霊亀元年〈七一五〉以降は「郷」）の三段階の行政単位に区分し、公民は二〇名程度の血縁・地縁集団からなる戸に編成されていた（図10）。戸は兵役など国家が定めた労働の義務を負わせるための基礎単位でもあった（「軍防令」）。

戸は五〇戸をもって里とされ、里の有力者の中から国司により任命された里長（里が郷に改めら

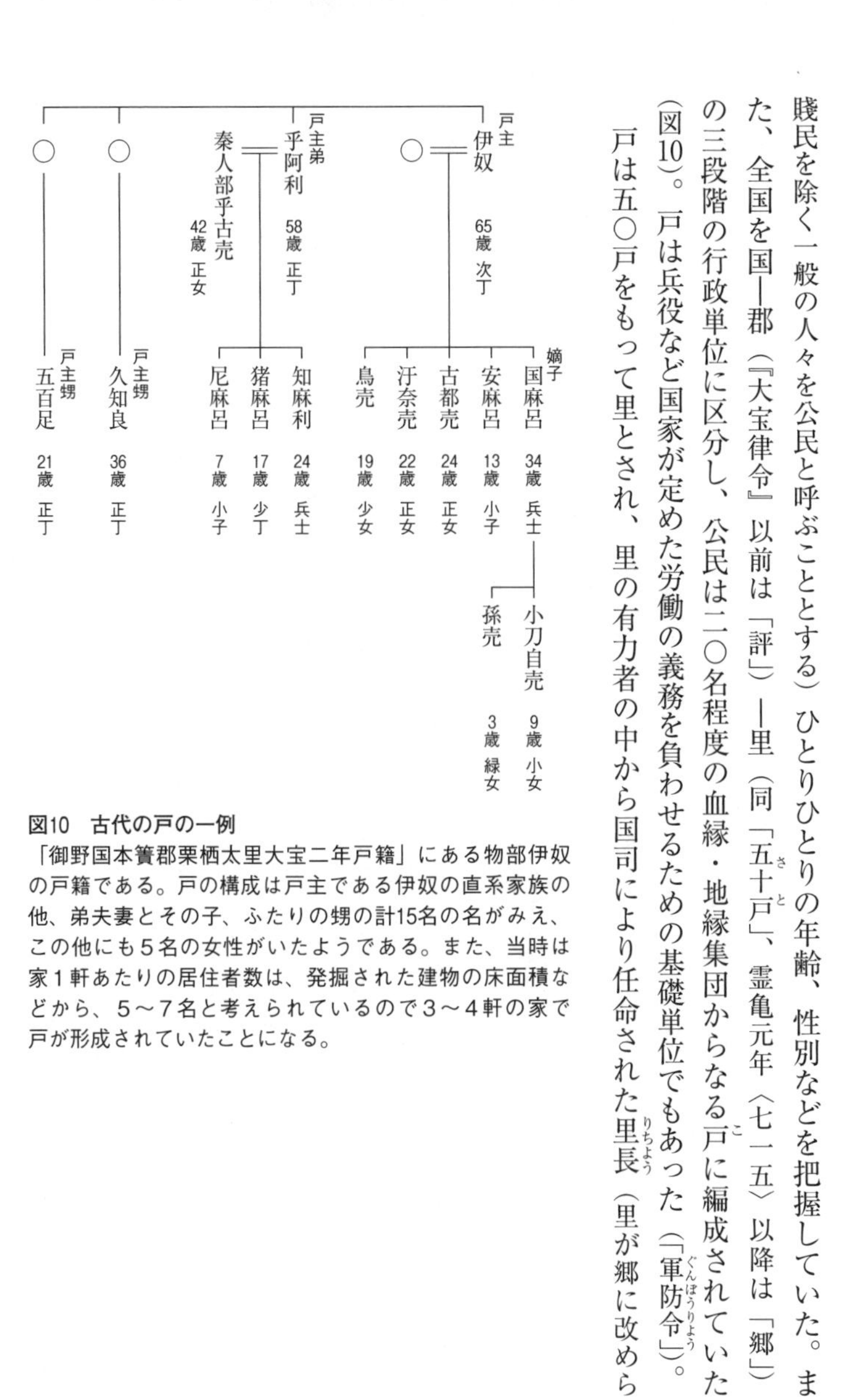

図10　古代の戸の一例

「御野国本簀郡栗栖太里大宝二年戸籍」にある物部伊奴の戸籍である。戸の構成は戸主である伊奴の直系家族の他、弟夫妻とその子、ふたりの甥の計15名の名がみえ、この他にも５名の女性がいたようである。また、当時は家１軒あたりの居住者数は、発掘された建物の床面積などから、５～７名と考えられているので３～４軒の家で戸が形成されていたことになる。

れると郷長）が戸の把握と監督や税の取り立てなどの行政実務、さらに不正の取り締まりなど警察としての役割を担っていた（「戸令」）。また、里の中で近接する五戸をもって「保」とし、相互扶助と相互監視を行うこととされ、不正や逃亡が発生すれば連帯責任をとらされることとされていた。江戸時代の五人組制度の起源にもなったといわれる制度である。

里は郡司によって掌握された。郡司は大領、少領、主政、主帳の四等官からなり、いずれも政府により地元の有力者が任命された（「職員令」）。そして郡司は郡衙において郡の行政のために必要な者を一定数、地元民から任命した（郡雑任）。

地方行政のために中央から派遣された官人は、国司の四等官（守・介・掾・目）と国司とともに史生（書記官）として地方に下向してきた者のみであり、国府で働く人の大半も地元民であった。政府は、こうした少数の官人たちに、律令の規定に則って地方行政に関する強い権限を与えることによって中央集権を実現したのである。

また、農地の配分・貸与などについて定めた「田令」により公民は政府から口分田を与えられることとされ、その田からの収穫で生活するとともに、政府に対し租、庸、調、雑徭という納税や労役、兵役の義務を負っていた（「賦役令」）。口分田は、六歳以上のすべての男子には二段（古代の一段は約一二〇〇平方メートル）、女子にはその三分の二の田を基本的には居住地近くに貸し与えられることになっていた（「田令」）。つまり、公民の大多数は口分田からの収穫を生活の糧とする農民であり、土地と密接に結びついた暮らしをしていたのである。

駅家の経営

駅家は、いわば緊急通信のための役所であり、役所は施設と予算、そこで働く人からなる。施設の話は後ほど述べるが、まずは予算と人に関する律令の規定をみていこう。

駅家経営のための財源について、「田令」では、大路の駅家には四町、中路には三町、小路には二町（一町とは約一〇九メートル四方で一段の一〇倍）の田を駅田（えきでん）として駅家の近くに与え、そこから収穫される稲を農民に貸し出し、利息を駅家の財源とすると規定する。これを駅起稲（えききとう）という。『延喜式』によれば、平均的な田（中田）一町から収穫される米は四〇〇束（そく）（二〇〇〇升）。駅起稲の利率を「雑令」の規定による官司による稲の貸し付けと同様、年利五〇パーセントとすると年間収益は二〇〇束。これを当時、国の労役にあたる人に支給されるひとり一日あたりの日当（二升）に換算すると、のべ五〇〇人分となる。

駅家で働く人については「厩牧令」で規定されている。それによると、駅家ごとに駅長一名を国司が任命すること、駅長は駅戸（えきこ）という駅家経営にあたる集団の中から富裕で実務能力に長（た）けた人物を充てることとされていた。駅戸は戸の一種であるが、駅戸が一般の戸と同じように五〇戸をもって里とされていたかについては、後に検討する。

駅長は終身官であり、病気で職務に堪えられなくなったり、家が貧しくなったりした場合を除き、死ぬまで職務を務めることとされていた。また、駅長は文字どおり駅家の責任者であり、もし駅使が病に罹（かか）り、代わりに任務を果たす随行者がいない場合は、駅使に代わって最も近い国府に文書を届ける義務（「公式令（くしきりょう）」）、駅長を交替する時に正当な理由なくして、駅馬や馬具が不足していた場合はそれを弁償する義務（「厩牧令」）を負っていた。なお、駅家には駅馬の数に応じて乗具や蓑、笠などを備えておくよう「厩牧令」で定められていた。

駅長の指示のもと駅家の仕事を行ったのが駅子である。駅子は、駅戸のうち中中戸の正丁（二一～六〇歳の健康な男子）、次丁（六一～六五歳の健康な男子）、中男（一七～二〇歳の健康な男子で、『大宝令』では少丁）といった成人男子が国司により任命された。律令では戸を貧富によって上中下に区分し、さらにそれを上中下に細分し、豊かな方から上上戸、上中戸、上下戸といった具合に、九等級に分割していた。中中戸はちょうどまんなかの等級の戸ということになる。

駅子のみに課せられた主な仕事は次のとおりである。

①駅馬の世話（「厩牧令」）
②駅使の接待（三駅ごとに食事を供給「厩牧令」）
③駅使の随行（駅馬は駅家ごとに乗り換えることになっていたので、それを連れ帰る目的であったと考えられる『令集解』）
④駅田の耕作（『令集解』）
⑤駅家の備品の製作（『令集解』）

駅馬の世話はなかなか大仕事である。当時の馬は体格や速度により細馬、中馬、駑馬の三つに分けられていた（図11）。馬の等級によって与えられるエサの質や量も異なっており、最も上等な馬である細馬には、一日、粟一升、稲三升、豆二升、塩二夕を、中馬には稲か豆を二升、塩一夕、駑馬は稲一升を与えることとされていた（「厩牧令」）。駅馬とされるのは、細馬か中馬だったと考え

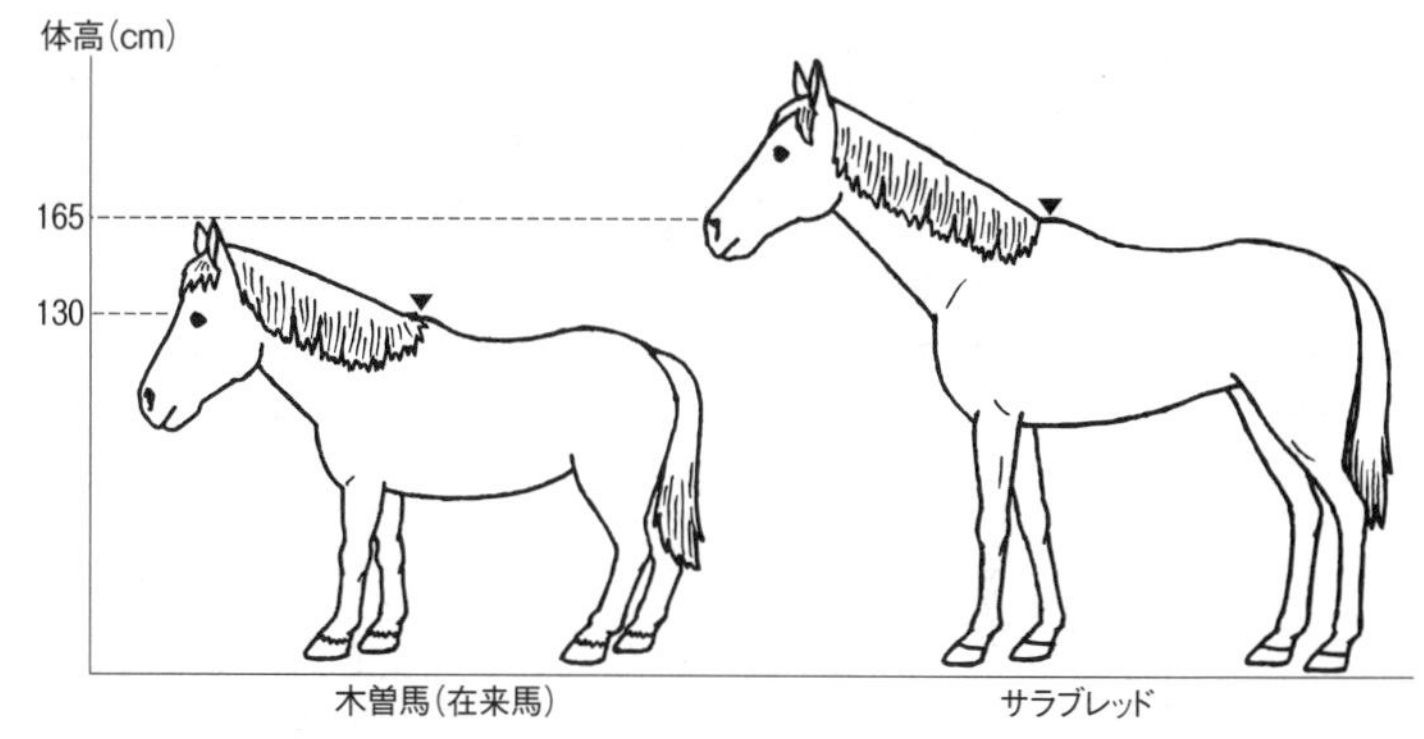

図11　日本の在来馬

『続日本紀』にみえる最も大きな古代の馬は、霊亀２年（716）６月７日に新羅国から贈られた体高（地上から肩までの高さ）が５尺５寸（約165cm で、サラブレッドくらいの大きさ）。この馬は当時としては、例外中の例外で、普通の馬は発掘された骨などから体高120〜130cm 程度であったことがわかっている。（群馬県立歴史博物館編集・発行『群馬県立歴史博物館第70回企画展　古代のみち―たんけん！　東山道駅路』を参考に作成）

られるので、こうしたエサ代も馬鹿にならない。

しかし、これだけの労働をしても、駅長も駅子も給与はもらえなかった。奈良時代は、給与がもらえるのは基本的に位階を与えられた官人や写経生（国による写経事業に従事した者）など、今でいうならば国家公務員か準公務員に相当する者に限られており、国司により任命される駅長や駅子は、公民として扱われていたからである。官人は位階や職掌に応じて位田や職分田という田が授けられ、また位階に応じて位禄と季禄として布や綿などの物品が支給された。地方官である郡司は職分田として、大領は六町、主帳でも二町の田を与えられ、位階に応じた禄も与えられていた。それに対し、公民は臨時に行われる公共工事や行事などに参加した場合には功賃（日当換算）が与えられることがあったものの、日常的に公の業務に携わる場合の労働の対価は、税の減免措置であった。

税や労役について定めた「賦役令」の規定により、駅長は調・庸（一〇日分の労働の代わりに物を納めるシステム）・雑徭（年間六〇日の労働）が免除、駅子は庸・雑徭が免除されるが、あとは他の農民と同様、国から貸し与えられた口分田を耕し、その収穫を生活の糧としていた。つまり、駅子の業務は、年間七〇日間の労働相当とみなされていたのである。

このように、駅家の経営は地域の人々の負担によって成り立っており、駅田からの収益は主に駅家の管理や、駅馬が死んだり老いたりした場合の買い換え費用、備品の製作・購入費、駅使の接待や饗応などに充てられた。

駅子の人数

続いて、ひとつの駅家でどれだけの人が働いていたかについてみていこう。駅家の管理責任は国司にあったが、その運営の責を負ったのは駅長であった。つまり、政府が国司に命じた緊急通信にかかわる仕事を行うために、国司が地域の有力者を駅長に任命して実務責任者とし、その労働力として駅子を配置し、日常業務にあたらせたということになる。

駅長は駅家ごとに一名と定められているが、駅子の人数の規定は律令にはみえない。しかし、次の史料から、駅子の人数を想定することができる。

①宝亀四年（七七三）二月一四日官符・『続日本紀』宝亀四年二月一四日条
　播磨国飾磨（しかま）郡草上（くさかみ）駅家　一八〇名の駅子

②『続日本後紀』承和五年（八三八）五月九日条

安芸国　一一カ所の駅家ごとに一二〇名の駅子

③『類聚三代格』斉衡二年（八五五）正月二八日官符

美濃国恵奈（えな）（恵那）郡　二一五名の駅子

④『日本三代実録』貞観六年（八六四）一二月一〇日条

駿河国駿河郡横走（よこばしり）駅家・永倉（ながくら）駅家・柏原（かしわばら）駅家　四〇〇名の駅子

①②の記事はいずれも山陽道に置かれた駅家に関する記事である。『延喜式』によると、安芸国の駅家にはそれぞれ二〇疋の駅馬が置かれていた。草上駅家は山陽道駅路と山陽道駅路から美作国へ向かう駅路との分岐点にあたる駅家で、駅馬の数は三〇疋であった。①②ともに、駅子の人数は駅馬の六倍であることがわかる。

それに対し、③は坂本駅のことを述べたと考えられており、駅馬は三〇疋。駅子はその七倍強となり、④の三駅に置かれた駅馬の合計は四〇疋であるので、駅子は一〇倍となっている。このばらつきを路線の違いによるものとみるか、それとも時代を経るごとに駅子が増員されたとみるかは解釈が分かれるところであるが、少なくとも①②の山陽道の例からすると駅子の数は駅馬の数に比例していたと考えられる。ちなみに『延喜式』にみえる駅馬の数は全国で三四九八疋。駅馬の六倍の駅子がいたとすると駅子数は二万九八八名。『和名類聚抄』の郷数から推定される当時の公民の人口が約四〇〇万人なので、総人口の〇・五%。戸籍から推定される正丁の比率（二〇名に六名）から正丁数は一二〇万人と推定されるので、正丁の一・七%が駅子であったということになる。この割合は、平成二二年の国勢調査における不動産業・物品賃貸業の従事者人口（一・九%）に近く、これだけ多くの人が国家の緊急通信に係る仕事に従事していたということになる。
なお、①の史料は草上駅家の駅子が神護景雲三年（七六九）に飾磨郡（草上駅家の所在する郡）から他郡に移された彼らの口分田を元の場所に戻すことを要望したものである。この時、駅子らは駅家の業務が多忙であるので、他郡の口分田を耕作できないと述べていることから、草上駅家の駅子は駅家の付近に居住し、もともとはその付近に口分田を与えられていたことがわかる。

3　駅子の村

駅戸の規模

次に駅戸の戸数について考えてみたい。先に述べたように「厩牧令」では、駅子は駅戸の中でも中中戸から出すことになっている。また、駅子となる成人男子は正倉院に伝わる奈良時代の戸籍から、一戸につき六〜七名いたと考えられている。つまり、安芸国の山陽道のようにひとつの駅家あたり二〇疋の駅馬がいて、一二〇名の駅子がいたとすると、一七〜二〇戸の中中戸が駅戸の中に含まれていたということになる。

では、中中戸以外の駅戸はどれほどの戸数があったのか。このことを示す史料として、しばしばとりあげられるのが『続日本紀』延暦五年（七八六）九月二一日条である。これは当時の摂津職（摂津国の長官）の和気清麻呂が、駅子の負担軽減を訴えたものである。このころの摂津国は、駅使の往来が激しく、駅子の負担がピークに達し逃亡が相次ぐ事態に陥っていた。そのため清麻呂は、これまで駅子に対し免除されていた庸と雑徭だけでなく調も免除するよう上奏した。この上奏の中で清麻呂は「諸国の駅戸は庸を免除されている」と述べている。「賦役令」の規定では庸を免除されるのは駅子だけなので、この記事と律令の規定とを結びつけると、すべての駅戸が駅子を出していた、つまり駅戸は中中戸のみによって構成されていたということになるが、これには疑問がある。

生活保護を受けた駅戸

というのも、天平一一年（七三九）の『出雲国大税賑給歴名帳（だいぜいしんごうれきみょうちょう）』から、駅子を出していない駅戸もあったことがわかるからである。賑給とは、飢饉や疫病の流行、改元や天皇の即位などに伴って、国司が政府の命を受けて貧しい人たちに米を支給することを指し、その対象者は八〇歳以上の高齢者や、鰥寡惸独（かんかけいどく）という配偶者や親に先立たれた者が優先されている。こうした者たちの多くは不課口（ふかこう）（租庸調や雑徭の負担義務がない者）であった。

狭結駅高年已下不能自存已上、惣壱拾玖人、賑給穀玖斛伍斗（鰥一人、寡十人、惸七人、独一人、合十九人〻別五斗、）
多伎駅高年已下不能自存已上、惣捌人、賑給穀参斛陸斗（寡四人　惸二人　合六人〻別五斗、不能自存二人、〻別三斗、）
（『出雲国大税賑給歴名帳』）

鰥＝65歳以上の妻を失った男　寡＝50歳以上の未亡人　惸＝16歳未満の父親のいない子供
独＝65歳以上の子供がいない者

この史料は、まず郡単位で賑給米を与えた人数と量を、次いで郷ごとに内訳を記した後に賑給を受けた人の名と年齢を記している。掲出の一文は、神門郡の中にみえる狭結駅・多伎駅の冒頭部分の抜粋である。狭結駅・多伎駅と記されている箇所は本来郷の名が記される箇所であることから、このふたつの駅家は郷と並列の行政単位として扱われていることがわかり、そこに記された戸は駅家経営のための駅戸と考えられる。狭結駅家の戸では一九名、多伎駅家の戸では八名が賑給を受けているが、このうち戸主は狭結駅家では九名、多伎駅家では七名含まれている。戸主は「戸令」の規定により課口（税の全部や一部を負担することとされていた一六〜六五歳の健康な男子）とされ、課口がいない場合に限って不課口がなることとされていた。つまり戸主が不課口である戸からは駅子は出せないということになり、狭結駅家では九戸、多伎駅家には七戸、駅子を出していない駅戸があったことがわかる。そして、もちろん戸主が賑給を受けている戸は、中中戸であったとは考えられない。

駅子を出せない駅戸が存在したのは、もともとは中中戸であった戸が世代交代などにより貧しくなっても駅戸の任を解かれなかった場合と、中中戸のみを駅戸とするという規定そのものが守られていなかった場合の可能性がある。しかしもとより課口がいない駅戸の存在は、中中戸の問題を別にしても、一度、駅戸とされればその戸は駅子を出せなくなっても駅戸のまま据え置かれたことを示している。駅子の仕事は基本的に世襲されていたのである。

このことから、延暦五年の和気清麻呂の上奏から、「すべての駅戸は駅子を出していた」とするのは実態を示していないか、『出雲国大税賑給歴名帳』が記された天平一一年以降、延暦五年までの間に駅戸の編成の仕方が変わったとみた方がよさそうである。

戸籍にみえる駅戸の編成

中中戸はどのくらいあったのか。正倉院には大宝二年（七〇二）の戸籍がいくつか残されている。そのうち唯一、ほぼ完全なかたちで残っている『御野国加毛郡半布里戸籍』によると、半布里は五八戸からなり、戸籍が残存する五四戸の内訳は、中下戸が一戸、下上戸が二戸、下中戸が九戸、残りはすべて下下戸である（表11）。

『御野国山方郡三井田里大宝二年戸籍』は冒頭に戸の内訳が記されており、五〇戸中、中下戸が一戸、下上戸が二戸、下中戸が七戸、下下戸が四〇戸となっており、中中戸は一戸も認められない。

また、天平二年（七三〇）の『越前国義倉帳』（災害や飢饉に備えて一般から徴収した穀物の量などを記した記録で、穀物は中中戸以上から徴収された）でも、記録が残る一〇一八戸のうち、上上戸が一戸、上中戸が四戸、上下戸が七戸、中上戸が四戸、中中戸が五戸、中下戸が八戸、下上戸が一一戸、下中戸が一三戸、下下戸が四五戸で、下下戸にも満たない貧しい戸が九二〇戸となっており、中中戸は二〇〇戸に一戸、四郷に一戸の割合である。

このことから、駅子は中中戸から出すという律令の規定が守られていたならば、駅戸にはもともとその場所にあった集落を充てたのではなく、富裕な戸を駅家の近くに集めたか、既存の戸を再編成して中中戸としたということになろう。

	戸主	区分	戸口（戸の人数）	正丁	兵士	次丁	少丁	小子	緑児	疾	耆老	正女	次女	少女	小女	緑女	耆女	奴婢
1	石部三田	下下戸	17	2			1	3	3			4			3	1		
2	県主族嶋手	下下戸	30	3	1		2	9	3			3	1	1	5	2		
3	物部宇麻	下下戸	13	3			1	2	1			2		1	2	1		
4	県主族都野	下下戸	18	3	1		1	2	2			4		1	3		1	
5	県主族安麻呂	下中戸	21	4	1		1	1	1			6		1	4	2		
6	県主族牛麻呂	下上戸	31	4	1	2	1	1		1	1	5		3	6	4	2	
7	県主族安麻呂	下下戸	17	2	1			4	1			3			4	2		
8	県主族津真利	下中戸	23	3	1			6	2			6		1	4			
9	県造吉事	中下戸	44	5	1		1	3	2			11		2	5	1		13
10	県造荒嶋	下中戸	13	3	1			3				3		1	1			1
11	県主万得	下下戸	21	3	1		1	2	1			4		2	5			2
12	神人辛人	下中戸	20	3	1		1		1			4	1	1	3	4	1	
13	県主族比都自	下下戸	30	2	1	1		3	1		1	8		3	3	5	2	
14	県主族安麻呂	下下戸	12	5				1				3		2		1		
15	県主族与津	下下戸	28	5	1			7	1			5		2	4	2	1	
16	守部加佐布	下下戸	18	3	1	1	1	3	1			2		2	2	2		
17	秦人弥蘇	下下戸	23	2	1			7	2	1		4		2	3		1	
18	秦人小玉	下下戸	18	3	1		1	1	2		1	5		2	2			
19	秦人部身津	下下戸	24	4	1			6	3		1	3		2	2	2		
20	秦人古都	下下戸	14	3	1			1			1	3		1	1	2	1	
21	秦人身麻呂	下下戸	15	2	1		1	3				3			4	1		
22	県主族安多	下下戸	13	3	1			4	1	1		1	1		1			
23	穂積部安倍	下下戸	20	2	1			2	1	1		2	2	2	6		1	
24	神人牧夫	下下戸	23	1	1	2		5		1		5	1	1	4	2		
25	神人波手	下下戸	14	2	1			2		1		6		1	1			
26	生部津野麻呂	下下戸	16	3	1	1		2			1	4		1	2			1
27	秦人黒当	下下戸	13	3	1		1	2	1			2			3			

大日本古文書』から作成。旧字・異体字は新字に改めた）

30	秦人多麻	下中戸	31	3	1	1	1	4	2		1	3		1	6	3	1	4
31	秦人久比	下下戸	16	4				3	2			2		1	4			
32	県主族母呂	下下戸	29	2	1	1	1	1			1	7	1	3	9	2		
33	県主族安倍	下中戸	27	3	2		1	4	1			5		1	5	4	1	
34	神人小人	下下戸	16	3			1	1	2			1		2	5		1	
35	県主族長安	下下戸	32	3	1		3	6	1			8		2	7	1		
36	秦人都弥	下下戸	13	2	1		1	3				2		1	2	1		
37	秦人石寸	下下戸	18	4	1			5	3			2		1	2			
38	秦人甲	下上戸	24	3	1			4	1			2		4	5	2	1	1
39	秦人止也比	下下戸	14	2	1		2	2				3		1	3			
40	秦人山	下下戸	22	2	1			6			1	3	1	2	4	2		
41	秦人小咋	下下戸	14	3			1	5				3			1		1	
42	秦人都々弥	下下戸	17	2	1	1	1	3			1	4			3	1		
43	秦人堅石	下下戸	11	1			1	4	2				1		2			
44	不破勝族金麻呂	下中戸	23	3	1	1	2		1			4		3	5	2		1
45	秦人安麻呂	下下戸	36	2	1	1	3	7	2			6	1	4	7	2		
46	秦人和爾	下下戸	14	3	1		2	1	1			3		2		1		
47	県主族身津	下下戸	26	3	1		1	7	1		1	5			3	2	2	
48	県主族稲寸	下下戸	24	3	1		1	5	4			3	1	2	3		1	
49	敢臣族岸臣目太	下下戸	8	3		1		2	1					1				
50	県造紫	下下戸	32	3			3	9	1			8		2	3			3
51	県主古麻呂	下下戸	18	2	1	1		6	1			4		2		1		
52	秦人桑手	下中戸	23	3	2		1	7	1			3			3	3		
53	秦人阿波	下下戸	26	3	1		2	7	2		1	5		2	2	1		
54	不破勝族吉麻呂	下下戸	17	3	1		1	2	1	1		6			2			
合計			1119	155	47	16	44	194	61	7	14	211	12	74	175	64	18	27
平均			20.72															

※正丁(21～60歳男子)、次丁(61～65歳男子)、少丁(17～20歳男子)、小子(4～16歳男子)、緑児(3歳以下男子)、疾(傷病・障害のある者)、耆老(66歳以上男子)、正女(21～60歳女子)、次女(61～65歳女子)、少女(17～20歳女子)、小女(4～16歳女子)、緑女(3歳以下女子)、耆女(66歳以上女子)

表11　半布里の戸と人口構成

戸籍で区別された駅戸

『上野国交替実録帳』から駅戸は戸籍によって一般農民から区別されていたことがわかる。この史料は長元三年（一〇三〇）に上野国司が藤原家業から藤原良任へ交代する時につくられた引き継ぎ文書の下書きであり、上野国内の役所や寺社仏閣の状況が破損と無実にわけて詳しく記されている。無実とはなくなっているということ。前任の国司が後任の国司に、こういう財産が上野国にはあったけれど、「私の着任前にはもう壊れていました」と引き継ぐことによって、自らに責任がないことを主張した文書である。

この史料には、長元三年時点で失われていた財産のひとつとして、郷ごとにまとめられた通常の戸籍八六巻の他に「駅家戸」四巻があったとみえる（戸籍は「戸令」の規定により、里〈郷〉単位で一巻にまとめられることになっていた）。

駅家戸とは駅戸の戸籍のことで、こうした特別な戸籍があるのは、駅戸が戸籍上でも一般の公民とは区別されていたことを示している。律令では、天皇や皇族の陵墓の守護をする陵戸などは、一般の公民とは別の戸籍とすると規定され（「戸令」）、官社（神祇官の神名帳に記載された神社）に奉仕する神戸も神戸籍という通常とは別の戸籍に登録され神祇官で把握されていたことが知られる（「職員令」）。これら特別な戸籍に登録された戸は、与えられた職掌や身分を代々、世襲することとされていた。駅戸もおそらくこれらと同様、職掌や身分の世襲を義務づけられていたのだろう。

また『和名類聚抄』の国郡部には、国—郡—郷名が記されているが、郷に相当する部分に「驛家」（以下、『和名類聚抄』の国郡部に現れる「驛家」については旧字体で表現する）がみえる郡がいくつかある。これは、駅家経営のために設置された「駅家郷」という行政単位があったことを示すと考えられている。先述のように郷は郡の下位の行政単位であり、その責任者として国司が郷の有力者の中から郷長（大宝元年から霊亀元年もしくは三年の間は里長）を任命していた。

さらに出土木簡に「○○駅家戸主（人名）」と記されるものがある。木簡に多くみられる「△△郷戸主（人名）」に準じれば、この「○○駅家」は郷に相当することとなる。こうしたことから駅長は、駅家の責任者であるとともに、駅家郷の郷長としての役割も果たしていたことがわかる。

なお、郷長の仕事とは、郡司の指示のもと郷内の行政を統括し、郷の住民の管理、桑を植えさせることの奨励、違反の取り締まり、住民に労役を課し使役することであった（「戸令」）。給与はないが、そのかわりに庸と雑徭が免除（「賦役令」）された。

駅家のイメージ

駅家には、駅使が休憩したり宿泊したりする建物、駅使の食事を調理する厨（くりや）、駅馬をつなぐ厩舎、乗具などを保管する倉庫、駅起稲を収める倉庫など複数の建物があった。

こうした施設の周囲には、駅戸が集住する駅家郷があった。駅戸は駅家戸という特別な戸籍に登録され、駅家郷は駅長を責任者とする一般的な郷に対応する行政単位であり、その仕事は駅戸の中で世襲されることになっていた。つまり、駅家の近くには、駅家の経営にあたるコンパクトで自立性の強い駅戸集落が置かれていたのである（図12）。このような駅家の姿は、現在の駅家研究でも指摘されているところである。たしかに何かと負担の多い駅家の仕事にあたりながら、いつ来るか

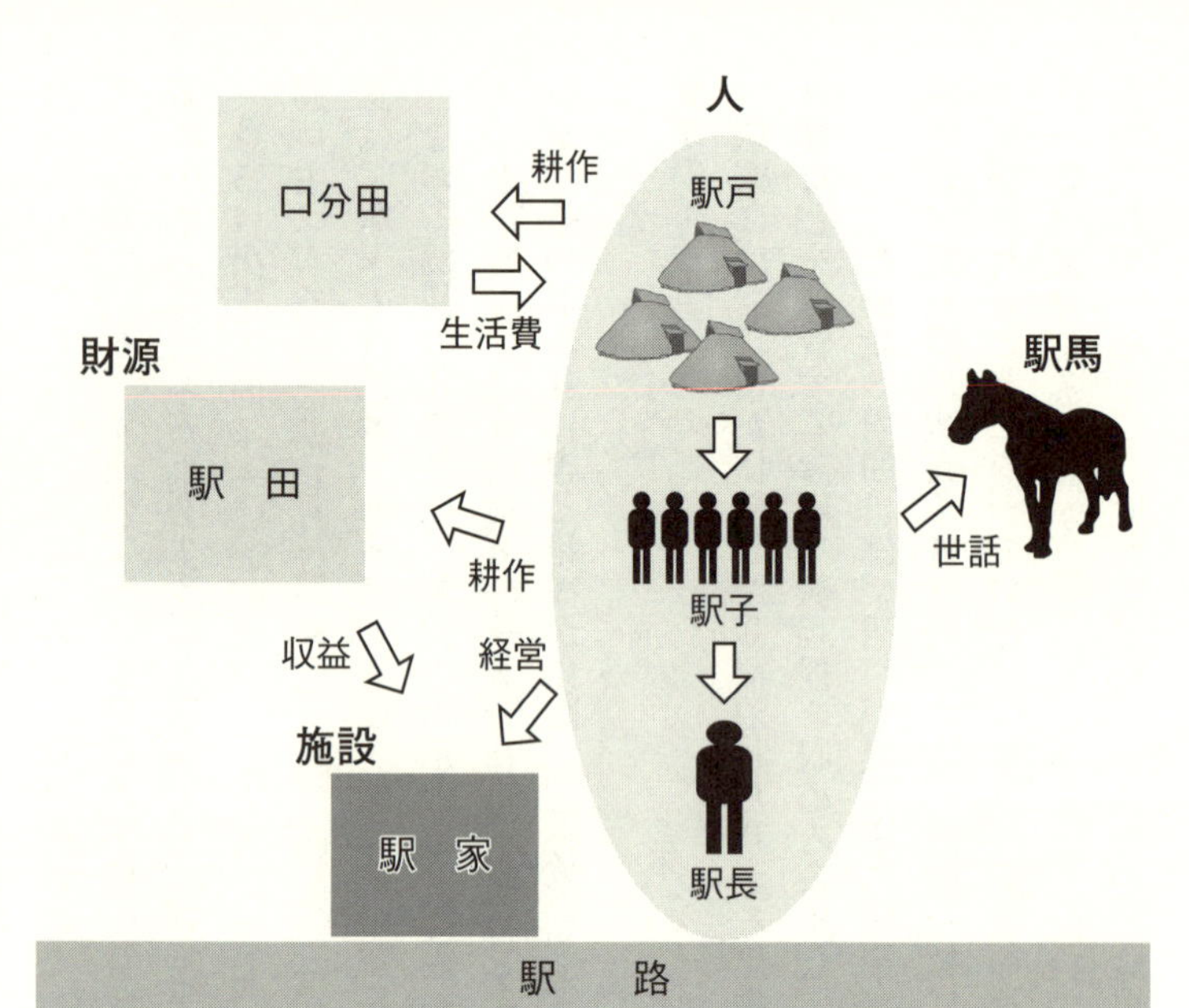

図12　駅家と駅戸集落との関係模式図
「田令」の規定から駅田は、駅家近くに置かれ、宝亀4年（773）の官符から、駅子は駅家近くに口分田を持っていたことが知られる。口分田は「田令」の規定から、耕作する者の身近で至便な場所に置くこととされている。つまり、駅戸は駅家の付近に集落を構えていた可能性が高いということになる。

わからない緊急の駅使に対応するためには、こうした職住接近型の暮らしの方が都合がよいと考えられる。

　しかし、ここまでとりあげてきた駅家の経営実態に関する史料のほとんどは奈良時代後半以降のものであり、この想定が奈良時代全般をつうじてあてはまるものなのか、また、すべての駅家にこれがあてはまるのか、そうした疑問も指摘されている。

　よって、次の章では駅家の施設と駅家の経営形態や駅戸の実態について検討する。

コラム　情報の信号化1　烽火

律令の規定

藤原広嗣の乱（七四〇）の記事と宝亀一一年（七八〇）の蝦夷戦争の記事からは、烽火が使用されたことがわかる。烽火とは昼は烟（煙）、夜は火を用いて情報を伝達する手段で、「軍防令」には四〇里（約二一キロメートル）ごとに烽火を置くと規定される。実際、栃木県那須烏山市の飛山城では古代の烽火にかかわる遺跡がみつかり、「烽家」と書かれた墨書土器も出土した。

烽火は烟や火といった空に信号を発する通信であるので、その信号の意味をあらかじめ定めておかなければ用をなさない。また烽火の使用は、軍事のみに限られており、賊が攻めてきた場合や、大宰府では異国船が到来した場合のみに限られていた。烟や火の数によって賊の数や船の数を知らせたのである。

この他「軍防令」には、烽火のあげ方と燃やす材の内容、情報がきちんと伝わったかを確認する方法、烽火台の運営についての規定もある。

烽火は唐の制度を参考にしてつくられているが、唐の規定に比べると全体的に緊張感を欠いている。たとえば、唐は烽火台の間隔を三〇里としていたのに対し、日本は四〇里、烽火に勤務する者も唐では、烽火台ひとつにつき烽帥ひとり、烽副ひとり、烽子六名で烽帥は常駐することと定められていたのに対し、日本では三つの烽火に烽長二名、烽子四名が交替で勤務することとされている。常に異民族と緊張関係にあった唐と、周囲を海で隔てられていた日本とでは、烽火制度にも違いがあったのだろう。

また、烽火台は約二一キロメートル、駅家は約一六キロメートル間隔で置かれていたことからもわかるように、同じ緊急通信システムとして造られた施設であっても、両者はそれぞれ別の施設として機能した。唯一、烽火と駅家が接点を持っているのは、烽火を間違えた場合は、国司が事情を取り調べ、駅馬でそのことを天皇に奏上せよと「軍防令」で定めていることである。この規定も、烽火の過ちを訂正するために駅馬を利用することとはされておらず、あくまでも天皇への報告に駅馬の利用が認められているだけである。

烽火の制度と駅制とは、律令の制度設計上からして互いに補完しあう関係にはなっていなかったのである。

烽火利用の実態

史料にみえる最初の烽火の記事は、『日本書紀』天智三年（六六四）是歳条で対馬、壱岐、筑紫に防人と烽を置くというものである。白村江の敗戦により国防が急務とされる中、唐・新羅連合軍の来襲に備え烽火台が設置された。大宰府における水城や山城の築城などと一連の事業として行われている。

『続日本紀』和銅五年（七一二）正月二三日条には高安烽を廃し、高見烽（生駒山）と春日烽（奈良市）を置くとある。烽火による通信システムを改変したことを示す記事であり、この前年には駅路の改変記事もみえるので、遷都に伴う通信網の変更と考えられる。つまり、烽火は都と地方とを結ぶ駅路とは別の全国的な通信ネットワークを形成していたのである。なお、奈良市には飛火野という地名があり、これが烽火台のあった場所だと考えられている。烽火のあった場所には、「飛」とか「火（日）」の文字を冠する地名が残る場合が多い。

天平六年（七三四）の『出雲国計会帳』（行政文書の継受が確実に行われていたかを、後日、確認するために作られた文書）によると、節度使の命令で隠岐・出雲間で烽火の通信実験が行われたとある。

また風土記にも烽火がみえる。『出雲国風土記』には五カ所、『肥前国風土記』には二〇カ所、『豊後国風土記』には五カ所の烽火があったことが記されている（図13）。

天智天皇の時代に制度化され、奈良時代初めには確実に機能していた烽火の制度は、その後も永く維持される。『日本後紀』延暦一五年（七九六）九月一日条には、平安遷都に伴い牡山（石清水八幡宮のある男山）の烽火が上手く機能していないので、山城・河内国間の適切な場所に烽火を設置するよう桓武天皇が命じている。しかし、そのわずか三年後には大宰府管内を除き烽火は全廃された。内外の不安がなくなったため、これ以上、維持する必要がないという判断からである。

烽火が維持された大宰府管内でも烽火は次第に機能しなくなっていく。貞観一二年（八七〇）

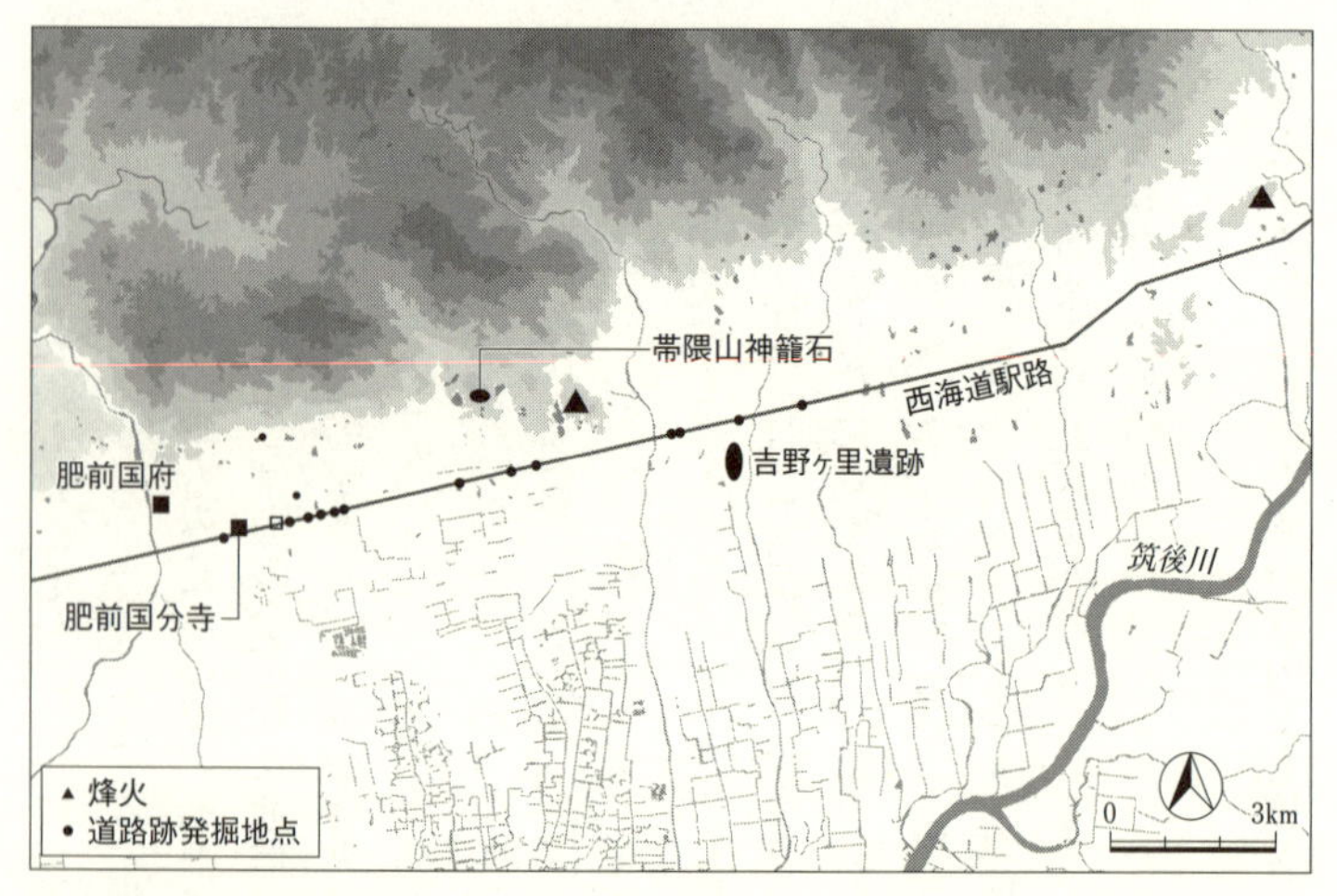

図13　肥前国の道路と烽火
佐賀平野では、律令国家が造った幹線道路網である駅路の復元が進んでおり、『肥前国風土記』にみえる烽火の位置の特定も行われている希有な地域である。駅制と烽火の関係を考えるうえでも恰好の地である。烽火は見晴らしのよい山の頂上に置かれている。

に烽火の訓練が行われたが、数十年来、国家的な危機がなかったために烽火の設備はあっても使用方法を知らなかったという。どうやら延暦一八年の烽火撤廃の命により、烽火制度そのものが有名無実化したようである。

律令国家による緊急通信制度のひとつである烽火。その効果がどれほどあったのかはよくわからないが、烽火により都へ情報が伝えられたという史料はひとつもみられない。

第2章　考古学からみえてきた駅家の実態

1　大路山陽道の豪華な駅家

史料にみえる駅家の施設

　ここでは、発掘調査により解明が進んでいる山陽道の駅家を中心に駅家の施設の実態についてみていくが、その前に駅家の施設について記した史料を確認しておこう。こうした史料は実は非常に少ない。

　弘仁八年（八一七）一二月二五日の太政官符は、伊勢国多気郡、度会郡の雑務を伊勢国司から大神宮司（伊勢神宮の祭祀や財政などを統括する神職）に移管せよと命じたものである。移管事項に度会郡の駅家の修理も含まれており、修理する建物は倉一宇（棟）と屋四宇とある。「応修理駅家壱処　在度会郡　倉一宇　屋四宇」から、これらの建物は駅家中心部の構成建物であった可能性が高い。もちろん、駅家の建物がこれだけとはいえないが、駅家には倉をはじめ複数の建物があったことがわかる。

倉には駅家運営の財源である駅起稲を収めた可能性がある。他の四棟の「屋」は駅使の宿泊施設などの可能性が考えられるものの、古代の史料において屋と記す建物の中には、稲穂の状態で稲（穎稲）を保管する穎屋もあるので、穀物を備蓄した建物であった可能性もある。

『続日本後紀』承和八年（八四一）閏九月一四日条には河内国丹比郡の駅家の倉八宇と屋二宇を日根野郡に移して正倉としたとある。これは駅家の廃止に伴う建物移転の記事であり、この記事からも駅家に複数の倉があったことがわかる。

また、次に詳しく述べるが『日本後紀』大同元年（八〇六）五月一四日の桓武天皇の詔には駅家の中心施設のことを指すと考えられる「駅館」がみえ、延暦元年（七八二）一一月三日の太政官符には、「諸国承知し、郡家幷駅門に牓示し、普く告知せ使む」とある。

これらの記事から、駅家は駅館という中心施設と倉などによって構成されること、駅門があり、そこに高札を掲示していたことなどがわかる。また、駅門にとりつく塀があったとも考えられ、さらに門が高札場として利用されたならば、駅門は駅路に面していたと考えられる。

なお、先にみた多気郡と度会郡の駅家の修理が伊勢国司から大神宮司に移管されていることから駅家の建設や修理は、原則として各国の国府が行っていたことがわかるが、一方、貞観一八年（八七六）の太政官符から、山陽道駅路から関門海峡を九州に渡ってすぐの場所に置かれた筑前国嶋門駅家の修理は肥後国が担当していたことが確認され、他国が修理を担当した駅家もあったこともわかる。

瓦葺粉壁の駅家

山陽道の駅家を知るうえで最も重要な史料は、『日本後紀』大同元年五月一四日条である。

備後・安芸・周防・長門等の国の駅館は、本、蕃客に備へ瓦葺粉壁とす。頃年、百姓疲弊して、修め造ること堪へ難し、或いは蕃客入朝は、便ち海路に従ふ。其の破れ損ふは、農閑に修理へ。但し長門国の駅は、近く海辺に臨み、人の見る所と為す。特に労を加へ、前制を減らす勿かれ、其の新しく造るは、定めし様を待ちて造れ。（読み下し筆者）

これは百姓（公民）の疲弊により施設の維持がままならない状況になっていた備後・安芸・周防・長門国の国司に対する桓武天皇の命令である。天皇は外国からの使節に恥ずかしい姿をみせたくないという理由から、農閑期に駅家の修理を行うよう四カ国に命じ、特に海からみえる長門国には、そのことを厳しく命じている。注目すべき点は、これらの国の駅家は外国からの使節の利用に備えて「瓦葺粉壁」、つまり瓦葺きで白壁としていたと天皇が述べていることである。

瓦葺き、白壁の建物は、日本の伝統的な建築様式の茅葺きか檜皮葺き、板壁の建物よりもはるかに建設コストがかかった。瓦の生産はもちろん、瓦により重たくなった屋根を支えるためには、建物の基礎工事も入念にする必要があり、屋根を支える柱も太さを増した。そのため、奈良・平安時代でもこのような瓦葺き建物は、ごく限られていた。

都では寺院と宮殿の他、離宮や主要な役所と一部の有力貴族の邸宅に限られ、地方では寺院と国府の中心施設に限定されていた。奈良時代中ごろ以降になると、一部の郡衙の正倉などにも採用されるなど、瓦を用いる施設は増加するものの、それでもまだ広く普及していたわけではない。瓦葺き、白壁の建物とは、当時では珍しい非常に格式の高い建物であった。そのため、駅制の研究ではこれらの地域の駅家を探す時に、瓦の出土が大きな目安とされてきた。

なお、この詔に現れる国は、備後・安芸・周防・長門の四カ国であり、同じ山陽道であっても播磨、備前、備中国の名はみえない。この三国の駅家の維持・管理がしっかりとなされていたため、天皇からの指摘を受けずに済んだようである。事実、播磨、備前、備中国でも山陽道沿線の遺跡から、瓦がまとまって出土し、その中には駅家跡であると確定した遺跡もいくつかある。当時の外交窓口であった大宰府から都へ向かう大路の駅家は、少なくとも桓武天皇のころは、すべて瓦葺き白壁であったのである。

2 発掘された駅家

豪華絢爛な布勢駅家

発掘調査によって最初に特定された山陽道の駅家は、兵庫県たつの市にある布勢(ふせ)駅家である。兵庫県教育委員会が一九八五年、龍野市(当時)揖西町(いっさいちょう)に所在する小犬丸遺跡で発掘調査を行ったところ、「駅」「布勢井辺家」と墨書された八世紀の土器や「布勢駅戸主(以下略)」と書かれた木簡が出土した。そして一九八七~九一年度にかけてこの地点から西へ約二〇〇メートル離れた地点で、

写真12　布勢駅家（兵庫県たつの市）
写真のアミカケ部分が建物跡。礎石は後世に抜き取られているが、礎石を安定させるために置かれた根石と、建物廃絶後にその周囲に掘られた瓦溜めにより、建物の規模が復元できる。下の写真は出土した瓦。駅家のある場所は、東西約2km、南北約1kmの小さな盆地で、この盆地に駅戸集落と駅田、駅戸の口分田が広がっていたとすると、前節でみた駅家のイメージとも合致する。なお、『藤氏家伝』では、駅家を瓦葺きとしたのは藤原武智麻呂であるとするが、山陽道の駅家から出土する瓦の時期は古く見積もっても武智麻呂の薨去から30年程度後のものである。（写真・たつの市教育委員会提供。一部加工）

龍野市教育委員会と兵庫県教育委員会により行われた発掘調査では、塀で囲まれた一辺約八〇メートルの区画の中から、少なくとも七棟の瓦葺きの建物跡がみつかった（写真12）。

この施設こそが、大同元年（八〇六）五月一四日の詔にみえる駅館であり、最初に調査された墨書土器や木簡が出土した場所が、駅家の経営を担った雑舎群か駅戸集落の一部であるということがわかった。駅館跡から多量に出土した瓦の中には朱が付いているものもあり、建物が朱塗りであったこともわかった。また軒瓦の文様は、播磨国府に用いられているものとよく似ていることから、これらの建物は播磨国府が主導して造ったと考えられる。ただし、瓦の時期は古く見積もっても八世紀の中ごろ。まっすぐな駅路が造られたと考えられる時期よりも五〇年程度、新しい。

なお、布勢駅家の発掘調査が行われるはるか以前の一九六〇年代にも、播磨国府とよく似た同様の瓦が出土する遺跡が複数知られており、それらが駅家跡である可能性が指摘されていた。

人目を避ける野磨駅家

布勢駅家の発掘で山陽道の駅家の姿が明らかになったことにより、山陽道の駅家の比定は一気に加速していく。次に発掘されたのは、布勢駅家よりも二駅分西にある野磨（やま）駅家である。

この駅家は丘陵の裾付近の狭い平坦地に立地する。布勢駅家と同様、築地塀（ついじべい）で囲まれた区画の中で複数の瓦葺き建物跡がみつかっている。建物の礎石も残り、朱が付いた瓦や焼けた壁土も出土した。区画の規模は、東西約六四メートル、南北約九四メートル。門は南側と山陽道駅路が通過する西側の二カ所でみつかっている。礎石建ち、瓦葺き、朱塗りの柱、白壁の豪華絢爛な駅館跡である

写真13　野磨駅家の立地（兵庫県上郡町）
野磨駅家の中心建物と考えられる礎石建物跡。丘陵を背にして造られたこの建物の南側では、これよりも一回り大きな礎石建ち建物跡がみつかっている。そして、これらの建物は、築地塀で囲まれているが、築地塀の外側には、さほど広い平坦地はなく、集落はもちろん大規模な雑舎群が展開しているとも思えない。駅館のみが独立して立地しているようである。（写真・上郡町教育委員会提供。一部加工）

（写真13）。

しかし、野磨駅家では、布勢駅家と異なる点もいくつか認められた。布勢駅家が駅路に対し南面し、視界が開けた盆地の中央部に造られていたのに対し、野磨駅家は駅路の東側の狭い平坦地に立地し、中心建物からの視界は南西方向にわずかに開けているだけであり、せっかく、立派な施設を造ったのにこれでは、全く目立たないではないかと思ってしまうくらいひっそりとたたずんでいる。

また、駅館を取り囲む築地塀は中心建物の背後にある丘陵の急な尾根稜線上を登るように造られており、この塀が当時の高さを保っていれば、塀で区画された空間はかなり窮屈であっただろう。絢爛豪華であるが、それに反して人目を避けて立地する。それが野磨駅家の特徴といえる。

駅館の西南には、最も狭い部分で幅約一六〇メートル、長さ三・四キロメートルの細長い平野部がある。ここからは後述するように、瓦葺きの駅館より時期的に先行する掘立柱（ほったてばしら）建物による駅館と雑舎群がみつかっているが、駅戸集落があった形跡は認められていない。

瓦葺きの野磨駅家が、なぜ人目につかないような場所に建てられ、高い築地塀で内部を囲むのかは、この駅家が外国からの使節が宿泊することを意識したためだ、という見方がある。

古代日本には、外国から多くの使節が訪れたが、彼らの行動は常に制限されていた。第1部でみたように、唐や新羅からの使者はまず大宰府で迎えられる。そこから都に迎えるか否かを天皇にうかがうため駅使が大宰府から都へ派遣されるといった具合であり、日本にいる間は絶えず監視の目が向けられていた。これは、外国からの使節に対する情報制限であり、使者が自由に日本国内をみて回るなどのことは、到底、許されなかった。そのため外国からの使節が滞在する駅家も、監視の目が行き届き、かつ人々の暮らしぶりをみせないように、集落から隔離された場所に置かれ、さらに、使者が勝手に出歩かないように築地塀で施設を囲んだとみられる。

兵庫県教育委員会は、こうした駅家の発掘成果を受け、これまで駅家の可能性が指摘されていた遺跡の計画的な発掘調査を開始した。それによって、加古川市古大内(ふるおうち)遺跡が賀古(かこ)駅家であることや、明石市長坂寺(ちょうはんじ)遺跡が邑美(おうみ)駅家であることなどがほぼ確定した。また、備前国、備中国、備後国などでも、瓦を手かがりとした駅家の特定作業が進んだことによって、山陽道の瓦葺きの駅家の多くが比定され、発掘調査によってその姿が次第に明らかになりつつある。

律令制施行前夜の野磨駅家

瓦葺きの野磨駅家の南西約三〇〇メートルの水田の中から、瓦葺き駅家に先行する七世紀後半から八世紀後半のものと考えられる瓦を用いない駅家跡がみつかっている。これによって、山陽道の駅家は最初は瓦を葺かない掘立柱建物であったものが、八世紀の中ごろ以降に瓦葺きに建て替えられたことがわかった。

この駅家が立地しているのは、梨ヵ原(なしがはら)川に沿って広がる細長い平野部の北側、視界が開けた場所であり、山陽道駅路に貼り付くように造られている。こうした立地は布勢駅家とよく似ている。駅家は、長辺約三〇メートル、短辺約二三メートルの範囲を塀で囲み、その中に三棟の掘立柱建物をコの字状に配置している。「コ」の字状の建物配置は、郡衙の中心施設である郡庁によくみられるが、郡庁の場合、区画の規模は一辺五〇メートルを超えるものが多く、それよりもやや小振りであ

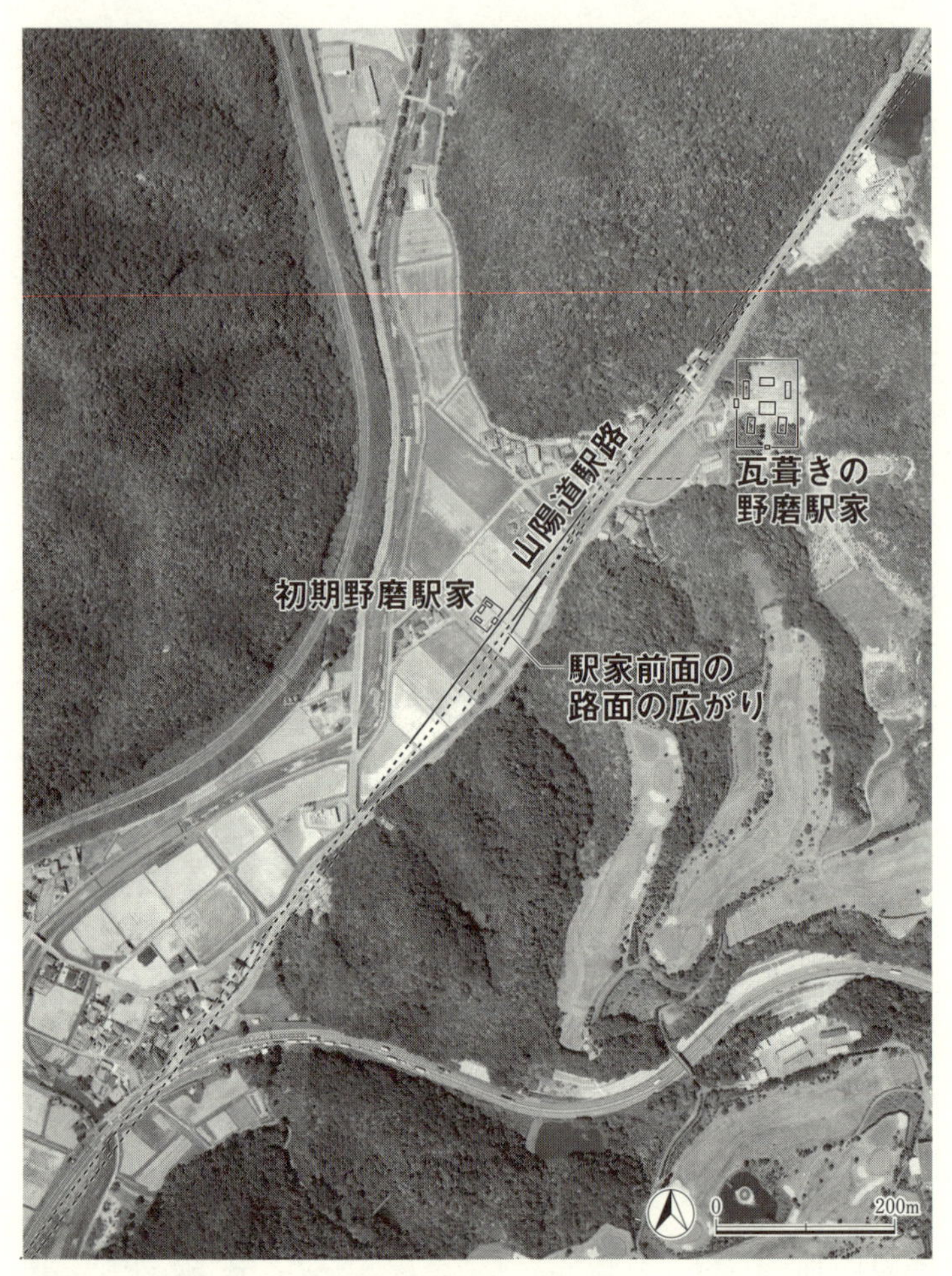

写真14　ふたつの野磨駅家（兵庫県上郡町）
野磨駅家が立地する平野部の航空写真。初期野磨駅家は平野部に、瓦葺きの駅家は丘陵上にあることがわかる。平野部には、同時期の集落が存在した形跡はなく、遺跡の北東約2.6km の地点にある西田遺跡群が最も近接する古代の遺跡であり、これは瓦葺きの駅館が造られた時期も同様である。初期野磨駅家は、視界が開けた場所に立地するという点で瓦葺き駅家と違いをみせるが、集落とは距離を置いているという点では両者は共通している。（写真・上郡町教育委員会提供。一部加工）

る。この建物に先行する建物跡はみつかっておらず、山陽道駅路の敷設とともに、これまで集落も何もなかった場所に、駅家を造ったことがわかる。

また、この区画は駅路に面して門を開いており、区画の外側にも同時期の数棟の掘立柱建物がみつかっている。これらの掘立柱建物の中には、倉庫と断定できるようなものはないが、桁行(けたゆき)二間、梁行(はりゆき)六間の長屋ふうの建物などがあり、駅家に附属する雑舎群と考えられる。

施設の規模は瓦葺きの駅家の半分程度であるが、塀により区画され、その中に規則的に建物を配置することが瓦葺きの駅家と共通する。また、駅路の道幅は駅館に接する範囲のみが広くなっている。その理由は定かでないが、駅館の前面の道路敷きで、駅鈴(えきれい)の確認や駅馬の乗り換えなどを行うために、その部分のみ道幅を広げたのかもしれない（写真14）。

3　なぜか特定できない駅家

東山道下野国の新田駅家

ここまで述べてきたように、山陽道の駅家は、瓦の出土をヒントにその多くが特定されている。瓦葺き、白壁であることは外国からの使節に日本の国力をみせつけるために施設を立派にするという特殊事情であったとしても、緊急通信のために用いるという目的からすれば、他の駅路でも駅家を構成する施設にそう大きな違いはないはずである。ならば、全国の駅家推定地を発掘し、みつかった施設がどの程度、山陽道の駅家の構造と似ているかを目安にすれば駅家の遺跡の特定はできることになる。

しかし、現実にはそう簡単にはいかない。駅家推定地から役所跡とみられる遺跡が発掘されることはあっても、「これが駅家の跡だ」と断言できる遺跡は今のところ山陽道を除くと皆無である。では、なぜ駅家を特定できないのか。駅家推定地で役所跡がみつかりながらも、駅家と特定されていない具体的な事例を紹介しよう。

栃木県那須烏山市の長者ヶ平（ちょうじゃがだいら）官衙遺跡は新田（にいた）駅家の有力な候補地とされている。遺跡は東山道駅路に面しており、時期も奈良時代から平安時代。それは駅家が機能した時期と合致する。遺跡の中枢部には、掘立柱建物を「コ」の字状に配し、その西側には倉庫と考えられる総柱の掘立柱建物や礎石建ちの建物が並列している。こうした遺跡の構造は、山陽道の駅家と類似する（図14）。つまり、駅家である条件を十分に満たしているのである。

しかし、この遺跡が南北約二二〇メートル、東西三五〇メートル以上と大規模であることが駅家と認めることを躊躇させる。新田駅家に置かれた駅馬の数は一〇疋であったことが『延喜式』に記されているが、二〇疋の駅馬を置いた山陽道の駅家でも、その規模は一〇〇メートル四方に満たない。駅家の経営にあたる駅子は、駅馬の数に比例しているようなので、単純に考えれば働く人の数が半分だから、規模は布勢駅家の半分程度であるのが自然であり、三倍ほどの広さになるのは説明しにくい。

そのため長者ヶ平官衙遺跡は、駅家ではなく郡衙の出先機関として設けられた役所跡とする意見も強い。郡衙は基本的には一郡に一カ所置かれるが、郡の面積が広ければ、その出先となる役所が

図14　長者ヶ平官衙遺跡群（栃木県那須烏山市）
遺跡は東山道駅路と地元でタツ街道と呼ばれている道路の交差点の北東の丘陵上に位置する。遺跡の規模は通常の郡衙をも凌ぐほど大きく、また複数の倉庫群を伴っていることから、この地域の支配拠点であったことは疑いなかろう。（図・那須烏山市教育委員会提供。一部改変）

別に置かれる場合もある。今にたとえるなら市役所の分庁舎である。また、時期によって郡衙の場所が変わる場合もあり、ひとつの郡で複数の役所跡がみつかる事例も多い。こうした理由から、長者ヶ平官衙遺跡を新田駅家であると断定できないのである。

東海道の藻島駅家

茨城県日立市の長者山（ちょうじゃやま）遺跡は『常陸国風土記』にもその名が現れる、多珂（たか）郡藻島（めしま）駅家の可能性が高い遺跡である。遺跡の付近には「目島」の地名も残り、遺跡のすぐ真横を東海道駅路が通過している。遺跡は南北約一二〇メートル、東西約一五〇メートルの範囲を溝で区画しており、区画の中からは大きく二時期の建物が認められている。古い建物群は、七世紀後半から九世紀中ごろの掘立柱建物群で、新しい建物は九世紀中ごろから一〇世紀の礎石建ちの倉庫群である（図15）。

駅家と同じ地名が残り、駅路にも接し、さらに規模も山陽道駅家よりもやや大きい程度。駅家である蓋然性が高いことは、多くの人が認めるところである。また、藻島駅家は弘仁三年（八一二）に廃止されたと『日本後紀』にあるので、古い建物群を駅家のものとし、新しい建物は正倉別院で

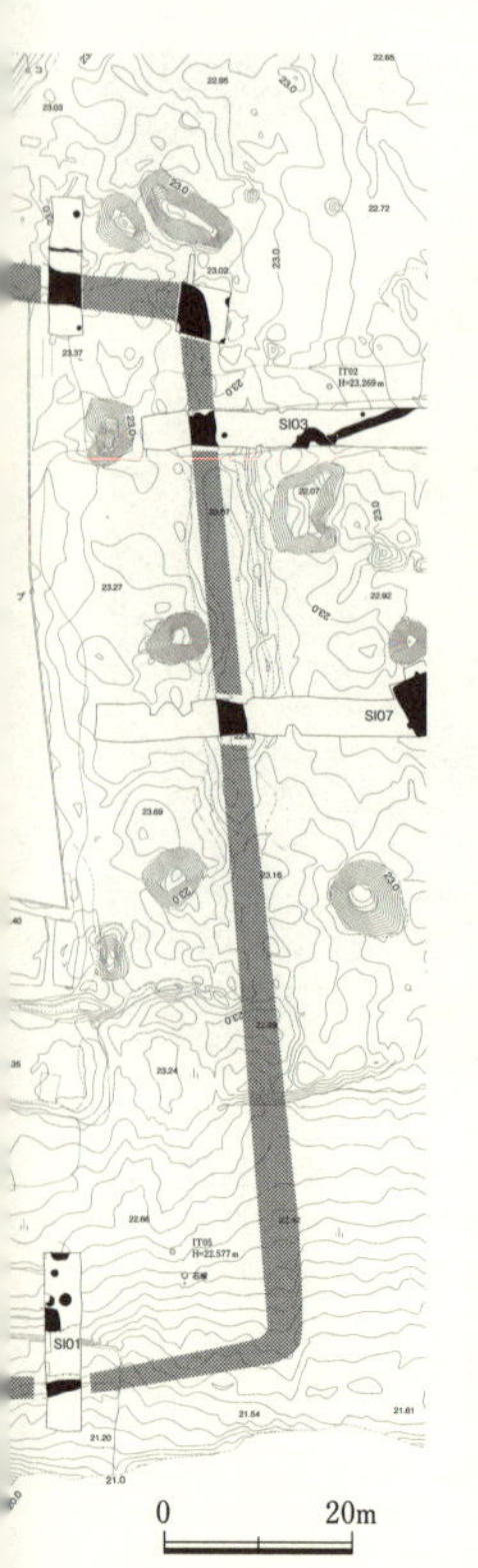

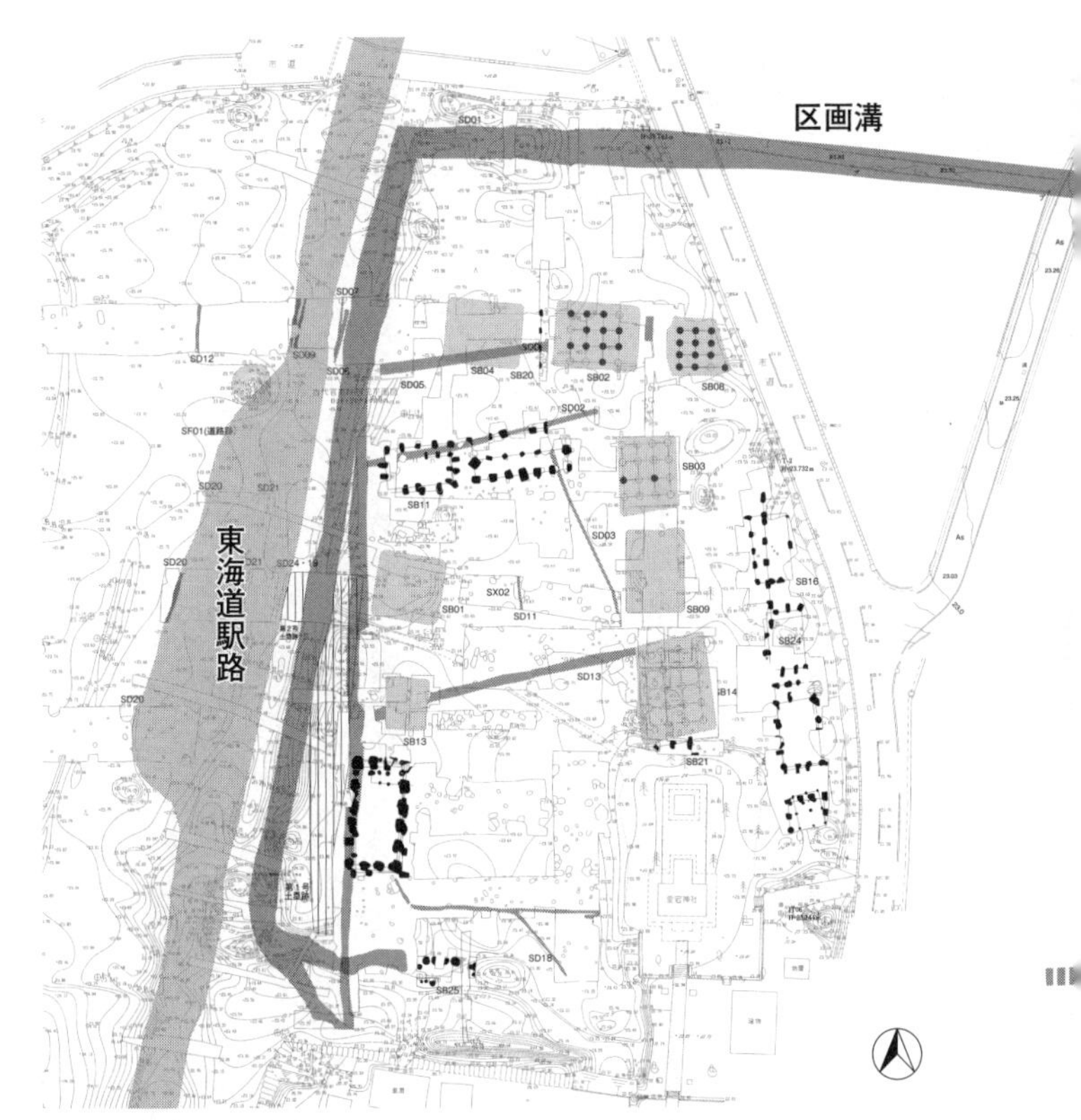

図15　長者山遺跡（茨城県日立市）

遺跡の西側を通る東海道駅路は、遺跡の北方では長さ100m 以上にわたって窪地としてその痕跡をとどめている。また、駅路は遺跡に接している区間のみ幅が広がっているなど、先にみた初期野磨駅家と共通する点が認められる。図のように区画溝の内側には複数の建物跡がある。アミカケは駅家廃絶以降に造られた礎石建物。黒く塗った点状の部分は建物の柱跡で、アミカケのない建物跡が駅家関連の建物跡と考えられる。（図・日立市郷土博物館提供。一部改変）

あると解釈することもできる。正倉別院とは、郡衙とは別の場所に設置された郡の倉庫群のことであり、こうした施設も駅路をはじめとする幹線道路沿線に置かれることが多い。

ところが、この遺跡も駅家とは断定できない。その理由は、山陽道の駅館は区画の中心にひときわ大きな中心建物を置き、それを基準に他の建物を規則的に配置するのに対し、長者山遺跡では中心建物が確認できず、その他の建物配置にも明確な規則性がみいだせないことと、施設そのものが後に正倉別院となっている可能性が高いことから、当初の掘立柱建物群も同じく正倉別院であった可能性も捨てきれないからである。駅家の存在を示す文字史料が出土していない現状では「駅家決定」とは、いかないのである。

駅家の条件とは

山陽道以外の駅家が特定できない理由のひとつは駅路沿いには、駅家の他にもさまざまな役所があったことである。律令国家が地方支配のために置いた役所には、国府と郡衙があるが、それ以外にも、旅行者の一時救護や宿泊施設であった布施屋(ふせや)、軍隊が駐屯した鎮(ちん)などがある。また、先述の郡衙の出先機関や正倉別院もある。

さらに『上野国交替実録帳』から、郡衙によってはその構成施設を郡内に分置している場合があることもわかっている。この史料によると郡衙は正倉、郡庁(ぐんちょう)、館(たち)、厨家(くりや)からなるが、このうち正倉と館は複数あり、中には郡衙とは別の場所に置かれたものもあることがわかる。館は使者など客のための宿泊施設という説と、郡司の住居という説がありい結論をみないが、各郡に四つの館があったようである。その構成建物には宿屋(しゅくおく)、向屋(むかいおく)、厨(くりや)、厩(うまや)がみえる。館の記載があるのは一一郡衙、三六館で、このうち厩があった館は二四に及ぶ。複数の建物を持ち、かつ厩まである施設とは、駅家を彷彿とさせるが、もちろん駅家とは別物である。

　こうした駅路に近接して置かれることがあるさまざまな役所の存在が駅家の特定を困難にしている。しかし、一方でこれまでの駅家跡の追究は、山陽道の駅家とどの程度似ているかということを目安として行われてきたが、その方法が本当に正しいのだろうかという疑問もある。つまり、駅家探しの目安とされてきた山陽道の駅家はスタンダードな駅家なのかということを検討する必要がある。

コラム　情報の信号化２　音による情報伝達

軍備としての楽器

音も通信と考えてみよう。軍の統制や時刻を告げる時に音の情報が用いられた。『日本書紀』には数多くの軍事行動の記事がみえるが、軍の装備としての楽器の初見は仲哀九年の神功皇后による朝鮮半島への出兵の記事である。そこには、旌旗（のぼり）とともに金鼓、鼓笛がみえる。その後も朝鮮半島における軍事活動や磐井の乱の記事の中に、鼓などの楽器が現れるが、これらは史実であるかは疑わしい。軍隊の進退を告げるために鼓や笛を使うという方法は、中国の古代王朝、秦で考案されたと考えられており、『日本書紀』によると日本へは推古二六年（六一八）に高句麗から弩などとともに鼓、笛、旗が伝えられたとあるからである。

これらが国内で用いられた最初の記録は、舒明四年（六三二）、難波に到着した唐の使者、高表仁らを出迎えた時である。出迎えたのは軍事氏族である大伴馬養。この軍隊による歓迎式典はおそらく中国式の軍隊統制法によるものであったのであろう。

壬申の乱（六七二）では戦闘に鼓が使われた。近江方の将、田辺小隅が倉歴（滋賀県甲賀市と三重県伊賀市との境付近）に駐屯していた大海人軍に夜襲をかけたが、その時、旗を巻き鼓を抱くことによって音を消したとある。また、瀬田橋で行われた両軍の最終決戦では守る近江軍の鉦と鼓の音が数十里に響き渡ったという。どうやら、こうした楽器には文字どおり自軍を鼓舞し、敵勢をひるませるという効果があったらしい。

また、笛や鼓は葬儀にも使用された。天武一二年（六八三）に亡くなった壬申の乱の功臣、大伴馬来田の葬儀では、馬来田の霊を送るため鼓を打ち、笛を吹いたとある。葬儀について定めた「喪葬令」によると三位以上の者が薨去した場合、位階や立場に応じて葬送具として鼓と大角（大きい笛）、少角（小さい笛）といった楽器が送られることになっているが、この記事はこうした楽器を用いた葬儀が行われたことを示す初見である。

鼓や笛などの楽器は、律令の施行に伴い軍隊の装備として制度化される。「軍防令」によると、軍団にはそれぞれ、鼓を二面、大角を二口、少角を四口置くこととされ、こうした楽器は、個人の家に置いてはならないと規定された。なお、この規定は天武一四年（六八五）に、天皇が私家に置くことを禁じ、評の役所で管理するよう命じたことに由来するものである。また、鼓吹（軍隊用の楽器）は関にも置かれることになっていた。『続日本紀』宝亀一一年（七八〇）六月一六日条には鈴鹿関の鼓が、自然に鳴ったという異変の記事がみえる。

時を告げる

音は時間を告げるためにも用いられた。わが国最初の時計は斉明六年（六六〇）五月に皇太子、中大兄皇子によってつくられた漏刻である。この漏刻は発掘調査でみつかっている。明日香村にある水落遺跡がそれである（写真15）。発掘された遺構から復元された時計台の模型の二階には、鐘が吊るされている。水時計で計った時間を、鐘の音によって知らせたのである。

また、中大兄皇子は即位し天智天皇となり、近江大津宮にも漏刻を設けた。『日本書紀』には、そこから鐘と鼓を響かせたとあるので、音により時刻を告げていたことがわかる。

律令でも、音による時刻の伝達が定められている。宮城の警備などについて定めた「宮衛令」には次のような規定がある。

①門の開閉は、第一の開門鼓を打ち終わったならば、すぐに諸門（大門以外の宮城内諸門）を開くこと。第二の開門鼓を打ち終わったならば、すぐに大門を開くこと。退朝の鼓を打ち終わったならば、すぐに大門を閉じること。日没となって、閉門の鼓を打ち終わったならば、すぐに諸門を閉じること。

②理門（出入りの便宜のため昼夜をつうじ開けておく門）は閉門しない。

③羅城門は第一の開門鼓を打ち始めたなら開くこと。夜の鼓の音が絶えたなら閉じること。

このように、都の門の開閉は鼓によって告げられた。また、この鼓は人々の往来を規制するものでもあった。官人は第二の開門の鼓の前に出勤し、退朝の鼓の後に退出することと「公式令」で定められていた。そして、人々が都の道路を往来できるのは、原則として朝を告げる第一の開門の鼓から夜の鼓までの間に限られていた。

鼓は都の東西市にも置かれた。関や市について定めた「関市令」では、市を解散する時には、日の入り前に鼓を三回ずつ三度打つこととされている。

写真15　水落遺跡（奈良県明日香村）
飛鳥寺の北西にある。周囲に貼石をめぐらせた基壇を設け、地中に礎石を埋め込みその上に堀立柱をたてた二階建ての建物で、地下には木樋や銅の管を配置して水時計を動かす水を通した。（写真・奈良文化財研究所提供）

国府にも鼓が置かれており、「職員令」には国府の長官である守の職掌の中に、「鼓吹」がみえる。この鼓吹は、軍備としてのものだけでなく、時を告げるためのものも含まれていたと考えられる。また、菅原道真の漢詩集である『菅家文草(かんけぶんそう)』には、讃岐国府に近接する河内(かうち)駅家の鼓楼(ころう)が詠(うた)われている。

音による情報伝達は、その特性を生かして音の届く範囲にいる不特定多数の人に、同時に情報を伝達するという目的で利用された。また、市の解散を告げる鼓は、打ち方までも規定しているところからすると、音のリズムや高低によって、何種類かの情報を伝達していたと考えられる。そして、楽器として利用するものを除く、鼓や鉦の保管先が限定されていることから、その利用には厳しい規定があったことがわかる。音による通信も、律令国家が独占した通信手段であった。

第3章　駅家の多様な姿

1　駅家ごとの物語

山陽道の駅家はスタンダードなのか

先にも述べたように、山陽道の駅家は外国からの使節の往来や利用を強く意識したものであった。そのことは、瓦葺き白壁という豪華で格の高い建築様式に反映されているが、一方で「雑令」には、次の規定がある。

凡そ蕃の使往還せむ、大路の近側に当りて、当方の蕃人を置き、及び同色の奴婢蓄ふること得じ。亦伝馬子及び援夫等に充つること得じ。

外国からの使節の往来する大路（山陽道と大宰府までの西海道）には、使節と同国の人や出身国が同じ奴婢を置いてはならないとする。奈良時代の日本には、多数の渡来人がいた。正倉院に伝わる大宝二年（七〇二）の豊前国の戸籍によると、六八三名中渡来人は実に五七六名にも及んでいた。また、山陽道でも天平一一年（七三九）ころの備中国では、人口の二〜三割が渡来人であったと推定されている（「備中国大税負死亡人帳」）。

この「雑令」の規定と先にみた、人目に付きにくい狭い平地に立地し、高い築地塀で囲まれた瓦葺きの野磨駅家の姿を照らし合わせると、山陽道の駅家とは外国からの使節を監視し、使節の出迎えや饗応にあたる者以外の者とむやみに接触できないような構造であったとみることができる。つまり大路の駅家とは、

①外国からの使節が利用するため瓦葺き、白壁の豪華絢爛な施設としていた。

②外国からの使節と外部との接触を避けるよう、独立した施設として営まれていた。

というふたつの理由で、豪華でありながらも閉鎖的であった。つまり、山陽道の駅家はスタンダードではなく、外国からの使節の利用という特有の事情を反映した施設と位置づけるのが適当である。そうなると、大路以外の駅家の構造を考えるためには、山陽道の駅家の構造、たとえば築地塀で囲まれた駅館を中心とした独立した役所であるということなどにさほどとらわれる必要はなく、むしろ史料に現れる駅家の利用実態や、これまでの駅家推定地における発掘調査成果を参考にしながら、それぞれの駅家の施設の構成や機能について考えるのが妥当だろう。

事実、史料に現れる駅家の利用実態をみていくと、必ずしも緊急通信だけに利用されたのではないこともわかる。また、置かれた場所も国府や郡衙など他の役所に近接し、それらと一体的に機能していた可能性もある。一口に駅家といっても、その姿は多様だったのである。これから、そうし

た駅家をみていこう。

惜別の駅家

『万葉集』には、しばしば駅家が現れ（巻末の表〈『万葉集』の駅家関連の歌〉参照）、中には緊急通信以外に利用された駅家も登場する。

天平二年（七三〇）六月。大宰帥として大宰府にいた大伴旅人は、足にできた腫れ物のため生死の境を彷徨っていた。旅人は、万葉歌人として名高い大伴家持の父であり、この時、六六歳。名門大伴一族の氏上であった。

自分が死んだ後、ようやく一三歳になったばかりの嫡子家持が一族をまとめあげることなど到底できまい。そうなれば、大伴一族はどうなってしまうのか。旅人は遺言を伝えようと大宰帥の権限で駅馬を仕立てて、都から異母弟稲公らを遣わしてほしいと天皇に上奏した。天皇は、旅人の願いを聞き入れ、稲公と甥の胡麿を駅使として大宰府に派遣した。

旅人の病は、幸いにもそれから数十日で回復した。それを見届けた稲公らは大宰府を後にし、都への帰路に着いた。病が癒えたとはいえ、まだ外出するには不安があった旅人は、大伴百代、山口若麿というふたりの大宰府の官人と家持に稲公らを見送らせた。一行は、大宰府の北方約一八キロメートルの地点、福岡平野の北東端にあったとされる夷守駅家で、惜別の酒宴を催し、百代と若麿はそれぞれ別れを悲しむ歌を詠った。

この話は、『万葉集』巻四―五六七の左註にみえ、駅家で惜別の宴が開かれたことがわかる。ま

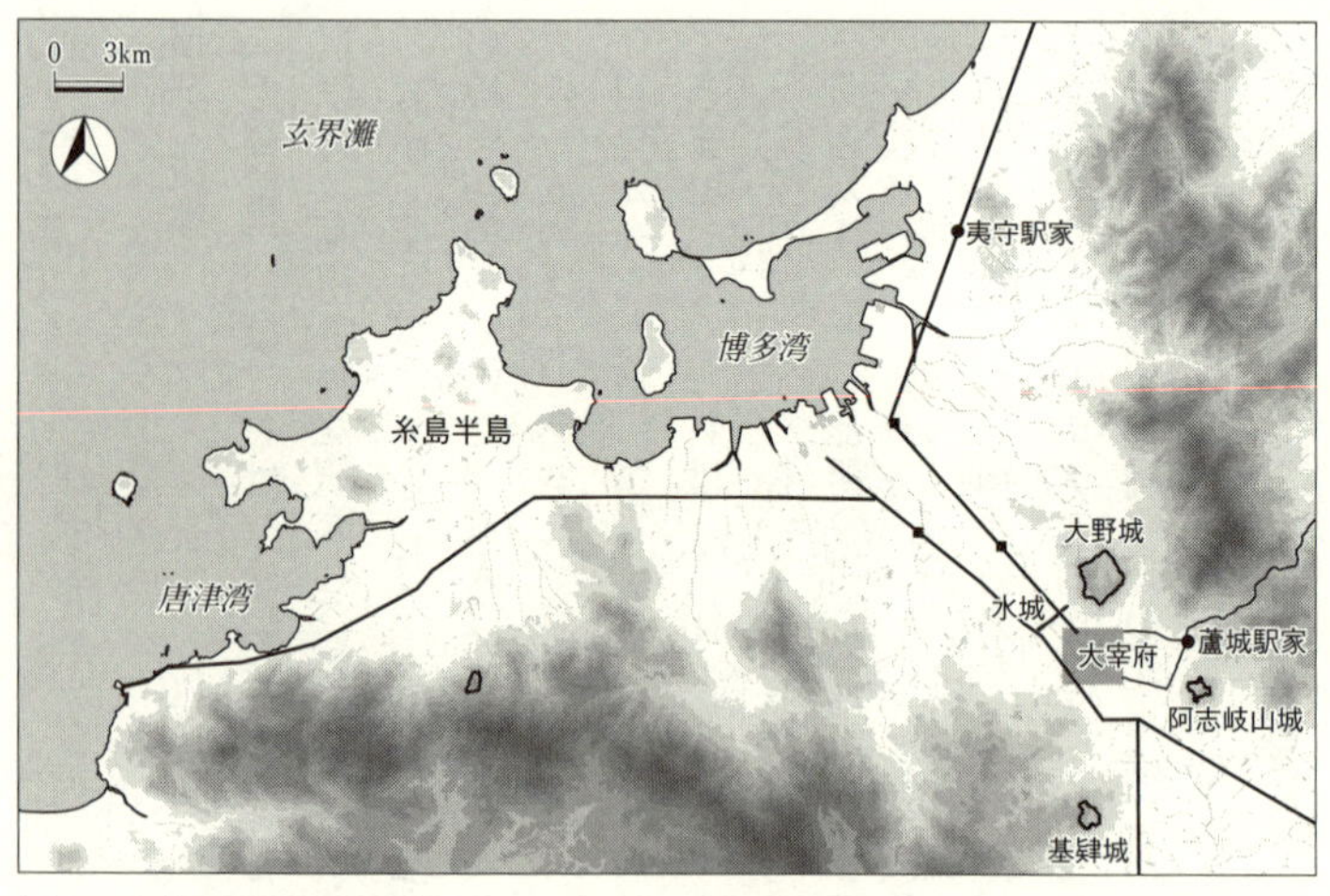

図16　大宰府と周辺の駅家
七道駅路は都を起点としているが、西海道のみは大宰府を中心に放射状に九州各地に張りめぐらされている。

た、これ以外にも駅家における惜別の宴で詠まれた歌が『万葉集』に採録されている。

巻四―五四九から五五一の三首は神亀五年（七二八）に大宰少弐石川足人の惜別の宴を蘆城駅家で催した時に詠まれたものである。巻四―五六八～五七一は、同じ蘆城駅家で天平二年一二月に大宰帥を離任し京へ帰る大伴旅人の惜別の宴の時の歌である。蘆城駅家は『延喜式』にはみえないが、『万葉集』の歌の考証や地名から、駅家推定地は大宰府政庁の東方約四キロメートルの地点、山間部への入り口、筑紫野市阿志岐であり、この付近を大宰府から豊前国に向かう駅路が通過している。

筑紫野市教育委員会が行った御笠地区遺跡の発掘調査では、この歌が詠まれたころの桁行五間、梁行二間の本棟の三面に庇がつく立派な建物跡がみつかっており、蘆城駅家の中心的な建物跡と考えられている。

さらに、巻八―一五三〇以下は、蘆城駅家で催された宴席で詠まれた歌である。この宴は大宰府の官人たちによるものであり、この一連の歌群から、蘆城駅家が惜別の宴の場や社交サロンとして利用されていたことがわかる。

このように夷守駅家や蘆城駅家では官人たちによる宴が催されているが、このふたつの駅家に共通するのは福岡平野の端、都へ向かう駅路が山間部に入る直前の場所にあるということである（図16）。また、『万葉集』には、都から地方を巡察するために派遣された高級官人や国司を離任して都へ帰る官人に対する見送りの歌がいくつかみられるが、それが詠まれた場所は国境であったり、橋であったり、山間部の入り口など何らかの境界である場合が多い。

このことから国府から都へ向かう駅路の路線上の境界に置かれた駅家は、饗応や惜別の場としてたびたび利用されていた可能性がある。こうした利用をされる駅家は、駅館の規模の拡大や厨の設備充実など、饗応施設としての機能が強化されていたと考えられる。

旅行者を看取った駅家

『万葉集』巻五―八八六も駅家の機能を知るうえで重要である。

肥前国益城（ましき）郡に住む一八歳の青年、大伴君熊凝（おおとものきみくまこり）は、官人になることを夢見て日夜、勉学に励んでいた。一八歳の若さにもかかわらず、官人に求められる読み書きはもちろんのこと、近ごろは歌も詠めるほどになっていた。熊凝の年老いた父母も、そうした息子をいつも頼もしく思っており、息子の願いが叶う日を心待ちにしていた。

天平三年（七三一）のある日、熊凝のもとに吉報が届いた。国司が相撲使（宮中行事である相撲節会に出る力士を地方から召集する官人）として上京する時に、熊凝も従者として同行せよというのである。官人を目指す若者にとって、都は光り輝くあこがれの地であった。熊凝はまだみぬ都をあれこれ想像しながら、出発の日を待った。

六月一七日早朝、一行は故郷を後にして都へと旅立った。熊凝は道中の食糧など多くの荷物を背負いながらも、一歩踏み出すたびにあこがれの都に近づくのだと思い、懸命に歩みを進めた。しかし、一日に五〇里（律令で規定する徒歩での一日の移動距離で二六・七キロメートル）もの道のりを毎日重たい荷物を担いで歩くのは、正直、つらかった。ましてや季節は夏、酷暑は熊凝の体力を次第に奪っていった。関門海峡を渡り、山陽道に入ったころには、あれほど夢見た都の姿よりも、故郷の父母の顔の方が目に浮かぶようになった。

そして、安芸国に入ったころ、ついに熊凝は病に倒れ、佐伯郡の高庭駅家で故郷の父母を思いながら、帰らぬ人となった。

「雑令」の規定では、私の用事であっても、五位以上の者は駅家に宿泊できるとあり、辺境であったり周辺に人家のない場所であったりするならば、初位以上の者や勲位を持つ者も宿泊できることになっている。熊凝はこの時、無位無官であったが、その死を高庭駅家で迎えている。また、熊凝が同行した相撲使は律令の規定では駅家を利用できない。それにもかかわらず、熊凝が駅家で最期を迎えたのは、公用の旅行者が病に倒れた場合に駅家がそれを救済する役割を果たしていたことを示している。

浮気している部下を諭した家持

『万葉集』巻一八―四一〇六から四一一〇は、越中守であった大伴家持が左夫流児という遊女に溺れる部下の尾張少咋を諭した歌である。まじめなのか、からかい半分なのかわからないが、家持は「戸令」の規定を持ち出して、妻と離縁できる場合を示し、それに該当しないのに離縁しようとすれば杖百の刑になるとか、重婚は徒（懲役）一年であるとか、また、少咋と左夫流児との間柄は、里の人にも知れ渡っているので、いつかは都の妻の耳にも入ると脅かしている。

写真16　墨書土器
井上駅家推定地（千葉県市川市）から出土した墨書土器。「遊女」の文字が書かれている。駅家の近くには遊女がいたようである。このことは、大宰帥としての任を終え都へ帰る大伴旅人に対し、筑紫娘子という遊行女婦（うかれめ）（遊女）が贈った歌が『万葉集』にみられることからもわかる。（市立市川考古博物館所蔵）

こうした少咋を諭す一連の歌の中に、都の少咋の妻が鈴を懸けない駅馬に乗って、少咋がいる越中国府に乗り込んでくるよと詠んだものがある。越中国府の付近には、曰理駅家があることから、ここに現れる遊女、駅馬の文字から連想し、駅家には遊女がいたとする見方がある。しかし、ここで注意しなければならないのは、曰理駅家そのものが国府の中にあったことである。

国府は国司が政務を行う国庁を中心に、国内の行政を行う曹司と呼ばれるさまざまな役所、国内から集められた税などを収める複数の倉庫、国司の館など複数の建物があり、その周囲には国府で働く人の家や国府で使う道具を製作する工房などの施設が広がっていた。つまり、先の歌もこうした都市の中に遊女がいたことを示すのであって、駅家に限定できるものではない。

駅家近くに遊女がいたことを示す事例がもうひとつある。下総国府に近接する場所に置かれたと考えられている井上駅家推定地から、ある墨書土器が出土した。九世紀後半のものと考えられるこの土器には、井上駅家の存在を想定させる「井上」の文字のまわりに、「馬、牛□、判、荷酒、判、□人足馬荷、杼杼、遊女杼、荷酒」の字や絵が描かれていた(写真16)。これらは手習いのために書かれたと考えられるが、「酒」「人足」「馬荷」「遊女」と、まるで江戸時代の宿場町を連想させる。国府という地方都市の中に置かれた駅家には、後の宿場町のように旅人を饗応するような諸施設が置かれていた可能性を示している。

2 立地からみた駅家の機能

国府や郡衙に近接する駅家

国府に近接して置かれた駅家は、東海道には一四カ国中五カ国、東山道には八カ国中五カ国、北陸道には七カ国中四カ国、山陰道には八カ国中四カ国、山陽道には八カ国中三カ国、南海道には六カ国中四カ国、西海道には九カ国中五カ国。これに加え大宰府に対する蘆城駅家があった。畿内を除く六〇カ国のうち、国府に近接した駅家を持つのが三〇カ国で、このうち『延喜式』にみえない駅家は二駅になる。

しかし、駅家を国府付近に置くということは、緊急通信という駅制の目的からすると、さほど役には立たない。単純な話、国府から都に駅使を派遣する場合には、わざわざ国府に近接する駅家に立ち寄る必要はないし、逆もまたしかりである。それなのに駅家を国府近くに置いたのは、駅馬のスムースな乗り換えというよりも、駅使をはじめとする使者や客の饗応・宿泊施設として利用するためだと考えられる。

一方、郡衙の近くに駅家が置かれる場合もあった。『出雲国風土記』には、駅家の場所やその名の由来が書かれており、その中には「郡家と同じ場所にあり」と記されているものがある。意宇（おう）郡の黒田駅家、神門（かんど）郡の狭結（さゆう）駅家がそれである。これ以外、たとえば上野国新田（にった）郡のように郡衙が置かれた郷に駅家も置かれた例は比較的多く、郡衙と駅家が近接していた例も複数あったと考えられる。

郡衙は、税などを収める複数の倉からなる正倉院、政務の場である郡庁、館、厨などからなり、寺や祭祀場を伴うものも多い。これらは国府に近接する駅家のように、郡衙関連施設の中に駅家が含まれる場合もあると考えられる。たとえば、先にみた下野国塩屋郡衙の出先機関と考えられている長者ヶ平官衙遺跡は、下野国新田駅家の推定地であるにもかかわらず、その規模の大きさや施設の充実度が、駅家の可能性を低くしている。しかし、この遺跡が郡衙の出先機関として、周辺地域の行政を担うとともに、駅家としての機能も持っていた複合的な役所であったと考えれば説明がつく。

もちろん、そのことを立証するためには、みつかった遺跡の中から、駅家として機能していた場所を特定すること、つまり駅館がどれであるのかを明確に示す必要があるが、駅家推定地で駅家とするには不似合いなほど大規模な施設がみつかることは、必ずしもその遺跡が駅家であったことを否定するものではなく、駅家と他の機能が複合した役所であった可能性も考える必要があるだろう。

路線による駅家の機能の違い

駅家の中には、河川や海岸線に面したものも多い。当時の河川に架けられていた橋は少数で、多くは船により渡河が行われていた。渡河地点には津や渡しが設けられ、公用の渡船が置かれていた。船の数は概して少なく、東海道駅路では、公の船はせいぜい二~四隻であった。また、河川は増水すると渡河できなくなり、旅行者は水が引くまで待たなければならなかった。ちなみに近世東海道の大井川の渡しでは、河川の増水による通行制限が年間五〇日前後あり、長ければ二週間程度、渡河点で足止めされることもあったという。

同様のことは古代でもあったと考えられ、駅家の中にも、駅家名が津の名前に由来するものもある。たとえば、伊勢国榎撫(えなつ)駅家の名は江之津に由来し、常陸国榎浦津(えのうらのつ)駅家は津の名前そのものを駅家名としている。こうした駅家は津と一体となった施設であった可能性がある。

律令国家が造りあげた全国規模の直線的な道路網という点では共通するものの、駅家は置かれた路線や通過する地域によって固有の利用のされ方もあった。山陽道の駅家が外国からの使節の利用を想定したものであるように、他の駅路の中にも固有の利用方法が想定されていた可能性がある。

たとえば、坂東諸国を通過する東海道駅路と東山道駅路はしばしば蝦夷経略のための軍団の移動に用いられた。特に奈良時代後半以降に活発化する蝦夷戦争に従軍する兵は、坂東諸国で徴発され、兵糧も坂東諸国で集められ輸送された。つまり、坂東から陸奥・出羽に張りめぐらされた駅路と駅家は軍事目的での利用を強く意識していたと考えられる。

常陸国の安侯（あこ）駅家の推定地である茨城県東平（ひがしだいら）遺跡からは、「騎兵十」と書かれた墨書土器が出土するとともに、礎石建ち瓦葺きの倉庫群が多数みつかっている。また、安侯駅家よりもひとつ北にある河内駅家の推定地に近い茨城県白石（しらいし）遺跡では、桁行三六間、梁行二間の長大な掘立柱建物がみつかっており、厩舎である可能性が指摘されている。

多様な駅家の姿

ここまでみてきたように駅家は必ずしも緊急通信のための施設としてだけではなく、その立地条件などにより、さまざまな機能が追加され、駅家の施設の構成を多様なものとしていたと考えられる。たとえば、国司の離任などに伴う宴会に用いられる駅家は、建物の規模も大きくなるだろうし、郡や国の役所に近接して設けられた駅家の中には、駅路を利用して運搬する荷物を収納する複数の倉を有していたり、駅使や旅人が遊興にふける場所もあったと考えられる。一方、人里離れた場所にある駅家は、駅使以外の者を収容する機能を備えていた可能性も考えられる。

つまり、駅家は駅馬の乗り換えや駅使の休憩・宿泊という緊急通信のために最低限必要な施設しかないものから、それ以外のさまざまな機能が追加されたものまで、その姿は多様であったと考えられる。

また、外国からの使節が同邦の人との接触を禁じるという特別な規定があった大路の駅家を除けば、駅家は必ずしも単独で立地しておらず、国府・郡衙やその出先機関、あるいは鎮や布施屋など他の施設と一緒に置かれた可能性も考えられる。複数の施設を同じ場所に配置する方が、人目も行き届きやすく管理もしやすい。そうした事情から、駅家の周囲に他の施設を集める場合も多かったのだろう。

しかし、いくら多様なあり方を示すとはいっても、緊急通信のための施設という本来の設置目的からして、次の点は、すべての駅家に共通すると考えられる。それは、駅家の遺跡探しの目安になるだろう。

①塀で囲まれた区画の中に複数の建物を持ち、区画の門は駅路に面して開くこと（駅館）
②駅館の外には複数の倉があること（駅起稲などを収納）
③駅館付近には駅馬を置く厩舎があること

①②はここまでも述べてきたところであるが、③については触れてこなかった。駅家の施設の話の最後に、厩舎について述べることとする。

3　駅馬はどこにいた

馳駅使と飛駅使

すべての駅家には必ず厩舎があった。厩舎の規模は置かれた駅馬の数によって違うし、また、古代に複数の馬を置いていた施設は駅家に限らず、伝馬を置いた郡衙があり、鎮も複数の軍馬を置いていた可能性がある。そのため、厩舎がみつかることが駅家であることの決定的な証拠にはならないが、駅家探しのひとつの目安になる。

永久四年（一一一六）、三善為康によってまとめられた『朝野群載』には、「准擬牒」という文書がある。これは使者の出発に先立って発出された文書で、これから正式な使者が向かうので沿線の駅長や郡司は駅馬の用意をはじめとする逓送の準備や食事の用意をしておくよう求めたものである。

駅使には馳駅使と飛駅使がいた。馳駅使はひとりの駅使が出発地から目的地まで駆け抜ける緊急事態を告げる使者で、その速度も令によって規定されている。それに対し、飛駅使とは文書を運ぶ使者であり、駅家あるいは国ごとに駅使と駅馬が交替する方式の使者のことである。逓送方式の情報伝達といえ、一日の移動距離は特に定められていない。

先にみたように緊急通信制度である駅制は、「厩牧令」の規定により一日の速度が決められ、「職制律」により違反した場合の罰則が定められていた。そうした点において、速度の定めのない飛駅使とは駅制の本来の目的からは逸脱しているといえる。しかし、こうしたさほど急がない駅使は、はやくも養老二年（七一八）以前には認められ、遠方の国から公文書を太政官へ上申する時には、駅馬の利用が許されている。このように、駅制の中には乱の勃発など緊急事態を告げる方法としての馳駅と、公文書の伝達などそれほど緊急を要しない飛駅のふたつがあり、時代を経るごとに後者の比重が増大していくようである。

なお、「准擬牒」のような文書は、奈良時代にも国司の赴任の時などにも発出され、先触れの使者が立ち寄り先や目的地に届けていたようである。『万葉集』巻一八―四一三二・四一三三は、大伴家持が駅使の到着を出迎えるために、加賀郡との境界まで赴いた時に詠まれたものであり、ここからも、駅使の到着に先駆けて「駅使来る」の情報が越中国府に届けられていたことがわかる。

こうしたさして急がない駅使であれば、先触れの使者が到着してから駅馬の準備をすればよく、厩舎も駅家から離れた場所にあってもあまり支障はないだろう。しかし、乱の発生を告げるような緊急の駅使の場合、先触れを出して出迎えの準備を依頼するなど悠長なことはしていられない。律令により定められた距離を走りきるには、駅使が先頭を切って情報を運ばなければならない。先触れがなければ、駅家は駅鈴の音により初めて駅使の到来を知ることになる。

鈴の音を聞いた駅家では、食事の準備や乗り換え用の駅馬への乗具の装着、随行の駅子の準備があわただしく行われる。迅速な対応には、駅家近くには常に数頭の駅馬がいなければならない。このように考えれば、駅家の近くには駅馬をつなぐ厩舎が必ずあるはずであり、駅家推定地付近で馬小屋や厩舎と考えられる遺構がみつかれば、駅家を特定する根拠となりうる。

厩舎を探す

では、厩舎の遺構とはどのような特徴を持っているのだろうか。篠崎譲治氏が二〇一〇年に刊行した『馬小屋の考古学』（高志書院）という本で明瞭に述べられている。それによると、

①カマドや炉を持たないこと

②竪穴が設けられていること
③床面は傾斜していること
④尿溜めがあること
⑤張り出しやスロープが設けられているものがあること

とあり、①は、蚊や蠅を燻り出すために火を焚く場合はあっても、通常の住居のようにつくり付けのカマドや炉はないということであり、②の竪穴は馬小屋には藁や草を敷き、それを馬に糞尿とともに踏ませることから、それらが外にあふれ出さないようにするためのものである。③は、横になった馬が起き上がりやすいようにするためのものである。草食動物はよく立ったまま寝るといわれるが、馬は安心できる場所であれば横になって眠る。

④は文字どおり、尿の処理のためである。馬は大量の尿をするが、湿気を嫌うのでそのための処理が必要だった。ただし、平城宮馬寮（馬を管理した役所）の厩舎など、日常的に手入れが繰り返され、かつ、立派な馬をみせることを目的としている場合は、必ずしも造られるものではないらしい。⑤は人や馬の出入りのためのもので、これは必ずしもすべての馬小屋に備わっているものではないという。

厩舎の遺構

篠崎氏は、本の中でこうした馬小屋や厩舎の特徴を示すとともに、具体的な厩舎の遺構についても紹介している。その中で駅家に関係すると思われるものには、栃木県さくら市森後遺跡がある。

この遺跡は、「駅」「路」と書かれた墨書土器が出土したことなどから下野国新田駅家の駅戸集落の可能性が指摘されており、厩舎の可能性がある掘立柱建物が遺跡の西側の区画施設からみつかっている。桁行一〇間、梁行二間の細長い建物で、内部には間仕切りの可能性がある小穴がある。また、建物の外側にも馬つなぎ柵の可能性がある穴もみつかっている。

建物の床面には傾斜がみられず、また尿溜めが認められないという問題があるが、建物の外側でみつかった溝を、厩舎からかき出した藁や糞尿を一時的に保管する場所とみて、厩舎の可能性が高いと評価されている。この建物の付近では、倉庫と考えられる総柱（そうばしら）建物が一棟みつかっている（写真17）。

森後遺跡のものとよく似た建物は、山陽道の駅家周辺でもみつかっている。岡山県赤磐（あかいわ）市馬屋（まや）遺跡は、備前国高月（たかつき）駅家に関連する遺跡と考えられている。発掘調査では駅館はみつかっていないが、平城宮から出土する瓦とよく似た文様の瓦が出土しており、瓦葺きの駅館が調査地付近にあった可能性がある。瓦がまとまって出土している場所から西へ約二〇〇メートルの地点で、倉庫一棟を含む四棟の奈良時代の掘立柱建物跡がみつかっている。

そのうち最も規模が大きい建物は、桁行四間、梁行二間で、床面積は三七・三平方メートル。この建物の西側に沿って最大幅一四〇センチメートル、深さ四〇～八〇センチメートルの溝がある。このような溝は森後遺跡の厩舎の可能性がある建物にもみられ、この溝の西肩に接するように柵がみられることも森後遺跡と共通している（図17）。

また、森後遺跡も馬屋遺跡も、厩舎と考えられる建物の付近に小規模な掘立柱建物を伴っている。

写真17　森後遺跡の厩舎と考えられる建物跡（栃木県さくら市）
東山道駅路の北方約300mの地点に位置するこの遺跡からは、「駅」「路」「家」などと書かれた墨書土器が出土していることなどから、駅戸集落である可能性が指摘されている。ただし、この遺跡から最も近い駅家は、下野国新田駅家であり、その推定地である長者ヶ平官衙遺跡から約4km離れていることや、集落の規模が大きいことから駅戸集落ではないという見方もある。（写真・栃木県教育委員会提供。一部加工）

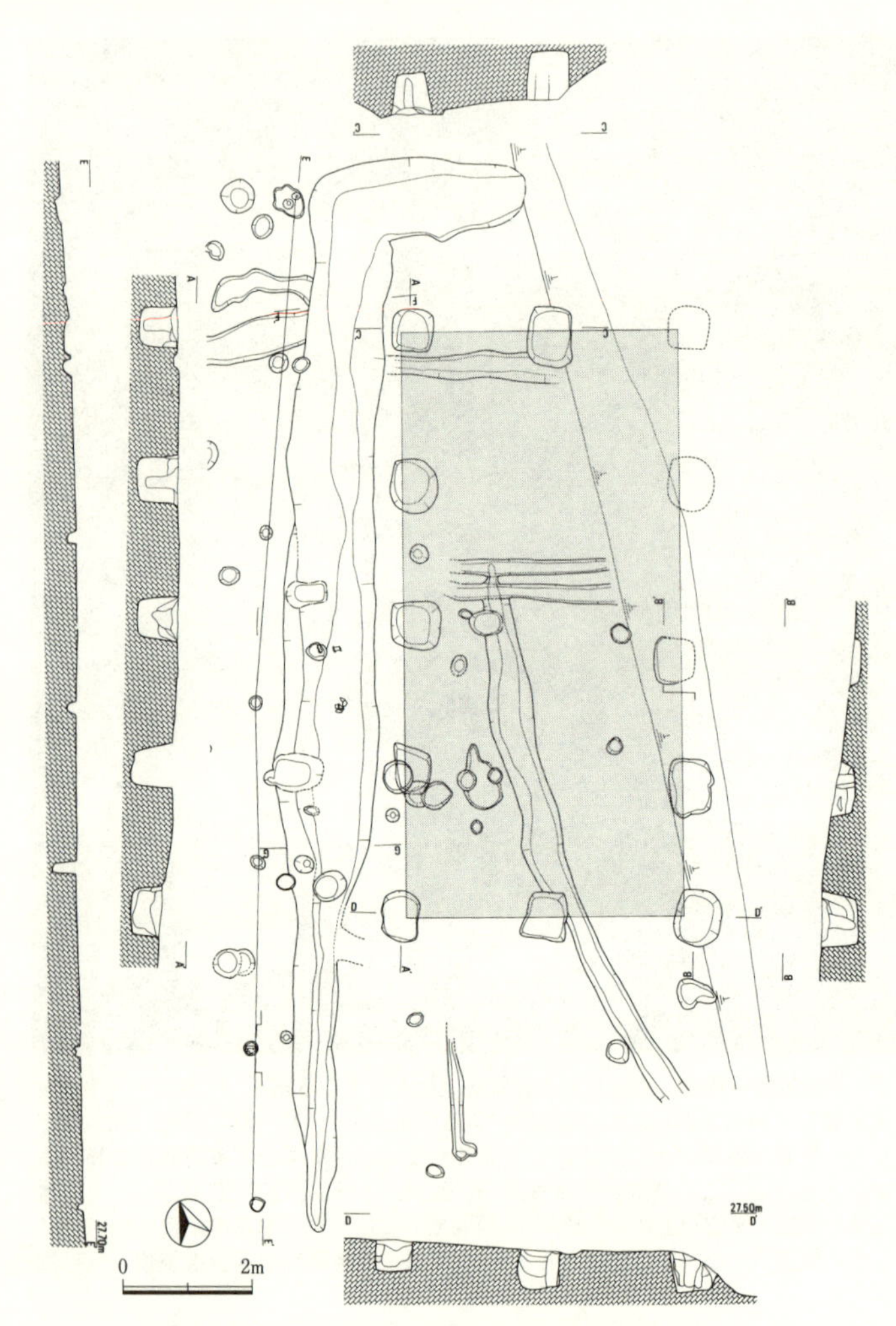

図17　馬屋遺跡の厩舎と考えられる建物跡（岡山県赤磐市）
この図にみえるように、建物の中央付近には溝がある。時期は特定されなかったものの、この溝は建物を出るあたりから、土地が低い東側に向けて緩やかに屈曲していく。馬の尿を外に流すためのものであったのかもしれない。（図・岡山県古代吉備文化財センター編集・岡山県教育委員会発行『岡山県埋蔵文化財発掘調査報告99　松尾古墳群　斎富古墳群　馬屋遺跡ほか』より。一部改変）

これらの建物は、おそらく馬のエサとなる稲や粟を収蔵する倉、床に敷く藁などを入れた建物、馬具などの乗具を収めた建物であった可能性が考えられる。

こうした例は現在までさほど確認されていないが、厩舎は駅館からやや離れた場所と駅戸集落にあった可能性を視野に入れておく必要があろう。

コラム　文章と口頭による伝達　加賀郡牓示札

能登半島の付け根の部分、石川県津幡町にある加茂遺跡で二〇〇〇年に大きな発見があった。「加賀郡牓示札」と呼ばれる、加賀郡が深見村の有力者に出した、いわば古代のお触れ書きである（図18）。平安時代前半の嘉祥二年（八四九）に書かれたこの木簡からは当時の農業政策がよくわかるだけでなく、郡司と駅長との関係や国家の命令が農民にどのように伝えられたかがわかる。

お触れ書きは、「□〔郡カ〕符す。深見村□〔諸カ〕郷の駅長幷びに諸刀弥（刀禰）等、応に奉行すべき壱拾条の事」から始まる。これは、加賀郡が深見村の諸郷の駅長と刀禰（地域の有力者）に対し一〇カ条を執り行うよう命ずるという意味である。この文書に続いて、百姓は日の出から日の入りまで働けとか、酒を飲むなとか百姓の日常生活に関する厳しい取り決めが列挙され、さらに去る正月二八日に国司が郡司に充てた文書が記されている。

そこには、百姓の生活が乱れており、郡司はそれを正さなければならないとされ、さらに郡司は、国司が下した命令を百姓に周知・徹底させるために「□〔符カ〕の事を口示し、早く勤め作さしむべし」「謹しんで符の旨に依り、田領等に仰せ下し、宜しく□〔各カ〕村ごとに屡廻らし愉（諭）すべし」「符の□〔旨カ〕国の道の裔に縻羈し之を進め、路頭に牓示し、厳しく禁を加えん」と記されている。

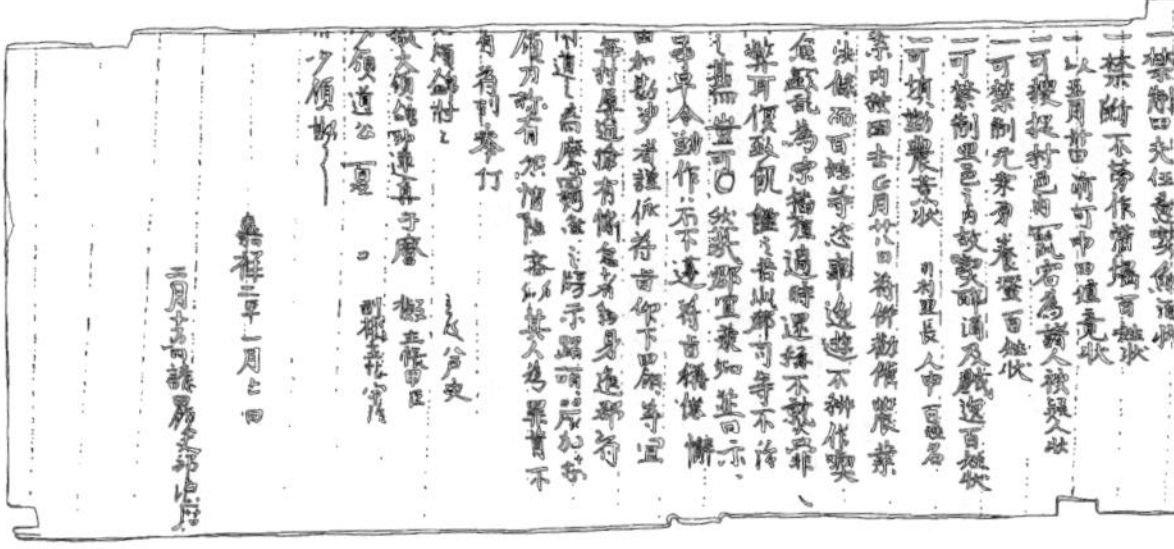

図18　加賀郡牓示札（実測図）
（石川県埋蔵文化財センター保管資料）

この一連の記述から、政府からの命令は、国司から郡司に伝えられ、郡司は次の三つのことを行うとされていたことがわかる。

①命令の内容を百姓に口頭で伝えること

②田領（郡司の命を受け郡内の農政に携わる地元採用の役人）に命じて、各村に伝達すること

③国の道、すなわち官道沿いにお触れ書きを掲示すること

①②は口頭伝達、③は文字による伝達である。律令国家は文書主義をとった結果、文字は全国に普及していた。しかし、すべての公民が文字を読めたわけではなく、公民への情報伝達はもっぱら口頭に依っていた。その一方で、読めないとはわかりながらも、文書の牓示（掲示）という形式がとられている。このことは、当時の文字が、情報伝達の手段というだけでなく、文字そのものに権威があり、同時にその文字を操る者の権威を象徴する意味があったと考えられる。

第4章　駅家を経営する人々

1　謎多き駅戸の集落

『和名類聚抄』の郷名

駅家の施設のあり方は、置かれた場所やそれぞれの国の事情により多様で、他の役所の施設と一体のものとして設置されたものもあった。では、駅家で働く人はどうだったのか。ここからは、駅家の経営にあたった人、駅長、駅子、駅戸について考えてみたい。

先に紹介した『和名類聚抄』は、承平年間（九三一〜九三八）に源順（みなもとのしたごう）（延喜一一年〈九一一〉〜永観元年〈九八三〉）が編纂した現存するわが国最古の漢和辞典である。漢語を分類し、出典を記して意味と解説を付し、万葉仮名で読みと和訓を示している。平安時代以前の日本語や、当時の社会、風俗などを知ることができる重要な史料として、日本史や国文学などの研究分野で盛んに用いられている。『和名類聚抄』の序文には、この本は源順が醍醐天皇皇女の勤子内親王（きんしないしんのう）の命を受け編纂されたとあり、順が二一〜二八歳のころにまとめられたと考えられている。

巻数が一〇巻のものと二〇巻のものの、内容が大きく異なる二系統の諸本が伝わっており、二〇巻本には国郡部（「部」は大分類、小分類は「門」）があり、国―郡―郷の順で地名を列挙している。そして、郷に相当する部分にみえる「驛家」が、駅家郷の存在を示す証拠のひとつとされている。しかし、この「驛家」は本当に駅家郷という行政単位のことを示しているのか。私は、その点について大いに疑問を感じている。

『和名類聚抄』の「驛家」は駅家郷を指すのか

先にも述べたように、駅家は、駅館などの施設とその経営にあたる駅戸集落、経営基盤となる駅田が近接して存在していた可能性が高く、これまでの研究では、こうした施設と集落、経営基盤が一体となって、独立した郷となったものが『和名類聚抄』にみえる「驛家」であったとみる。事実、現在でも広島県福山市には駅家町（えきやちょう）があるなど、地名として駅家が残る例もある。しかし、『和名類聚抄』にみえる「驛家」を駅家郷とみるには、不審な点がいくつかある。まず、『和名類聚抄』にみえる「驛家」の分布は地理的に大きな偏りがある。「驛家」の数は七八で、この数は史料から確認できる駅家の数、四六七には遠く及ばない。また、「驛家」の分布は、畿内は二、東海道は二八、東山道は二六、北陸道は二、山陰道は一、山陽道は一八、南海道は一であるが四国と西海道諸国にはみえず、東国へ向かう東海道、東山道に集中するという傾向がうかがわれる（表12）。

国別にみると、最も多いのが陸奥国の八、次いで美濃国の七、伊勢国・遠江国・長門国の五と続く。『延喜式』の駅家が置かれた郡の数と「驛家」との比率をみると、駅家が置かれたすべての郡

行政区分	国名	『延喜式』駅家所在郡数	『和名抄』「驛家」数	「驛家」のある郡と郡内の『延喜式』にみえる駅家数（数字）									
畿内	摂津	3	2	西成	0	豊島	1						
東海道	伊勢	7	5	河曲	1	鈴鹿	1	安濃	1	飯高	1	度会	1
	志摩	1	1	答志	2								
	尾張	3	2	山田	1	愛智	1						
	参河	3	3	碧海	1	額田	1	宝飯	1				
	遠江	5	5	浜名	1	敷智	1	磐田	1	佐野	1	蓁原	1
	駿河	5	1	富士	1								
	相模	4	4	足上	1	足下	1	大住	1	高座	1		
	武蔵	4	4	都筑	1	橘樹	1	荏原	1	豊島	1		
	安房	1	1	平群	2								
	下総	3	1	葛餝	1								
	常陸	3	1	信太	1								
東山道	近江	8	4	野洲	1	神埼	1	犬上	1	坂田	1		
	美濃	9	7	不破	1	大野	1	方県	1	各務	1	賀茂	1
				可児	1	土岐	1						
	上野	4	4	碓氷	2	群馬	1	佐伊	1	新田	1		
	下野	5	3	足利	1	都賀	2	河内	1				
	陸奥	16	8	白河	4	磐瀬	1	安達	2	柴田	2	名取	2
				星河	1	磐井	1	胆沢	3				
北陸道	若狭	2	1	三方	1								
	加賀	3	1	加賀	3								
山陰道	但馬	5	1	七美	2								
山陽道	備前	4	1	津高	1								
	備中	4	3	都宇	1	小田	1	後月	1				
	備後	3	3	安那	1	品治	1	葦田	0				
	安芸	4	2	安芸	2	佐伯	5						
	周防	5	4	玖珂	2	熊毛	1	都濃×2	2				
	長門	5	5	厚狭	3	豊浦	2	美禰	3	大津	2	阿武	5
南海道	紀伊	2	1	名草	0								

・数字が0のものは、『和名類聚抄』にみえるものの、該当する駅家名が『延喜式』に認められないもの

表12 『和名類聚抄』にみえる「驛家」が所在する郡と『延喜式』にみえる駅家数との関係

（「元和三年古活字版二十巻本」より。旧字・異体字は新字に改めた）

に「驛家」があるのは、参河国・遠江国・相模国・武蔵国・上野国・備後国・長門国。そして、ひとつの郡にふたつ以上の「驛家」がみられる例は唯一、周防国都濃郡だけで、一郡に複数の駅家があっても、基本的には「驛家」の記載はひとつである（図19）。

このように『和名類聚抄』にみえる「驛家」の分布を駅家経営のための駅家郷の存在と考えるには、次のような疑問がある。

①『和名類聚抄』の「驛家」の数と『延喜式』の駅家の数が大きくかけ離れているのはなぜか

②「驛家」の分布が地理的にも偏在するのはなぜか

③複数の駅家が置かれた郡でも、「驛家」の記載が基本的には一郡にひとつだけなのはなぜか

これらの問題を明らかにするために、『和名類聚抄』にみえる「驛家」のあり方とよく似た『和名類聚抄』の「神戸」についてみていきたい。

「驛家」と「神戸」との比較

駅家には駅戸が付随し、駅戸は駅家戸という特別の戸籍に登録されていたが、これとよく似ているのが「神戸」である。神戸とは神祇信仰に伴う公式な祭祀を定めた「神祇令」に規定された神社を経営するために充てられた戸であり、調庸および田租はすべて神宮の造営や修理と神に供する調度に充てることとされていた。神戸と駅戸は次の点で類似している（図20）。

①国司の直轄であり、国司は神戸の中から祝部（下級の神職）を任命すること（国司による代表者の選考と任命）

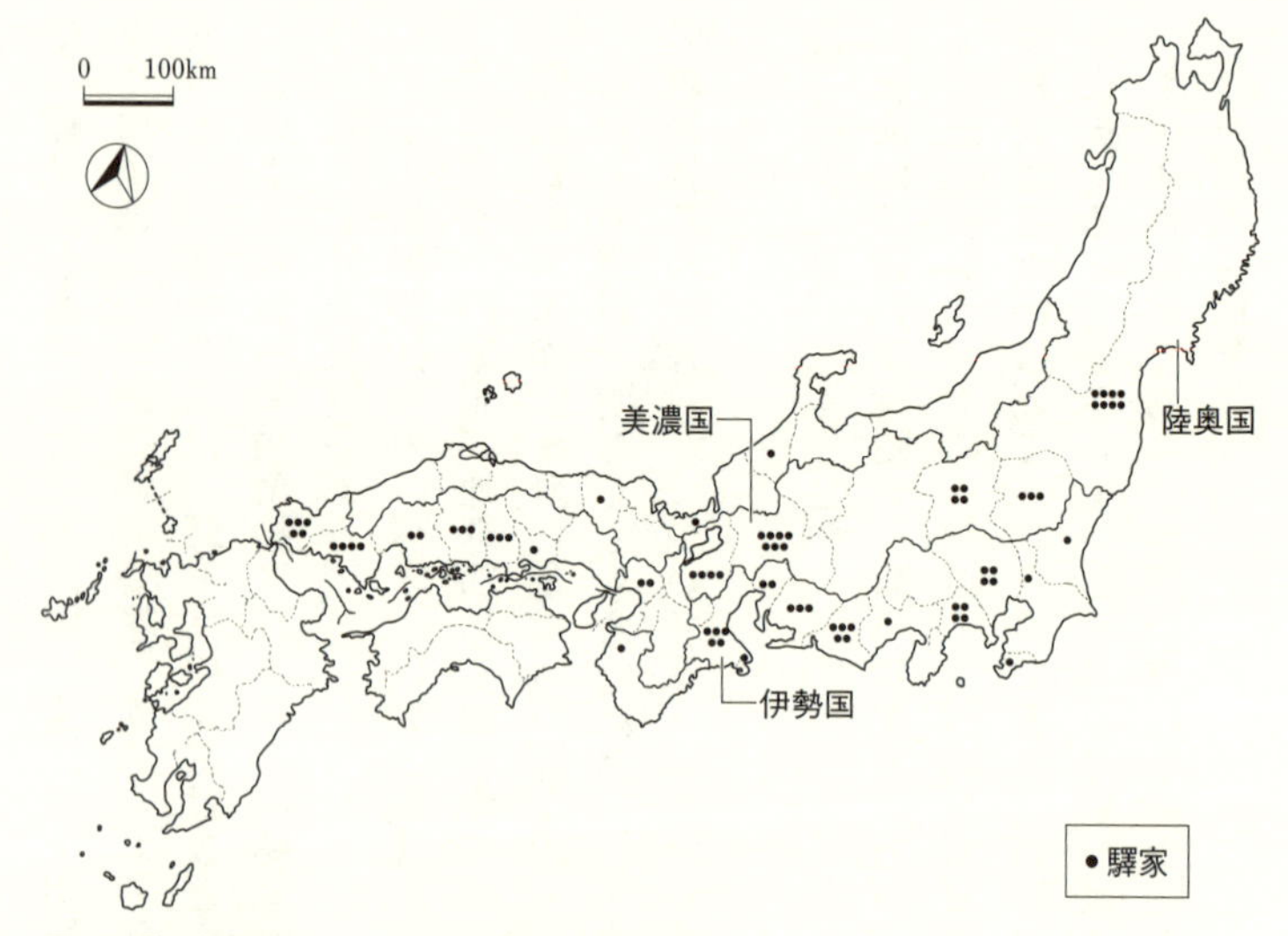

図19　『和名類聚抄』にみえる「驛家」の分布
陸奥国は、国家による東国経営が進む中、駅路を北へ向けて延長し、それに伴って駅家を順次設置したことが知られ、同時に坂東などの農民を計画的に入植させていることもわかるなど、国家戦略として集落が新たに形成される中で「驛家」も配置された可能性が考えられる。また、伊勢国は鈴鹿関と美濃国は不破関が置かれるなど律令国家が特に重視した交通の要衝。坂東諸国は対蝦夷戦略において兵や食糧を供出した地域、山陽道諸国は外交ルートといった具合に、軍事的にも重要な路線上に「驛家」が偏在する傾向がみえる。

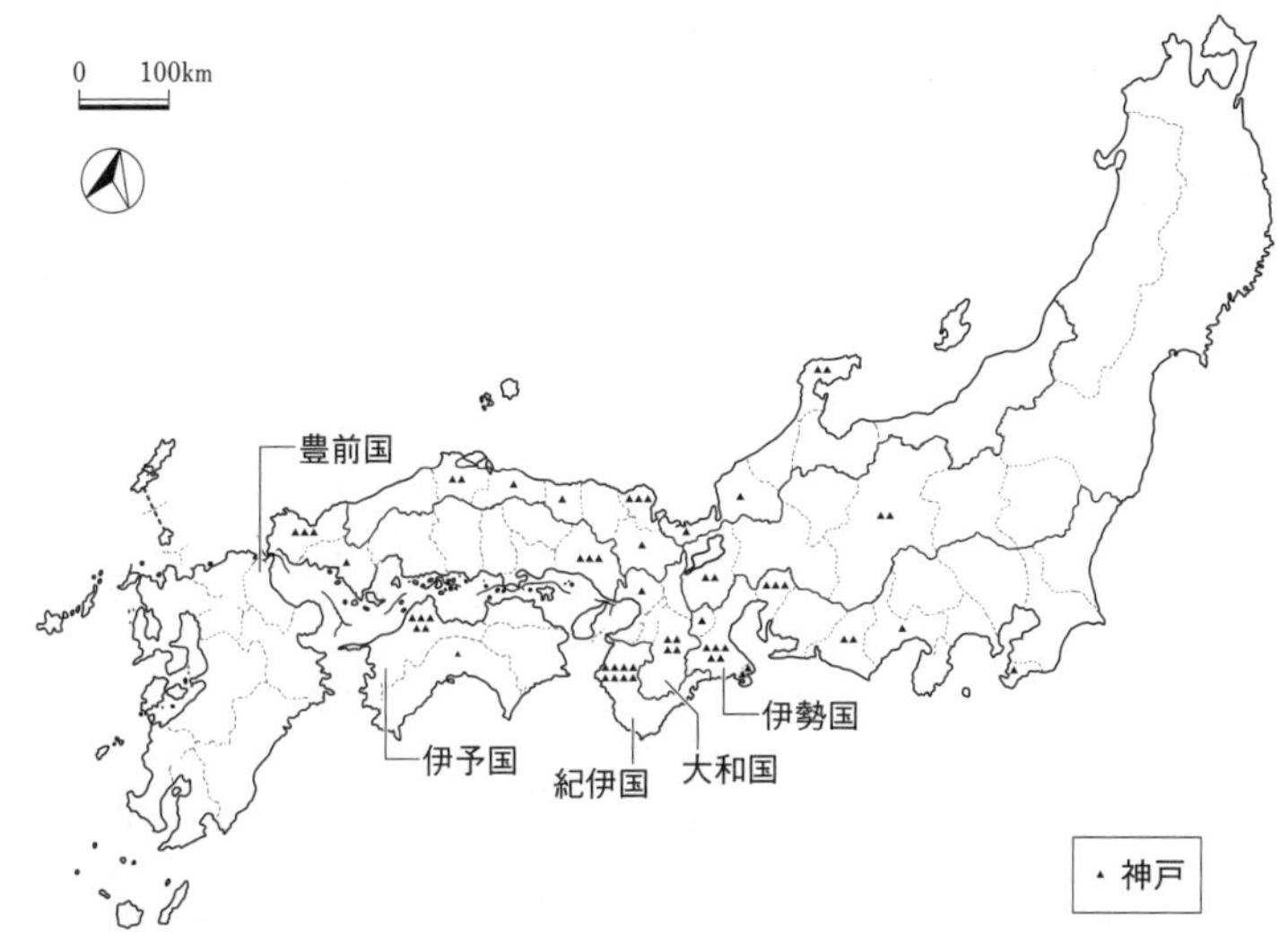

図20 『和名類聚抄』にみえる「神戸」の分布

神戸は、大同元年（806）の太政官牒によると、宇佐八幡宮の1660戸、次いで伊勢神宮の1130戸、大和神社の37戸と続くが、10戸未満の神社が半数以上を占めている。しかし、「神戸」の分布は必ずしも、そうした多くの神戸を持つ神社の所在地とは対応しておらず、『和名類聚抄』にみえる57の「神戸」のうち、最多が紀伊国の８、伊予国、伊勢国の５、大和国の４の順で、宇佐八幡宮のある豊前国だけでなく、九州では認められない。

②神戸は「神戸籍（かんべせき）」という戸籍に登録されたこと（戸籍上の他の公民との区別）
③神戸の住民は神社の修造や祭祀に従事する義務を負っていたこと（特定の施設への奉仕義務）
④『和名類聚抄』にみえる「神戸」は、紀伊国、播磨国を除くと基本的に一郡にひとつだけであること
⑤史料から、五〇戸を超える神戸が置かれたことが知られる国であっても『和名類聚抄』には「神戸」が認められないこと

一方、駅戸の場合は、勤務先である駅家とは、そう離れていない場所に設置されていたと考えられるのに対し、『延喜式』などの他の史料から「神戸」は奉仕の対象となる神社の所在地とは、別の国に設置される場合もあるといった点や、「神祇令」によると神戸は、租庸調や労役のすべてを神社のために用いることとされている程度であり、駅戸に比べその負担ははるかに少ないといった相違点がある。

紀伊国名草郡の「神戸」

こうした「神戸」の中で、特に注目されるのは紀伊国名草郡の「神戸」である。『和名類聚抄』は、名草郡にふたつの「神戸」を記載するだけでなく、日前（ひのくま）神戸と須佐（すさ）神戸、島神戸という神社名を冠した三つの「神戸」を載せている。さらに、国懸（くにかかす）郷は国懸須神（くにかかすかみ）、津麻（つま）郷は都麻頭比売神（つまつひめかみ）、大屋郷は大屋津比売（おおやつひめ）神、伊太（いだ）郷は伊太祁曽神（いだきそのかみ）の「神戸」と考えられる。名草郡二四郷のうち、実に三分の一以上の九つが神戸に由来する郷となる。そして、神の名前を冠する三つの「神戸」と神の名と

『新抄格勅符抄』にみえる神名	神戸戸数	『和名類聚抄』の郷名
日前神	56	日前神戸
国懸須神	60	国懸郷
須佐命神	10	須佐神戸
伊太祁曽神	54	伊太郷
都麻頭比売神	13	津麻郷
大屋津比売神	7	大屋郷
嶋神	7	島神戸
		神戸
		神戸

表13 『新抄格勅符抄』にみえる名草郡の神名と神戸の戸数

名草郡は『令集解』にみえる８つの神郡（郡全体が特定の神の所領とされた郡で、伊勢国度会郡・多気郡、安房国安房郡、下総国香取郡、常陸国鹿嶋郡、出雲国意宇郡、筑前国宗像郡と名草郡をさす）のひとつで、その中でも唯一の国府が所在する郡でもある。こうした特殊な事情と『和名類聚抄』における複数の神戸の採録とは何らかの関係があるのかもしれない。（旧字・異体字は新字に改めた）

同じ四つの郷名は、『新抄格勅符抄』に収められている大同元年（八〇六）の太政官牒（太政官が寺社などに宛て発出した公文書）にみえる「神戸」を持つ名草郡の神社と合致する。

つまり、名草郡の「神戸」とは、それぞれの神に奉仕する神戸集団すべてを網羅しているということになる。そして、これらの「神戸」の中でも、嶋神社と大屋津比売神社の神戸は七戸と、郷里制（霊亀元年〈七一五〉あるいは三年から天平一二年〈七四〇〉ごろの地方行政区分であり、五〇戸からなる郷をさらに二～三の里に分割した制度）の里よりも小さな集団である（表13）。

ここで注目されるのが、『和名類聚抄』にみえる一郡あたりの郷数は、多いものでも一五前後であるのに対し、名草郡は実に二四の郷が記されており、全国最多を誇ることである。名草郡は紀伊国府の所在地とはいえ、紀伊国そのものは律令制下において、その生産力などに基づき定められた国の等級では、二ランク目にあたる上国、当時は郡を郷の数によって大郡から小郡までの五ランクに区分していたが、大郡でもその里（郷）数は一六〜二〇である。そうしたことから考えても、名草郡に関する『和名類聚抄』の記載は、郷という行政単位を列挙したものとは考えにくく、「神戸」の戸数の多少にかかわらず「神戸」が置かれた神の名、言い換えればそれぞれの神に奉仕する集団名を列挙したように思われる。

大和国の「神戸」

一方、同じ大同元年の太政官牒では、大和国内に四九神三七四戸の神戸が確認できる。名草郡と同様の理屈からすれば、『和名類聚抄』には大和国に四九の「神戸」が記されるはずだが、実際に大和国の「神戸」は四郡に四つ、つまり一郡にひとつが認められるにすぎない。単純に三七四戸を四で割ると、一郷あたりの戸数は約九四戸で郷の単位である五〇戸を大きく上回る。

また、伊勢大神は神戸一一三〇戸のうち伊勢国内に九四四戸を持っているが『和名類聚抄』の伊勢国「神戸」は五郡で五つ、一郷あたり一九〇戸弱となる。つまり名草郡以外の「神戸」は、その戸数や奉仕する神の数に関係なく、一郡にひとつしか記載されていないのである。

このことから『和名類聚抄』にみえる「神戸」は神戸郷を表すのではないことがわかる。そして、「神戸」とよく似た「驛家」も、駅家郷を表してはいない可能性があるということになる。では、『和名類聚抄』の「神戸」「驛家」は何を表すのか。

駅戸と戸籍

源順が『和名類聚抄』国郡部を編纂する時に用いた資料は、戸籍であったと考えられる。その理由は次の点にある。

①『上野国交替実録帳』によると駅戸の戸籍は、一般の戸とは別に「駅家戸」として四巻にまとめられていた。上野国の駅家数は五駅、駅家が置かれた郡の数は四郡なので、「駅家戸」は駅家ごとではなく、郡ごとに一巻にまとめられたと考えられること

②『和名類聚抄』でも「神戸」「驛家」は、基本的に一郡にひとつであること

戸籍は「戸令」の規定により郷ごとに一巻にまとめられることになっていた。つまり、通常は戸籍の表題には郷名が現れることになる。それに対し、駅家戸は郡で一巻にとりまとめられていたと考えられ、巻の表題には「〇〇郡驛家」と記されていたのではないだろうか。

また、駅戸については駅家単位ではなく、郡単位で戸を把握しておかなければならない事情もあった。それは、先にみた『出雲国大税賑給歴名帳』から指摘できる。この史料からは、駅子を出せなくなった駅戸が複数ありながらも、そうした戸も駅戸のまま据え置かれていたことがわかり、駅戸が固定化されていたことが知られる。しかし、固定化した駅戸から継続的に一定数の駅子を出すのは困難であることは当然、予測されていただろうから、駅子に欠員が生じた場合の対応も決められていたと考えられる。その方法は、駅戸以外から駅子にふさわしい年齢の者を駅戸に編入するしかない。そして、こうした措置をとれるのは、駅長ではなく複数の郷を所管する立場にあった郡司か国司になる。

事実、駅子の補充が行われた史料や、駅子の確保を郡司が行った形跡が史料に認められる。

駅子の欠員補充

宮城県多賀城市山王遺跡出土の漆紙文書には、駅子の補充が行われた可能性を示す記載がある。奈良時代前半のものと考えられ、この史料から財部得麻呂という二九歳の男が財部の戸から駅戸の丈部禰麻呂の戸へと移籍させられていることがわかる。この時の措置は、財部の戸そのものを駅戸としたのではなく、得麻呂ひとりを移籍させている。このことと、『出雲国大税賑給歴名帳』の駅子を出せない駅戸の存在を考えあわせると次のように理解することができる。

①駅戸そのものは、固定的な集団であり、たとえ駅子を出せなくなっても駅戸から除外されることはなかった。

②もし駅子を出せなくなれば、国司か郡司の権限により他郷の適当な課口を駅戸に編入させ、駅戸から駅子を出すという律令の規定にあわせていた。

こうして駅戸を維持し一定数の駅子を出し続けたと考えられる。

次に駅子の補充を行ったのが国司であったか、郡司であったかについて考えてみたい。『続日本後紀』承和七年(八四〇)四月二三日の記事は美濃国恵奈郡の駅子逃亡を告げる。その要因として恵奈郡司の人材不足をあげている。駅子の逃亡が郡司の責任とされていることからすると、駅子の確保や管理も郡司の責任であったと考えられる。さらに斉衡二年(八五五)正月二八日の太政官符によると恵奈郡の課口は二九六名であり、そのうち駅子が二一五名という事態に陥っていた。郡内の課口の七割以上が駅子となる異常事態が発生していながらも、他郡から駅子を補充していないのも、駅子の確保は駅家が置かれた郡が行っていたからだと考えられる。

常に必要な駅子を確保する、これは郡司の責任であった。だからこそ、通常は郷単位で一巻としてまとめられる戸籍も駅家戸については郡司が直接、駅子の人数を把握し欠員があれば速やかに郡内の他郷から補充するという必要性から郡で一巻とされたのであろう。

駅戸集落の実態

繰り返し述べるように、これまでの研究では、駅戸とは駅家の近くにコンパクトで独立性の強い集落を営むものと評価されてきた。たしかに駅戸そのものは固定化されている。しかし、『出雲国大税賑給歴名帳』や山王遺跡出土の漆紙文書によると、奈良時代前半には駅子を出せない駅戸が現れ、そうした駅戸には郡内から適当な課口が送り込まれていた可能性が高い。

では、欠員補充によって新たに駅戸に編入された駅子は駅戸集落へ居住したのだろうか。このことを具体的に示す史料はみあたらないが、当時の土地制度から考えて、駅戸集落への引っ越しは、そう簡単ではなかったと考えられる。

律令制度は、農民を土地に縛り付けることによって成り立っていた。居所の近くに口分田を与え、それに応じて税や労役を課すというシステムは、人々を簡単に他所へ移すことを困難にしていた。

仮に、駅子の定数が不足したため、他郷の課口を欠員が生じた駅戸集落に引っ越しさせたとする。引っ越した駅子は、これまで自分が耕していた口分田をとりあげられるかわりに、新たな口分田を与えられる。その口分田には、先代の駅子のものを与えればよい。ここまでの話は単純であるが、話がややこしくなるのはここからである。

先代の駅子の子がいて、その子が駅子となる年齢に達したらどうなるのか。駅子の定数が回復するので、他郷から引っ越してきた駅子は定数の関係から、駅戸からはじき出される。少なくとも山陽道の駅家は定員が駅馬の六倍とされていたようなので、余剰人員を抱えることはなかったと考えられる。しかし、駅子の任を解かれもとの郷に戻っても、もともと与えられていた口分田は他の者に与えられているか、あるいは荒廃している可能性が高い。一度、駅子になり、自らの土地を離れてしまえば、自らの経済基盤を失いかねない。

こうした理由から駅子の欠員補充のために駅子とされた者は、駅戸集落に移り住むことはせず、自らの居所から駅家に通勤するのが一般的だったのではないだろうか。そうなると、駅家のそばにある駅戸集落には駅子があまりおらず、多くが他の場所から駅家に通勤するという奇妙な状態も生じえただろう。このように、駅子は律令の規定に則って駅戸から出すという原則は守られていたものの、実態としては戸籍上のみ駅戸に編成され、他郷から駅家に通勤する駅子も存在したと考えられる。駅戸という枠は固定的であるが、実際の駅家経営にあたる駅子は流動的であるという二面性を駅戸は持っていたのである。

ただし、当初の駅戸を温存しながら欠員が生じた場合に他所から駅子を補充するというやり方は、奈良時代中ごろには抜本的に見直された可能性がある。それについては、改めて説明する。

2　駅家経営の変遷

『播磨国風土記』の駅家

これまでの研究では、駅家の近くにコンパクトで独立性の強い駅戸のみで編成された駅戸集落がつくられたと指摘されている。そのことは、木簡やいくつかの史料にみえる「駅評（うまやのこおり）」や「駅家里（うまやのさと）」から想定される。しかし、はたしてすべての駅家が駅戸のみで編成された集落を伴っていたのだろうか。

現存する五つの風土記のうち成立が最も古いと考えられている『播磨国風土記』から、駅戸のみで編成された駅戸集落が置かれた駅家、里の中の戸の一部を駅戸に充てた駅家があった可能性を指摘できる。

同書は風土記編纂の詔が出された和銅六年（七一三）から里が郷に改められる霊亀元年（七一五）もしくは三年の間の成立と考えられている。平安時代の写本が残されており、播磨国の総説、明石郡の全体、賀古郡の冒頭、赤穂郡の全体が欠落しているものの、賀古郡から美嚢（みなぎ）郡の一〇郡の記録が残る。

その『播磨国風土記』の中に駅家に関するふたつの記事がある。

ひとつは、賀古郡の駅家里である。賀古郡には賀古駅家があった。風土記の記載には「土は中の中なり。駅家に由（よ）りて名と為す」と記される。駅家そのものに関する記載はなく、記載内容も他の里と全く同じで、土の質、地名の由来という順である。つまり、この記事は駅家の存在を示したのではなく、駅家里という里すなわち駅家の名を冠する行政単位のことを記している。

もうひとつは、揖保郡の邑智駅家（『延喜式』の大市駅家と同じ）である。ここでも駅家の名前を掲げた後に、土の質、地名の由来を記していることから、邑智駅家と記してはいるものの、駅家を里と同列の行政単位として扱っている。駅家里と邑智駅家という行政単位は、駅家経営のための里、さらにいえば駅家設置に伴い編成された里であった可能性が高い。

しかし『播磨国風土記』にはこれ以外に駅家を想起させる里の記載はみられない。『延喜式』によると播磨国の駅家は、山陽道駅路に沿うものが明石駅家をはじめとする七駅、美作へ向かう駅路沿いに二駅があり、風土記に記載が残る一〇郡に置かれた駅家の数は、賀古郡・印南郡・餝磨郡・佐用（讃容）郡各一駅、揖保郡三駅、計七駅があるのに、賀古駅家と大市駅家を除く五つの駅家については「駅家里」や「〇〇駅家」という記載はない（図21）。

残りの五つの駅家のうち、揖保郡の越部駅家は越部里、佐用郡の中川駅家は仲川里と駅名と里名が共通し、餝磨郡草上駅家は、巨智里の中の地名である草上村に由来している。なお、奈良県明日香村の大官大寺からは「讃用郡駅里鉄十連」と記された八世紀初頭のものと考えられる木簡が出土している。仲川里と駅里が同一なのか否かは不明であるが、讃用郡には中川駅家以外の駅家が置かれた形跡はなく、駅里は仲川里の別名であった可能性がある。そして、揖保郡の布勢駅家は、駅家の記載がないだけでなく駅名と共通する地名もみられない。ちなみに布勢駅家の所在地は『播磨国風土記』編纂時には桑原里の一角であったと考えられる。

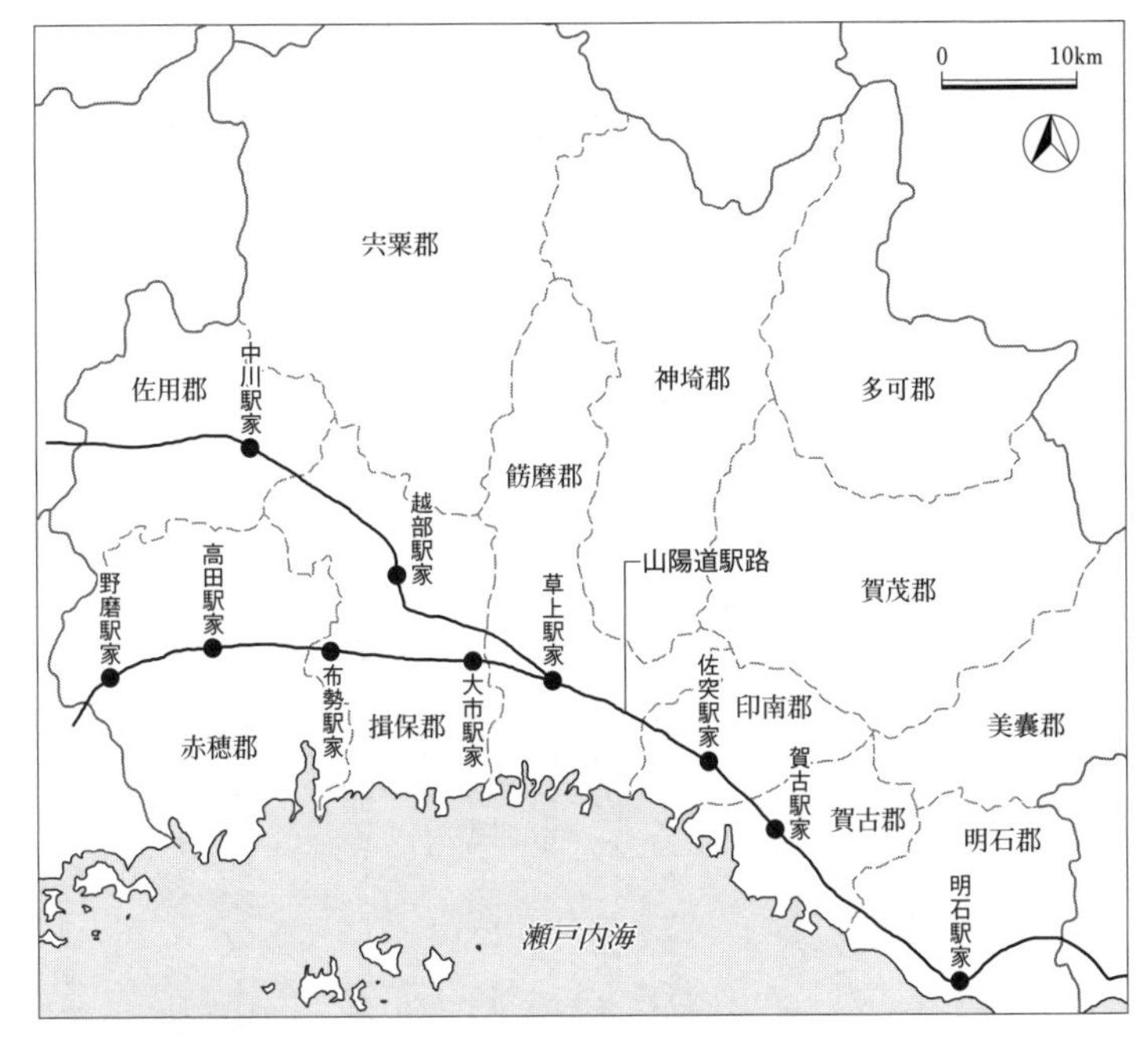

図21　播磨国の駅家

播磨国の駅家は草上駅家以東では約17km 程度の間隔で配されているが、草上駅家以西では間隔を狭め７～10km 間隔で配されている。『続日本後紀』には、草上駅家と賀古駅家の間にあたる印南郡に佐突駅家があったことが知られるので、草上駅家以東も律令の規定よりも短い距離で駅家が置かれていたと考えられる。なお、『播磨国風土記』が古いとされる根拠は、霊亀元年（715）に地方の行政組織が国―郡―里から国―郡―郷―里となったが、この風土記では国―郡―里で表記されていることによる。つまり、風土記編纂が命じられた和銅６年（713）から霊亀元年までの間に編纂されたと考えられる。

このように『播磨国風土記』にみえる「駅家が置かれた里」の成り立ちを、その名前から推定すると、

①駅家設置と同時かそれ以後に設置されたと考えられる里（駅家里・邑智駅家）
②駅家設置前から存在した里（草上駅家・越部駅家・中川駅家）
③不明（布勢駅家、佐突駅家）

に大別できる。①は駅戸により構成された独立した集落の可能性が考えられるが、②は駅戸のみの集落があったのか、里の一部の戸が駅戸とされていたのかは不明である。しかし、先にみた『出雲国大税賑給歴名帳』の狭結駅家は、『出雲国風土記』によると神門郡家と同じ場所にあったとされ、それは古志郷にあったことからすると、郷（里）の一部のみを駅戸とした例があることがわかる。それは、郡衙が置かれた場所が駅家経営のために設置された郷とは考えにくいこと、そして古志郷には郷里制下において、小田里と城村里があったことがわかっているので、狭結駅家の駅戸は郷の一部のみであったことは確実である。

つまり、狭結駅家の駅戸は、せいぜい郷里制における里程度の規模（五〇戸をさらに二〜三に分割した単位）であり、独立した郷とはなっていなかったのである。こうした例からして、先の②③についても、里の一部のみが駅戸であった可能性が考えられる。

なお、『播磨国風土記』が書かれたころの山陽道の駅家は、瓦葺きになる前の野磨駅家のような小規模なものであり、駅馬を利用できる場合も限定されていた。そのため駅子の負担も奈良時代後半以降の史料にみられるような、疲弊し逃散するような状態ではなかったと考えられる。奈良時代

前半と後半以降とでは、駅子の業務量も大きく違っていたのである。

地域で支える駅家

駅長の任命権が国司にあったように、駅制の運営責任もそれぞれの国の国司にあった。先にみたように、駅家の運営や日常管理は郡司の関与のもと駅戸が行ったが、施設の建設や修理は国司の責任で行うことになっていた。また、駅路の管理や修理の責任も基本的には国司にあり、国司は郡司に命じ、そうした修理を行わせたと考えられる。こうした修理は雑徭として行われるので、その時に労働力となるのは、雑徭を免除されていた駅子を除く公民となる。

さらに、駅家は緊急通信以外の目的で利用されたり、他の公的な施設（郡衙やその出先機関など）と一体となったものもあった。その場合は、駅家以外の公的な施設で働く人々も付近に住んでいたと考えられる。つまり、駅路があり、駅家があるということは駅子だけでなく、その郡に住む農民たちに等しく相応の負担となったのである。このことをうかがわせる史料がある。

『続日本紀』天平神護二年（七六六）五月二三日条には、備前守石川名足（なたり）が、藤野郡は土地が痩せていて戸数も少ないのに、山陽道駅路が通過しているために、使者の往来に人や馬も疲れているので他郡の郷を編入することを申し出て許可されている。駅路を利用する使者がすべて駅使であったわけではなく、郡衙に置かれた伝馬を利用した使者もおり、その対応は郡司の業務であった。そのため、使者の往来の盛んな駅路がある郡は、郡そのものが相応の負担を強いられていたのであるが、後述するように、この上奏のころは駅馬の利用が拡大していった時期にあたり、最も大きな負担を強いられたのは、駅子であった。

藤野郡には宝亀七年（七七六）に水害を受けやすいという理由で廃止された藤野駅家があった。藤野郡そのものも延暦七年（七八八）に分割され、磐梨（いわなす）郡と和気（わけ）郡にそれぞれ編入されて消滅し、名足の上奏どおり生産性の低い土地であったようである。

ここでひとつ、気になることがある。それは、藤野駅家の名が郡名と同じであることである。先にみたように、駅名は地名に由来するが、郡名と同じ名前の駅家と、郷名と同じ駅家、郷里制下の里など郷よりも小さな単位の地名に由来するものの三つがあり、特に、郡名と同じ駅家は、駅家の置かれた路線の利用頻度や郡の経済基盤、さらには置かれた場所の交通上の重要度と何らかの関係がありそうなのである。

次に地名と駅名の関係についてみていきたい。

3 地名から探る駅家の設置

郡が経営にあたった駅家

巻末の表「駅家名一覧」で示したが、郡名と同じ駅名を持つ駅家は四六七駅のうち七〇駅。郷名と合致するものは一八三駅。ただし、そのうち三九駅については郡内に郡名と同じ名前の郷があるため、駅家名が確実に郡名に由来するものは三一駅、郷名に由来することが確実なものは一四四駅となる。

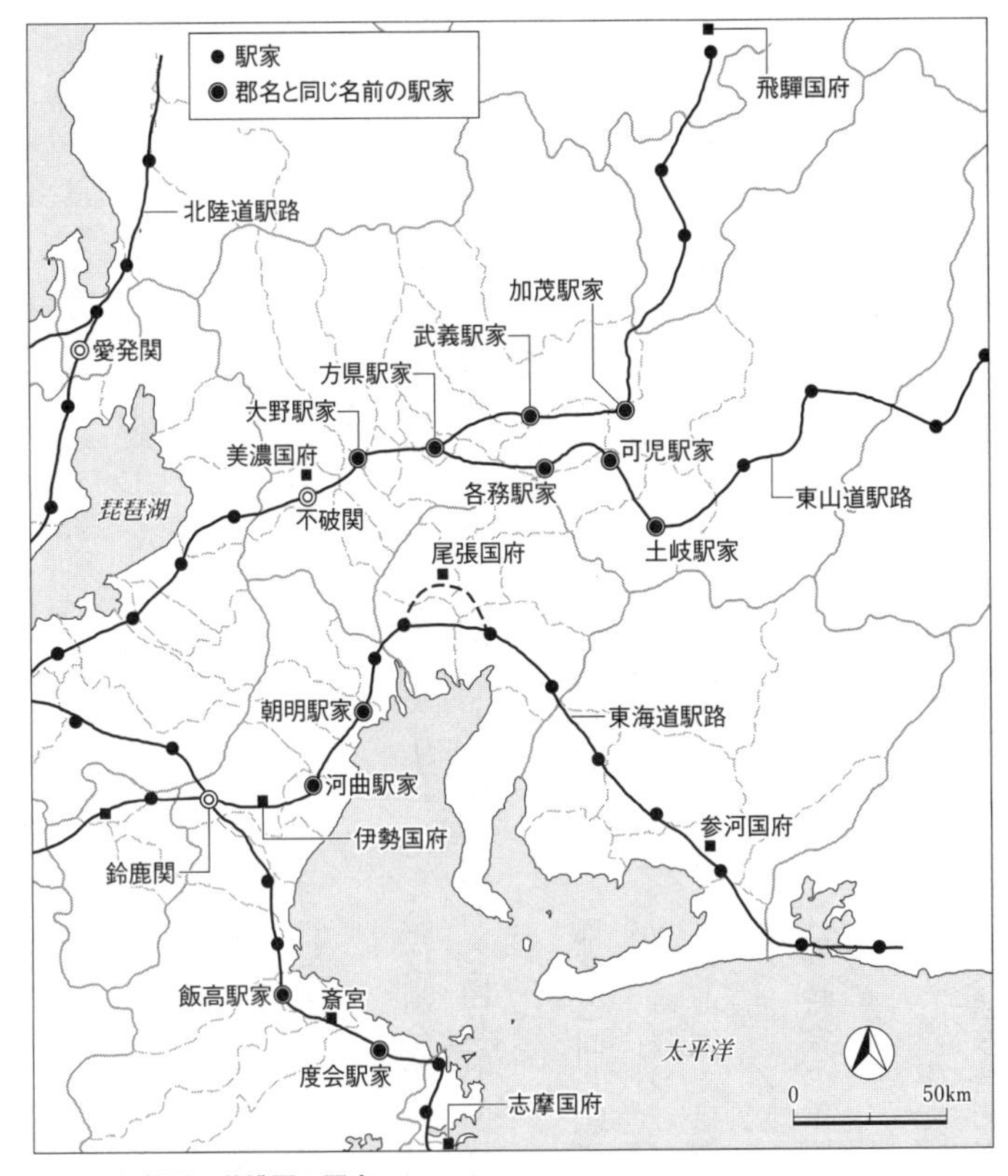

図22　伊勢国・美濃国の駅家
三関は、天皇不予など都に異変があると、関を閉鎖するために固関使（こげんし）が派遣され都と東国との交通が遮断された。謀反を企てる者が都から東国へ向かうことを阻止すること、また東国から都への進入を防ぐことが目的であったようであり、この三つの関には兵器が常備され、国司の四等官が常駐することとされていた。三関が置かれた伊勢国、美濃国、越前国の国司は、「職員令」により関柵および関契（軍の通行証）のことも司ることとされるなど、交通にかかわる特別な任務も与えられている。こうしたことから、これらの国に置かれた駅家の管理や運営も他国以上に国司の関与が強かったと想像される。

ここで注目したいのは、郡名と同じ名の駅家の分布が特定の地域に偏っていることである。『延喜式』には、伊勢国で七つの駅家が示されているが、そのうち五つが郡名と同じである。美濃国では一〇駅のうち八つが郡名と合致する（図22）。駅名と郡名の合致率が五割を超えるこのふたつの国には共通点がある。古代、最も重要視された関が置かれたことである。

天武天皇の時代に、伊勢国には鈴鹿関、美濃国には不破関、越前国には愛発関が置かれ、この三つの関は三関、またこれらの関がある国は三関国と呼ばれた。関では東国からもたらされる情報の検閲なども行われていた（写真18）。

愛発関は九世紀前半に相坂関（滋賀県大津市）にその役割を譲るが、越前国も愛発関が置かれた敦賀郡より北の四郡に置かれた六駅のうち二駅は郡名と同じ駅名である（ただし、同名の郷もあるので、どちらに由来するかは断定できない）。

また関以外でも、当時の海上交通の重要な場所にも郡名と同じ駅家がある。明石駅家は『菅家文草』から讃岐国へ向かう海上交通の経由駅であることが知られるが、これも郡名と合致している。伊予国では六駅のうち西部にある三駅が郡名と合致し、豊前国では海岸線に面した六駅のうち南の三駅が郡名と合致している。もちろん、海上交通の要衝にあたる駅家がすべて郡名と合致するわけではないのだが、郡名と駅家名が合致するということは、駅家の重要度や経営のあり方が、他の駅家とは違っていた可能性もある（図23）。

一方、山陽道は郷名と同じ名前の駅家が目立つが、そうした中で郡名と合致する駅家がいくつか存在する。それらは、明石駅家や賀古駅家のように水陸交通の結節点にある駅家と、小田駅家のよ

写真18　鈴鹿関付近（三重県亀山市）
鈴鹿は壬申の乱の記事にも現れる古くからの交通の要衝であった。鈴鹿関は奈良時代に大がかりな整備が行われ、尾根稜線に沿って、長大な築地塀が築かれ、発掘調査でその一部がみつかっている。

うに山中の小盆地に立地するものである。後者は、藤野駅家と同様、郡そのものが山がちであり、生産力に乏しかった場所に置かれた駅家と考えられる。

北陸道では郡名に合致する駅家は、郡と同名の郷を除くと、大同三年（八〇八）廃止の珠洲駅家と佐渡国の雑太駅家の二駅のみで、山陰道には合致するものがない。西海道でも豊前国を除くと三駅のみであり、うち二駅は国府に近接する。郡名と同じ名を持つ駅家の分布にこれほどの偏りがみられるということは、駅家経営の実態をある程度反映している可能性も考えられる。すなわち、郡名と同じ名前の駅家とは、郡が主体的に駅家経営にあたった可能性のある駅家を示し、そうした駅家は、

①水陸の交通政策上、重要な場所に設置された駅家

②駅家の設置された郷の経済基盤が脆弱であったため郡が主体的に経営を行う必要があった駅家

のふたつに区分できそうなのである。

駅家の経営の変化

これまで駅家経営は、駅家の設置に伴い新たに中中戸からなる駅戸が編成され、駅家に近接して居住していたと考えられてきた。また、駅戸集落の規模も、駅子の人数が駅馬の数によって規定されるため、一般の集落より

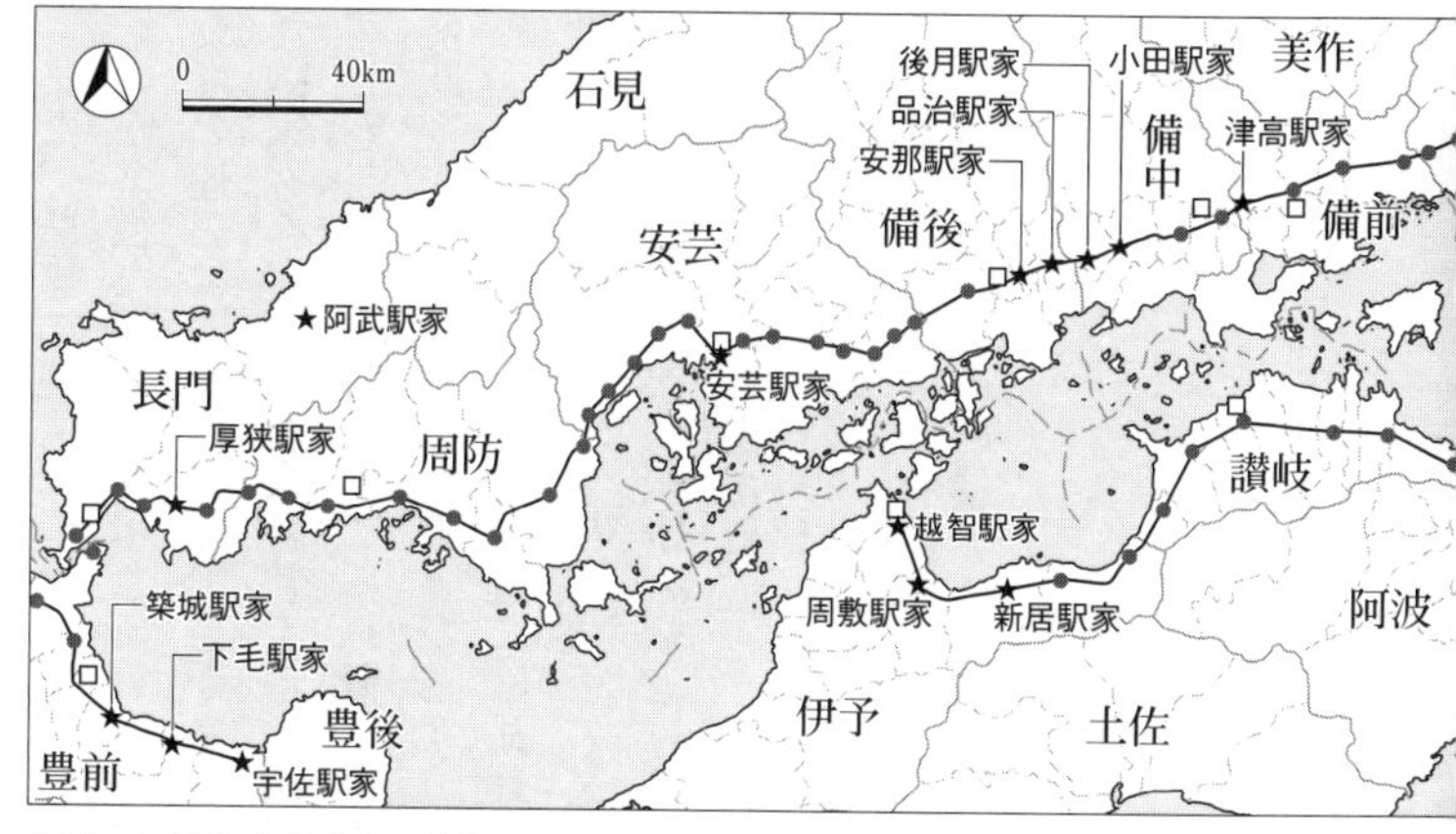

図23　西国の郡名駅家の分布
瀬戸内航路は、通常、博多から関門海峡を通って本州沿岸に沿って東へ向かうが、豊前国から伊予国を経由し、四国沿岸に沿って東へ向かうルートも重要視されていた。特に、奈良時代前半の大宰府と都との間の往来は、この経路を通った事例が多く認められるなど、豊前国、伊予国は水陸双方の交通上の要衝であったと考えられる。

も小規模であった可能性も指摘されていた。

しかし、ここまでみてきたように、駅戸集落の存在を示す証拠のひとつとされてきた『和名類聚抄』の「驛家」とは、必ずしも郷ではなく、「駅家戸」という戸籍があったことを示している可能性が高まった。奈良時代前半までは、駅戸は固定化されていたが、欠員が生じた場合の定数確保は郡司の責任で郡内の他の戸から駅子を補充するという方法がとられていた。

その場合も、戸そのものを駅戸とするのではなく、欠員が生じた駅戸に課口を形式的に移籍させ駅子とし、あくまでも駅子は駅戸から出すという律令の規定にこだわった対応をとっている。このことは、駅戸がコンパクトで自立的な集落を営んでいたとしても、実際の経営にあたる駅子は必ずしも駅戸集落に住んでいたとは限らないことを示している。

また、駅家の運営についてはある程度、地方の主体性に任せていた形跡が認められる。駅家そのものが多様なあり方を示していたのと同様、駅家経営の方法も駅家の場所や利用頻度、交通上の重要度の違いにより多様な形態があったと考えられる。緊急通信施設としての役割以外の機能を持った駅家も存在し、駅家経営も郡の関与に強弱があったのではないだろうか。

しかし、奈良時代中ごろ以降、草上駅家が置かれた場所が巨智里から分離して草上郷になり、布勢駅家の所在地が布勢郷となるように、駅戸が郷から独立して駅家郷が形成された形跡が認められる。その背景には、山陽道には瓦葺きの駅館が建設されたことや、第3部第3章で述べるように駅馬の利用規制が緩和され、駅子の業務が多忙になったことがあったと考えられる。つまり、駅家の利用頻度の増大が、駅子の駅家に関する業務への専従度を高め、それが駅子の駅家付近への集住を再び促した可能性がある。

そのためには、駅子だけを駅戸に移籍させるという従前の方法から戸そのものを駅戸に編入させるという方法をとった可能性がある。奈良時代中ごろ以降、駅子の不足を解消する方法は、人の補充から戸そのものの補充へと変化したのではないだろうか。

コラム　駅家の廃絶　野磨駅家の大蛇伝説

平安時代末期に成立したとされる説話集『今昔物語集』には、次のような話がある。

金峯山(きんぷせん)の僧、転乗(てんじょう)は幼いころから『法華経』を習い、八巻のうち六巻までを覚えたが、いくら努力しても七巻と八巻を覚えることができなかった。ある日の夜、そのことを悩んでいた転乗の夢枕に夜叉(やしゃ)の姿をした人が立ち、七巻と八巻を覚えることができないのは前世の因縁であると伝えた。

その人物が語るに転乗の前世は、播磨国赤穂郡の山駅(やまのうまや)（野磨(やま)駅家）を巣にする大蛇であった。ある夜、駅家に泊まった聖人を食べようとしたが、聖人が読む『法華経』に心を奪われ、食べるのをやめ一心に聞いていたが、六巻まで読み進んだ時に夜が明け、聖人は駅家を後にしてしまった。『法華経』の功徳で大蛇は僧侶として生まれ変わることができたが、前世で七巻と八巻を聞いていないので、それを覚えられないのだと。しかし、一心に精進して『法華経』を読誦(どくじゅ)すれば、今生の願いはみな叶い、後生では生死の苦を離れることができようというものであった。

転乗はその後、より一層熱心に『法華経』を読誦するようになったという。

瓦葺きの野磨駅家は発掘調査により一一世紀に廃絶していることがわかっている。この説話のもとになった話（『本朝法華験記』長久年間〈一〇四〇～一〇四四〉成立）ができたのも、おおむねそのころのことである。外国からの使節を迎えるために豪華絢爛に造られた駅家も一一世紀中ごろには屋根裏に大蛇が住むといわれるほど、すっかりと荒れ果てていたようである。そのことは、律令国家の緊急通信制度である駅制そのものが衰退していたことを示している。

ちなみに、野磨駅家のある場所の兵庫県上郡町落地の地名は「落地」と書いて「オロチ」と読む。大蛇伝説は、地名として今もこの地に生き続けているのである。

第3部　律令国家と情報

第1章　地方支配のための情報

1　律令制以前の情報伝達

前方後円墳と情報

中央集権体制を実現するためには、中央の命令を地方に迅速にすみずみまで届け、また地方の出来事を速やかに把握できるよう情報伝達システムを構築する必要があった。ここまでみてきたように、七世紀の日本はその実現のために諸制度を整え、交通網を整備し、駅家（うまや）をはじめ交通関係施設を設置し、さらに緊急通信に従事する人を置くことによって、地方を統治するために必要な情報を国家が常に把握できるようにした。

しかし、こうした全国規模の通信ネットワークは、一朝一夕にできあがったわけではない。駅制が成立する以前にも、近畿の王権（いわゆる大和王権）と地域勢力との間には、頻繁な交流があった。

三世紀中ごろに大和で巨大な前方後円墳が造られるようになると、その独特な形の墳墓は全国各地に広まっていく。三世紀から四世紀前半に造られた前方後円墳は、北は福島県会津坂下町の杵ガ森古墳、南は大分県宇佐市赤塚古墳に至るまで幅広く分布している。前方後円墳というこれまでみられなかった形の古墳が拡散するということは、こうした古墳を生み出した大和王権と地域の首長とが、政治的な盟約を結んだ結果であると考えられている。

そこには、当然、近畿を中心としたネットワークが形成されたとみることができる。卑弥呼の墓ともいわれる奈良県桜井市箸墓古墳の周濠からは、東海や中国地方をはじめとする各地の土器が出土しており、こうした土器は箸墓を造るために各地から集められた人々が持ち込んだ可能性も指摘されている。

古墳時代には、大和王権が誕生し、それが各地の有力者と結びつくことにより、政治的な交流が始められ、その発展は前方後円墳の拡散の仕方から、ある程度、読み取ることができる（図24）。

近畿中央部の豪族と地域社会

五世紀になると大和王権の勢力はさらに拡大する。五世紀後半の前方後円墳の分布は、北限が岩手県奥州市の角塚古墳、南限は鹿児島県肝付町の花牟礼古墳であるが、指宿市弥次ケ湯古墳（円墳）も近畿の古墳の影響のもとに造られたと考えられている。

また、埼玉県行田市稲荷山古墳から「辛亥年七月中記」（辛亥の年〈四七一〉七月に記す）から始まる一一五文字の銘文を持つ鉄剣、熊本県和水町江田船山古墳から「治天下獲□□□鹵大王」から始まる七五文字の銘文を持つ鉄刀が出土している。このふたつの銘文から獲加多支鹵大王（雄略天

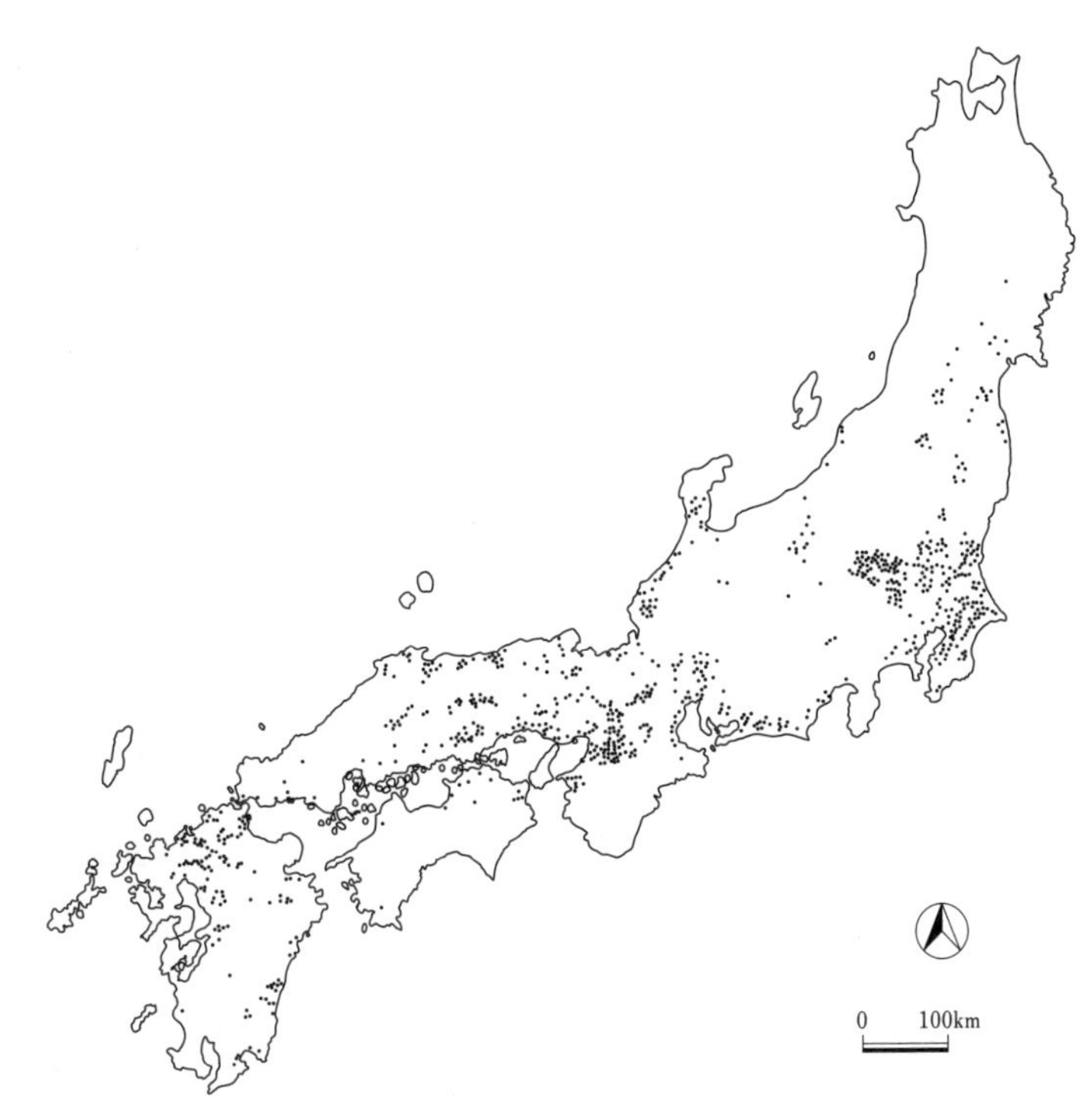

図24　前方後円墳の分布

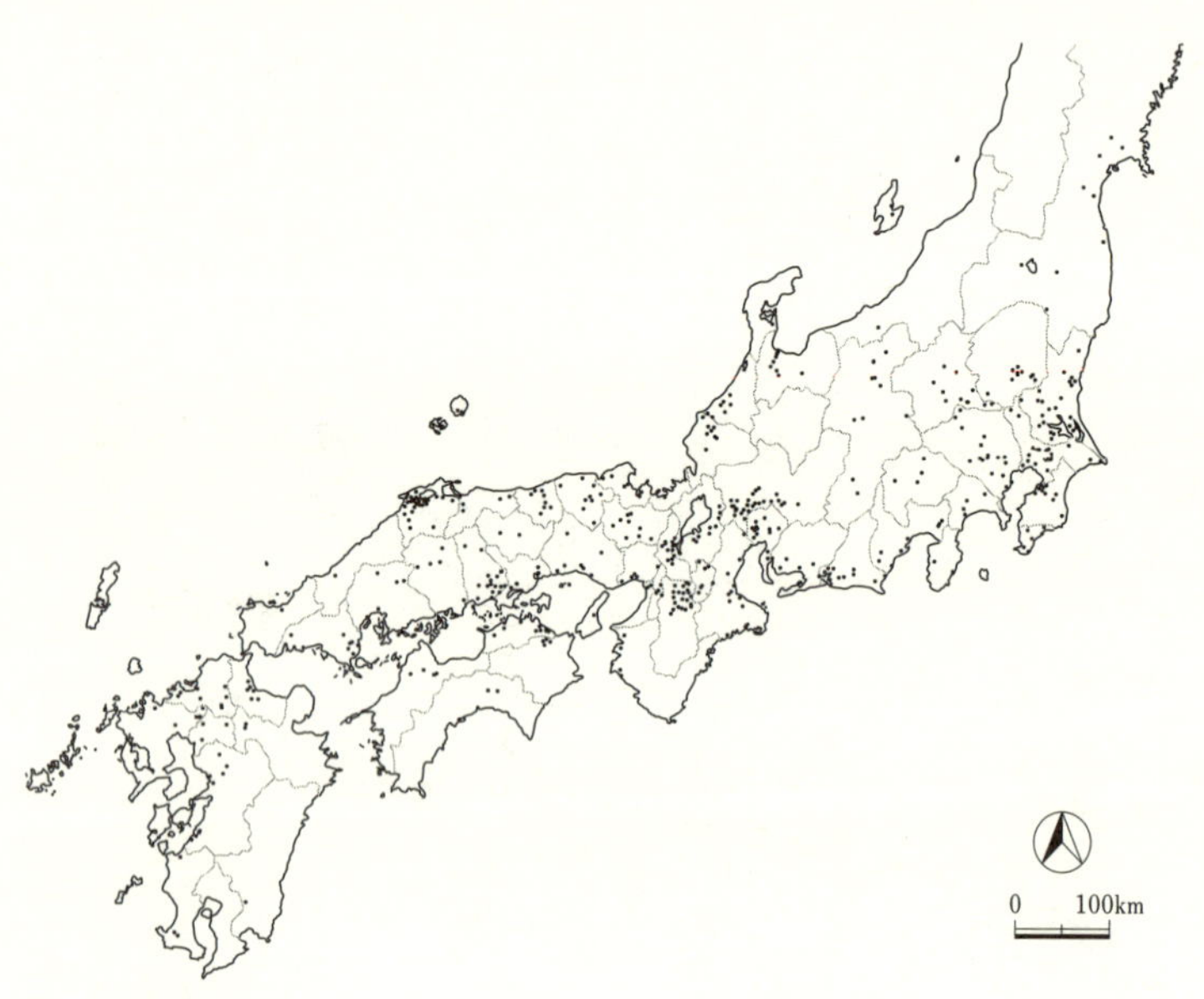

図25　部民の分布

皇）に、杖刀人や典曹人として仕えていた関東や九州の豪族がいたことが知られる。こうした人たちが、大和王権と各地域の情報伝達のパイプ役にもなったようである。銘文にみえる杖刀人は武官、典曹人は文官と考えられており、これをもって天皇のもとには、官僚組織が存在し、地域の豪族の子弟が一定期間、天皇のもとで奉仕した可能性も指摘されている。

なお、雄略天皇の時代は中国の梁王朝（五〇二年建国～五五七年滅亡）の歴史書である『梁書』によると中国外交も活発に行われ、『日本書紀』は吉備などの有力な地域勢力を屈服させたと伝える。

これらのことは、五世紀後半の倭国が統一国家への歩みを進めたことと、大和王権と地域の勢力が支配と被支配という関係になったことを示している。このような関係を維持するためには、日常的な往来といった庶民のレベルでの地域間交流という枠組み以外にも、大和王権の命令を地域の有力者に伝達したり、逆に地域の情報を大和王権に届けるためのシステムが構築されたと考えられる。

『日本書紀』には、六世紀中ごろから天皇家や近畿の有力豪族に隷属し、労役や貢納物を提供する部民(べみん)の出現が確認される。こうした部民の分布には偏りがあるものの、その範囲は北は陸奥から南は薩摩まで全国各地で認められる(図25)。部民は大和王権と各地との情報伝達の担い手になり、その居住範囲は王権の地方支配拠点となったと考えられる。

王権はどのようにして情報を得たか

大和王権は、王権に奉仕する豪族や、地域から王権に一定期間出仕した人々、また、部民をつうじて各地と結ばれていた。王権と各地の情報交換も、こうした結びつきによりなされていたと考えられるが、これは律令(りつりょう)国家がつくりあげたような制度化された情報伝達システムでなかったために、王権のもとに統治のために必要な情報が自然に集まるようにはなっていなかった。

たとえば、『日本書紀』安閑元年(五三四)七月一日条には安閑天皇が皇后のために屯倉(みやけ)(王族の経済基盤や王権の直轄地とされた土地で、地域支配のための施設が置かれたと考えられる)を置こうとして、勅使を派遣して良田を探し求めさせたとある。律令制下では、水田の善し悪しは郡司や国司からの情報によって中央で把握されていたが、この時代はそのようになってはいなかった。王権は必要があれば各地域に使者を派遣し、情報を集めたのである。

また、欽明三一年（五七〇）四月二日条には、越国（新潟県から福井県東部）の豪族である道君が高句麗からの使者を秘匿していると、同じ越国の豪族、江渟臣裙代が天皇に上奏したという記事がある。上奏を受け天皇は越国に使者を派遣し事実関係を確認し、高句麗からの使者を大和への入り口にある山背国相楽郡の館に迎え入れている。

王権に従う地方豪族が自発的に王権に情報を伝え、それを受けて中央からは使者が派遣されたわけで、律令以後のような制度化された情報収集システムが存在しないことがみてとれる。

これ以外にも『日本書紀』には、天皇が必要な情報を得るために左右の者に問う場面がしばしば現れる。情報提供を求められた側近らは情報を提供したり、情報ネットワークを駆使し情報を収集したりしている。つまり情報提供も天皇への奉仕だったのである。

このように六世紀までの王権が必要な情報を得る方法として、

①使者を派遣し必要な情報を集めさせる
②地方豪族や王権の直轄地に情報提供を求める
③王権に仕える者たちに命じて、彼らが持つ情報を提供させるか自発的な提供を受ける

といった三つの方法がとられていたことがわかる。五〜六世紀に王権が求めていた情報は、『日本書紀』の記載をみる限り、大陸や半島の情報、生産性の高い土地に関する情報、技術者など人材に関する情報、祭祀・信仰の場や霊験あらたかな神に関する情報が多数を占めている。それも、常にこうした情報を収集していたというよりも、必要に応じて集めさせたようである。

2　中央集権国家の成立

天武天皇による国づくり

推古天皇の時代から日本は中央集権国家への道を歩み始める。中国との外交は、西暦五〇二年、倭王武（雄略天皇）が中国の梁の武帝から征東大将軍の称号を授けられたのを最後に、記録が途絶えるが、それを復活させたのが推古天皇であった。『日本書紀』に記載されていない推古八年（六〇〇）の遣隋使を皮切りに五回以上派遣された遣隋使は、隋の文物を日本へもたらした。

そこから得られた情報こそが、その後の日本の歩みを決定づける。すなわち、中国の冊封体制（中国の王朝と名目的に君臣関係を結ぶこと）には入らず、中国の王朝から独立した立場を貫こうとしたのである。それは、大陸と海を隔てているという地理的な要因にも助けられて実現するが、それだけではなく自らの国力を強めるために、中国の制度にならって強大な中央集権国家の建設を目論んだ。

日本における中央集権体制は、天武天皇の時代にその大枠が固まった。その主たる要因は壬申の乱という古代史上、最大の内乱に勝利したことによるところが大きいとされる。しかし、天武政権は革命政権ではない。たとえば、明治政府は幕藩体制を打倒し、江戸幕府の政治と異なるヨーロッパ的な政治を目指す一方、官僚機構の枠組みなどには律令期のそれを採用するなど、幕府政治を根本的に否定した。それに対し、天武政権の政策は天智天皇が行った政策を基本的に踏襲し、発展させたものであった。推古朝以来、段階的に進められてきた中央集権国家の建設に向けての政策を継承し、ついにその基盤を固めたのである。

天武朝の改革には暴力的な方法は伴っていない。これまでの有力者の立場や権利を認めながらも、それを制度にあてはめたのである。たとえば、地方の有力者には評督（ひょうとく）（『大宝律令』以降は大領（たいりょう））という官職を与え、地方における権限を保障した。中央豪族も立場に応じて官位を与えられ、官位に応じて権限や財産を保障された。つまり、既得権益には最大限の配慮を行いながら、後の律令につながる新制度を導入したのである。

すべては唐にならって

しかし、その反面、国土と国民の支配には大きな改革を行った。皇族や中央と地方の有力者を官位によって序列化し、官僚機構を整備した。そして、戸籍によって国民ひとりひとりが中央によって掌握された。また、すべての土地も実態は私有を容認しながらも、名目上は天皇の土地とした。こうした政策実現のためには、必要な情報を政府のもとに一元化する必要があった。具体的な内容は後ほど述べるが、これまで地方豪族を介在して都に伝えられていた情報をどんな時に、どんな方法で伝えるかという制度をつくった。

天武天皇がとり入れたさまざまな制度は、白村江（はくそんこう）の戦い以来国交断絶状態にあった唐の律令制度であった。唐の律令をほぼそのままとり入れ、新制度を徹底させたようである。また、天武天皇が示した政策の多くは、その治世のうちに速やかに実行されている。日本最初の中国風の都城とされる藤原京は、遷都こそ持統天皇の時代になるものの、その造営開始は天武五年（六七六）ごろにさかのぼることが発掘調査により確かめられている。また、天武一四年（六八五）には、仏教の力により国家を護るという鎮護国家の思想をとり入れ、各地の有力者に対し寺院造営を命じる。実際に全国各地にある古代寺院の多くが七世紀後半の造営であることが知られているので、この政策も速やかに実行されたことがわかる。

さらに、同じ天武一四年には武器や軍が用いる楽器を私の家に置くことを禁止し、評（郡）の役所に置くよう命じている。後の郡衙につながる地方役所の多くは、天武朝期ごろに成立しており、設備も整えられている。こうした地方役所の整備や機能の充実も、律令による地方支配と密接につながっている。天武天皇の一連の改革は、持統天皇、文武天皇に引き継がれ大宝元年（七〇一）に『大宝令』として結実するが、唐の制度をほぼそのまま移入したものであるため、実情にみあわないところもあった。

たとえば、律令の規定による税の運搬は、納税者が品物を担いで運ぶこととされていた。一度に多量の物資を運搬するには、船で運んだり、馬に車を曳かせて運んだりする方が合理的であり、輸送コストもかからない。しかし、霊亀元年（七一五）には品質の低下や遭難の危険があるという理由から、税を海路で運ぶことを非難している。『続日本紀』の記事をみると、それ以前にも同様の命令が繰り返し発せられていたようである。

税の水上輸送が正式に認められるのは天平勝宝二年（七五〇）ごろと考えられており、それまでは合理的な方法よりも、律令の規定が優先されていた。このことに象徴されるように、八世紀中ごろまでは、たとえ合理性に乏しくとも律令の規定の遵守に重点が置かれていたようである。
つまり、唐の制度を日本に根づかせるための政策をとることにより、唐にならった国づくりを目指したのである。

3　支配のための情報

国土を知る

繰り返しになるが国家が中央集権体制を実現し、維持するためには中央と地方との連絡を常に密にしておく必要があった。第1・2部では緊急通信制度である駅制についてみてきたが、中央と地方とを往来する情報には、実に多様なものがある。そして、情報伝達速度は情報の内容によって違いがあった。

ここからは、中央集権を維持するために政府が求めた情報とは何か、都と地方との間を人々はどんな目的で往来したのかを確認する。中央集権とは「王土王民」、すべての国土と国民は天皇のものという思想である。その実現のためには、中央にいながらにして国土と国民に関する情報が常に集められるシステムの構築が不可欠であった。

では、律令国家が支配のために求めた情報とは何か。まずは国土に関する情報からみていこう。『続日本紀』和銅六年（七一三）五月に政府が各国の国司に対し命じた情報は、いわゆる風土記の記載内容からそれを知ることができる。この時に、国司に求めた情報とは、

①郡里の名
②産物（鉱物の類いも含む）
③土地の肥沃さ
④地名の起源（山河の由来も含む）
⑤旧聞異事（古老が代々伝えてきた話）

の五点である。また、現存する風土記の中には、これらに加えて、
⑥道路や駅家、橋、津、烽火（のろし）といった交通・通信施設
⑦寺院や神社、名山といった信仰にかかわる施設
⑧郡衙や軍団などの場所

なども記載されている。こうした各国の地誌の類いは統治に必要な情報として中央で把握された。また、風土記の作成とは別に、地図をつくらせ提出させていたこともわかっている。延暦一五年（七九六）に桓武天皇は諸国に対し、国郡、郷里、駅道（駅路（えきろ））の遠近、名山・大川を詳しく記載した地図の作成を命じるが、その時、これまでの地図は古くなったので新しくつくり直せと述べている。このことは、この勅以前にも、同様の情報が記載された地図がつくられていたことを示す。

このように、中央政府は地方の地理情報や道路網、経済力、生業など細部に至るまで把握していた、つまり国土を把握していたのである。

律令の規定で求められた情報

律令の規定の中には、国司に対し中央に報告を義務づけているものがある（表14）。そのうち太政官（だいじょうかん）に報告するものを大別すると、次のようになる。

①戸籍と計帳の提出など戸にかかわるもの
②干ばつなどによる収穫の減少、賑給（しんごう）の実施など財政にかかわるもの
③官人の勤務評価にかかわるもの
④船や馬の数や状態
⑤外交にかかわること
⑥災害の発生等、緊急事態
⑦犯罪の発生や裁判の判決
⑧たくさんの人を集めて造営事業などを行う場合
⑨宝石や鉱物などの産出
⑩烽火の見間違えの報告など軍事にかかわること

頻度	伝達方法
	駅使を派遣
年1回	計帳使を派遣
年に1回	貢調使に託す
年1回	貢調使が引率
	駅使を派遣
年1回	朝集使に託す
	駅使を派遣
	駅使を派遣
年1回	朝集使に託す
年1回	朝集使に報告
	駅使を派遣
年1回	朝集使に託す
	駅使を派遣
	駅使を派遣
	駅使を派遣
年1回	朝集使に託す
年1回	朝集使に託す

令	内容
戸令	戸が他の国に移住しようとする場合
	日本人が外国から帰還した場合。外国人が帰化する場合
	計帳が完成した場合
	戸籍が完成した場合
	国内に好学などで有名な人物を見つけた場合
	災害の発生を受けて、賑給を行おうとする場合
田令	公田を賃租した場合の収入の送付
賦役令	調庸物の都への貢納
	水害・干ばつ・虫害・冷害などにより作物が実らなかった場合
	親孝行など行いの良い者がいる場合
選叙令	国司が死亡したり、罷免された場合。それを受けて新任の者が着任した場合
考課令	郡司や軍団の少毅以上の者の勤務評価
	貢人（官吏に採用されるように推挙された諸国の国学生）の貢送
軍防令	衛士の引率
	衛士や防人が移動中に逃亡したり罪を犯したりした場合
	烽火を誤って放ったことがわかった場合
儀制令	祥瑞があった場合
営繕令	津・橋・道・路の修理が困難な場合
	官私の船の種類、積載量
	官船を造り替える場合の労働力と費用
	河川の堤防が決壊し、その修理のために500名以上を動員した場合
公式令	緊急事態の発生を諸国が相互に告知した場合
	国に、大瑞および、軍機、災異、疫病、境外の消息があった場合
厩牧令	牧で生まれた牛馬が２歳になった時に作成する登録台帳
捕亡令	犯罪者や防人、衛士らが逃亡した場合。また逃亡者を捕らえた場合
	罪人を捕らえるために兵を派遣した場合や近隣諸国に協力を要請した場合
獄令	裁判で流以上、もしくは除免官当の判決を下した場合
	国司が下した判決を再審するために中央から派遣された覆囚使が裁判を遅延させた場合
	流人が許可なく帰還や逃亡した場合
	流人が規定の期日までに配流先に到着しなかった場合
	謀反の疑いがある者を取り調べている場合
	すでに死罪が定まり天皇へ報告した後、冤罪の訴えを聞き再審する場合
	囚人が無実を主張した場合や獄死した場合で中央に再審を依頼する場合
	窃盗事件の発生
	裁判が結審しない場合
雑令	金銀宝石、塗料、異木（沈香・白檀・蘇芳の類）があるところを知った場合

表14　律令の規定にある中央への情報伝達事項

⑪行いの良い者の太政官への推挙や親孝行な者の報告
⑫祥瑞（しょうずい）を認めた場合
このうち⑤⑥⑦⑩⑫は、第1部第4章で述べた駅馬を利用し中央に伝えた緊急の情報である。また①③④は、毎年定期的に行われる中央への報告事項。②⑧⑨⑪⑫は、該当する事柄があった場合に、報告すべき事項である。その内容は実に多様であり、地方の細かな出来事まで中央が目を光らせていることがわかる。

中央に残る文書

東大寺の正倉院には奈良時代の多種多様の文書が残る。これらの文書は東大寺写経所の運営にかかわる帳簿類が多数を占めるが、中には保管期限切れなどの理由で不用となった文書の裏面を帳簿として再利用した紙背（しはい）文書と呼ばれるものがある。そして紙背文書には、もともとは地方で作成され中央に提出された文書もある。

こうした文書には、戸籍、計帳（けいちょう）（調・庸賦課のため毎年作成されたもの）、正税帳（しょうぜいちょう）などがある。計帳の中には、戸口の人数・年齢・性別・納税義務や疾病の有無に加え容貌まで記されているものもある。右頰にホクロがあるとか、個人を特定する時に参考になる情報も記されている。

当時の税制は、性別と年齢に応じて等しく税や労役の負担を求めるという人頭税で、毎年作成され中央に提出される計帳は国家予算の編成に必要とされていた。正税帳とは各国の国司が太政官に毎年、提出した収支決算書であり、これにより諸国の政治や財政状況がわかる。

律令の規定により中央に提出された文書の内容はきわめて詳細であり、地方は人や財政状況まですべて中央によって把握されることになっていたのである。

情報収集の方法

正倉院に残る戸籍や計帳などの文書は、どのように作成され都へ運ばれたのか。これについても律令で規定されている。たとえば計帳は、毎年六月三〇日以前に国司が戸主に対し戸の構成員の名前と年齢などを記した実状申告書を作成させ、それをとりまとめて八月三〇日以前に太政官に届けることとされている。

国司の命は、郡司から里長(りちょう)、そしてそれぞれの戸へと下達され、計帳は戸ごとに作成されたもの(「手実(しゅじつ)」)を里長がとりまとめ(「歴名(れきみょう)」)、郡司が集約し国司に届けるという手順が踏まれたと考えられる。このシステムは、現在の国勢調査とよく似ている。

つまり情報集約は下位者から上位者に対する申告を繰り返して行われたのである。しかしこういう方法だけでは偽りの申告がなされる場合もありうる。その備えとして政府は文書だけではなく口頭での説明をさせるために、毎年、定期的に地方から中央へ届けられる重要情報に関しては、しかるべき立場の者に伝達させるようにしていた。

たとえば、地方の官人の勤務評定情報を届ける朝集使(ちょうしゅうし)は国司の四等官のうちいずれかが任命されることになっており、計帳を太政官に提出する計帳使、正税帳を太政官に提出する正税使、調庸を都に運ぶ貢調使(こうちょうし)も、基本的には国司の中から任命された。これらを総称して四度使(よどのつかい)という。

朝集使はいわば行政監察報告の使者であり、計帳使は国勢調査を届ける使者、正税使は地方財政の状況を報告する使者、貢調使は税の輸送責任者である。このように地方行政の重要事項は、国府の官人を召集し実情を聞きとることによって情報の精度を保っていたのである。また、この他にも中央から地方へ臨時に派遣される使者もいた。諸国をめぐり国司・郡司の治績を調査し、人民の生活状態を視察する巡察使などである。一方、国司は一年に一度、国内を巡察することが定められており(「戸令」)、郡司の勤務状況や公民の暮らしぶりなどを調査した。

このように律令制における情報収集とは、基本的には下位者から上位者への申告制がとられているが、上位者が定期的に行政監察を行うことになって不正を防止した。さらに、最末端の行政単位である戸は五戸をもって「保」とし、保は不正など何か問題が起こった場合に連帯責任をとらされることになっていた。その結果、保では相互扶助が行われる反面、相互監視の面を持った。こうしたことも、正確な情報を発信するうえで効果的であった。

4　古代の法定速度

一日でどこまで伝わるか

ここでは、国家が定めた都と地方との往来速度をみていきたい。「公式令」には駅制だけでなく一般的な移動速度も定められている。

凡そ行程、馬は日に七十里、歩は五十里、車は卅里。

律令では度量衡の単位も細かく規定されており、この規定では馬だと一日三七・三キロメートル、徒歩だと一日二六・七キロメートル進むことになる。もちろん、平地と峠を越える場合とでは一日の走行距離はおのずと異なる。この規定も標準的な行程を示したものと考えられる。馬を利用しても、一日に百数十キロメートル走る駅制に比べるとだいぶ遅く、標準速度の三倍以上のスピードで移動する駅制による情報伝達がいかに速いかが知られる。

また、徒歩で一日二六・七キロメートルの距離というとピンとこないが、人間が普通の速度で歩く場合の平均的な歩幅は身長×〇・四五とされるので、身長一七〇センチメートルの人であれば、一日約三万五〇〇〇歩。これを目的地に着くまで、毎日続けるというのだから、かなり大変である。

当時の他の史料をみよう。『延喜式』には、都へ税を運ぶ際の日程が国ごとに記されている。大宰府の場合、往路は二七日、復路は一四日で、これを大宰府と都間の距離六五〇キロメートルを除すると往路一日約二四キロメートル、復路は約四六キロメートルとなる。他の国でも、税を背に担いで運ぶ往路は一日二六・七キロメートルには達していない（表15）。

では実態はどうか。天平勝宝元年（七四九）に豊前国宇佐の八幡大神が平城京へ向かった時、一行出発は、『続日本紀』によると一一月一九日（己酉）、平城京到着が一二月一八日（戊寅）なので三〇日間の行程となる。政府が神の通る道を清めることや、通過する地域に殺生禁断を命じていることからすれば、陸路を利用したことが確実であり、また神が憑依した巫女を輿に乗せていたよう

行政区分	国名	区分	復路(日)	往路(日)	海路(日)	概算距離(km)
山陰道	丹波	近国	0.5	1		20
	丹後	近国	4	7		120
	但馬	近国	4	7		144
	因幡	近国	6	12		182
	伯耆	中国	7	13		236
	出雲	中国	8	15		306
	石見	遠国	15	29		424
	隠岐	遠国	18	35		
山陽道	播磨	近国	3	5	8	121
	美作	近国	4	7		198
	備前	中国	4	8	9	198
	備中	中国	5	9	12	212
	備後	遠国	6	11	15	270
	安芸	遠国	7	14	18	353
	周防	遠国	10	19		472
	長門	遠国	11	21	23	545
南海道	紀伊	近国	2	4	6	102
	淡路	近国	2	4	6	146
	阿波	中国	5	9	11	168
	讃岐	中国	6	12	12	227
	伊予	遠国	8	16	14	328
	土佐	遠国	18	35	25	329
西海道	筑前	遠国	1			
	筑後	遠国	1			11
	肥前	遠国	1	1		40
	肥後	遠国	1.5	3		100
	豊前	遠国	1	2		59
	豊後	遠国	2	4		122
	日向	遠国	6	12		277
	大隅	遠国	6	12		285
	薩摩	遠国	6	12		237
	壱岐	遠国			3	
	対馬	遠国			4	
	大宰府	遠国	14	27	30	650

復路は都から諸国、往路は諸国から都への日数。西海道（大宰府を除く）は大宰府までの日数と距離。

行政区分	国名	区分	復路(日)	往路（日）	海路(日)	概算距離(km)
畿内	山城					
	大和		1			
	河内		1			
	摂津		1			
	和泉		1	2		
東海道	伊賀	近国	1	2		78
	伊勢	近国	2	4		82
	志摩	近国	3	6		172
	尾張	近国	4	7		143
	参河	近国	6	11		210
	遠江	中国	8	15		264
	駿河	中国	9	18		328
	伊豆	中国	11	22		390
	甲斐	中国	13	25		461
	相模	遠国	13	25		452
	武蔵	遠国	15	29		500
	安房	遠国	17	34		639
	上総	遠国	15	30		564
	下総	遠国	15	30		531
	常陸	遠国	15	30		618
東山道	近江	近国	0.5	1		24
	美濃	近国	2	4		94
	飛騨	中国	7	14		234
	信濃	中国	10	21		330
	上野	遠国	14	29		444
	下野	遠国	17	34		515
	陸奥	遠国	25	50		792
	出羽	遠国	24	47	52	1000
北陸道	若狭	近国	2	3		82
	越前	中国	4	7	6	117
	加賀	中国	6	12	8	197
	能登	中国	9	18	27	285
	越中	中国	9	17	27	270
	越後	遠国	17	34	36	410
	佐渡	遠国	17	34	49	

表15 『延喜式』にみえる諸国と都との往来日数

なので、徒歩で移動したことがわかる。

　仮にこの一行が、大宰府を経由したと仮定すると、宇佐〜大宰府〜平城京間、約七七〇キロメートル、一日約二五・七キロメートルとなり、令の規定とほぼ同じ速度で移動していたことになる。なお、宇佐八幡出発から六日目の一一月二四日には、都から石川年足(いしかわのとしたり)らが神迎使(かみをむかうるつかい)として派遣されていることから、八幡大神出発のニュースは、一行とは別に駅馬(えきば)を利用して逓送(ていそう)され、広嗣(ひろつぐ)の乱を告げる使者と同様の速度で都へ向かったということがわかる。

　菅原道真の漢詩集『菅家文草(かんけぶんそう)』の中には、道真が讃岐国司だったころの詩が多数、掲載されている。讃岐国司道真は仁和三年（八八七）秋に休暇をとって平安京のわが家に戻り、年を越してから讃岐に帰任する。その時、明石駅家で「駅楼の壁に題す」という詩を詠んだ。詩の中には、京の家を離れて四日で明石駅家に至ったとある。平安京と明石駅家の間には、山埼・草野・葦屋・須磨の四駅があり、距離は約七五キロメートル。一日に約二〇キロメートル進んでいた計算となる。

　なお、明石駅家は道真の漢詩にもう一度、登場する。平安時代後期に成立した歴史物語である『大鏡(おおかがみ)』には昌泰四年（九〇一）、大宰権帥(だざいのごんのそち)として山陽道を下る道真と明石駅家の駅長とのやりとりがみえる。政権の中枢を担っていた道真が、大宰府へ転任させられることを聞いて驚く駅長。それに対し、驚いてはいけない、人生にはさまざまなことがあるものだと諭す道真。道真と明石駅家の駅長は、讃岐国司として京と讃岐との往来を重ねるうちに親しくなったのだろう。古代の駅にも、多くのドラマがあったようだ。

過酷な公民の旅

律令国家は成人男子に対し、九州防衛の防人（さきもり）、都を警護する衛士（えじ）などの兵役（「軍防令（ぐんぼうりょう）」）、都への税の運搬や宮殿や寺院の造営など都で行われる土木工事への参加（「賦役令（ぶやくりょう）」）などの労役を課しており、それによって多くの公民が自ら住む土地と都との間を往来させられた。

こうした地方から都へと向かう公民の旅は過酷だった。『続日本紀』和銅五年（七一二）一月一六日条には、平城京の造営に駆り出された人々が帰り道で食糧がなくなり、飢え死にしていることがしばしばあるので、国司は彼らを救済せよと、天皇が命じている。また、死亡した者については埋葬し、姓名を本籍地の国郡司に報告せよ、とある。普段は、行き倒れの死体は埋葬すらされていなかったのである。養老四年（七二〇）三月一七日には、調・庸を運ぶ者の復路の食糧を、旅程に応じて都で支給することとなった。つまり、それ以前は往路分のみの支給であり、復路は自前で準備せねばならなかったことがわかる。

往復の食糧が支給され地方と都を行き交う公民の苦労はかなり軽減しただろうが、天平宝字元年（七五七）一〇月六日と同三年五月九日、延暦二四年（八〇五）四月四日には、再びこうした人々の帰郷時の食糧問題が天皇によりとりあげられ、諸国の官司に旅行者保護が命じられている。このような命令が再三出されていることからすると、旅行者の食糧問題は一向に改善されず、都から帰る民は餓えに苦しむ命がけの旅を続けていたことがわかる。

一方、多くの民を都へと集めたのは、天皇の住む都のすばらしさを多くの人にみせて、その壮麗さと文化の高さをもって国家権力の強さを認識させようとしたからだと考えられる。過酷な旅を終え、無事、故郷にたどり着いた人々は、こうした都の姿を人々へ語ったのであろう。これも、国家支配のための情報戦略のひとつであるといえよう。

意外と遅い海上交通

ついでに海路の規定についてもみておこう。『延喜式』では、海路の日程についての定めもある。それによると大宰府から都までは三〇日である。時代はさかのぼるが、斉明五年（六五九）七月三日に難波の三浦津（大阪市住吉区）を出航した遣唐使は、八月一一日に那津（博多港）を出発している。また、斉明七年に筑紫に向かった斉明天皇は、一月六日に難波津を出航、八日に邑久の海（岡山県邑久郡沖）を通過し、一四日に熟田津（愛媛県松山市）に到着し、そこでしばらく滞在した後、那津には三月二五日に到着している。

『万葉集』巻一五には、天平八年（七三六）六月に難波を出発した遣新羅使の歌が残されているが、それをたどると、使節は備後国水調郡長井浦（広島県三原市糸崎港）、安芸国豊田郡風速浦（広島県竹原市の西）、安芸国安芸郡長門島（広島県倉橋島）、周防国熊毛郡熊毛浦などに停泊、周防国佐婆海で漂流し豊前国下毛郡分間浦（大分県中津市）に到着、七月初旬に大宰府に到着している。その間、約一カ月（図26）。

長門島が熟田津の対岸に位置することから考

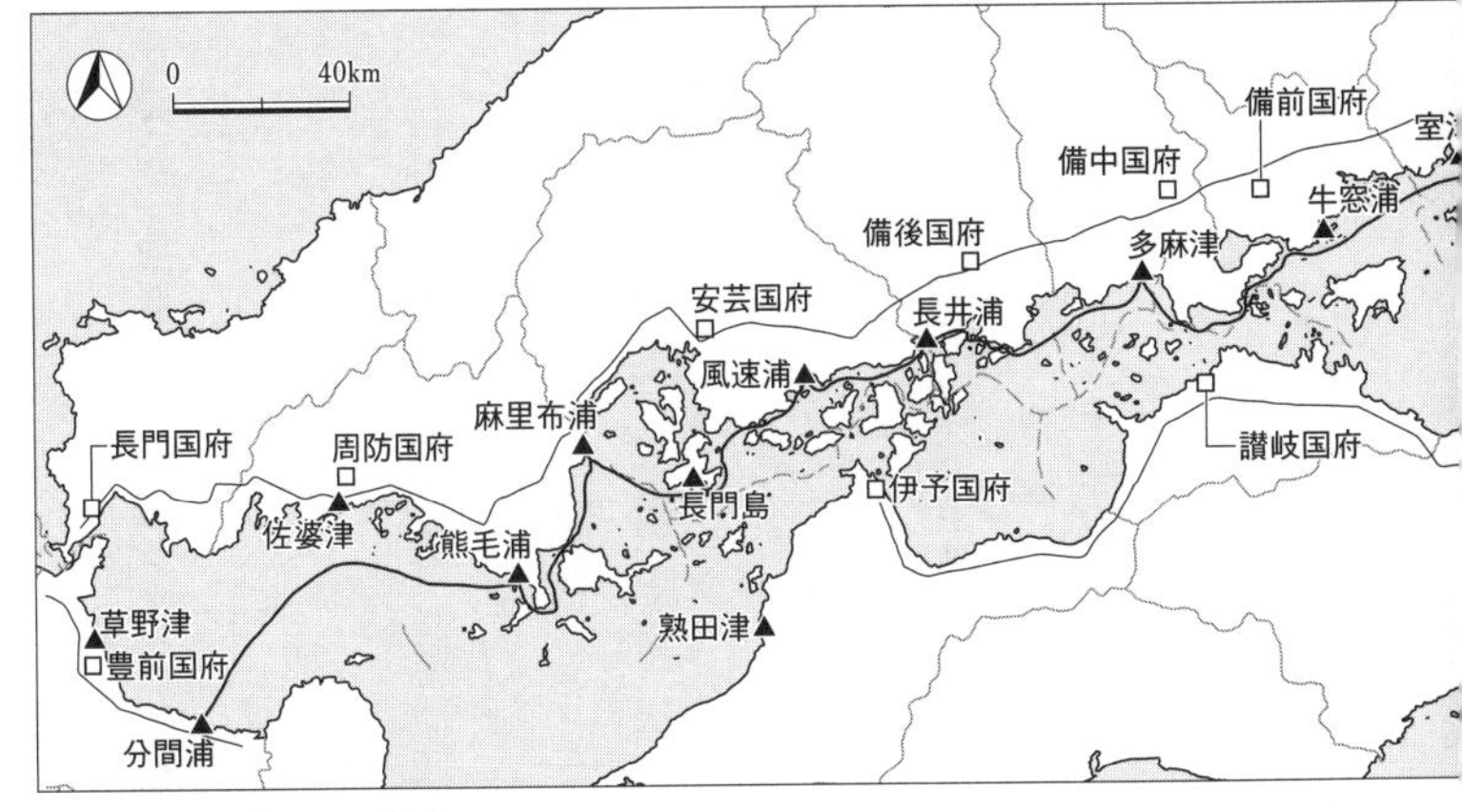

図26　瀬戸内海の港と航路
瀬戸内海の海上交通は奈良時代においても重要な交通路として利用されていた。律令の規定は陸路の利用を基本としていたが、律令の規定が遵守されていた奈良時代の初めであっても、平城京と大宰府間の官人の赴任や離任には海路が使われていたことがわかる。

えると、出航後、条件さえ良ければ九日程度で長門島に到着できたと考えられ、その後、漂流するが、通常ならば、あと四～五回の停泊を重ね、那津に到着することができたと考えられる。しかし、この時の使節もそうであったように、船を利用するには風待ちなどの航海条件が整うのを待つ時間をみこんでおかなければならない。『延喜式』の一カ月は、実態を勘案して定められたと考えられる。

コラム　律令制の情報システム2　文書主義

律令国家は中国にならって徹底した文書主義をとった。公の情報は口頭ではなく文書で発出されることになっており、その様式も細かく規定されていた。『養老律令』「公式令」には、飛駅（ひえき）による勅命の下達と、地方から中央への報告である上奏それぞれの公文書の書式が定められている。まず下達の書式であるが、次のようになっている。

勅す（国司の官位と姓名）（勅命の内容）勅到らば奉（たてまつ）り行へ。
　年　月　日　時刻
（駅使に与えられる駅鈴の刻みの数）

それに対し、上奏の書式は、

（国の名前）の国の司謹（かしこ）み奏（もう）す。
（上奏の内容）謹以（かしこみかしこ）みも申（もう）聞したまふと謹み奏す。

年　月　日　（国司の官位と姓名）上る。
（駅使に与えられる駅鈴の刻みの数）

である。必要な情報を簡潔に余すことなく書く書式とされている。ここまでみてきた『続日本紀』の記事も、こうした中央と地方とのやりとりの文書をもとに書かれたものであり、本来ならば文書発出日と到着日との関係がわかっていたものが、『続日本紀』編纂時に採録されず、あいまいになってしまったのである。

それはさておき、国家の徹底的な文書主義は、各地に文字を確実に浸透させた。地方の役所に直接雇用された役人が書いたと考えられる木簡などの史料も各地で多数みつかっている。国府か

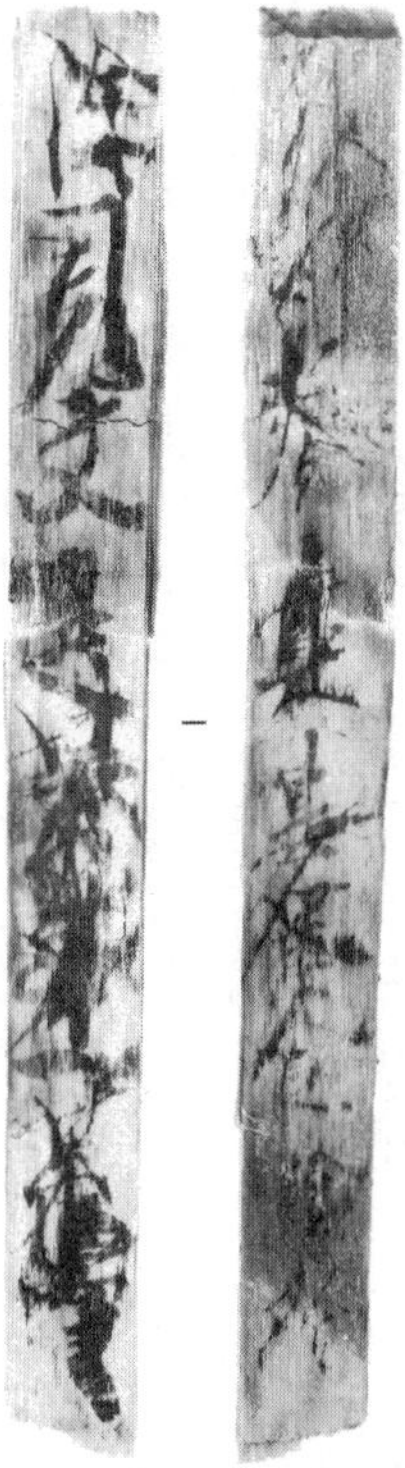

写真19　手習いのために書かれたと考えられる木簡
書かれた文字から官人になる時の試験問題によく出てくる『文選』という書物の文字を書き写したと考えられる。『文選』を書き写した木簡は平城京だけではなく、秋田城でも出土している。古代も今も、人々は一所懸命、受験勉強に励んでいたようである。（写真・奈良文化財研究所提供）

ら送られてきた文書を郡衙で書き写し、郡衙から国府や都へ送るために書かれたものもある。

地方の役人も文字を理解し、定められた様式で作文する能力を持っていた。日本人がどのようにして文字を学んだかは定かでないが、古代の集落からも手習いのために書かれたと考えられる、同じ文字を繰り返し書いた土器や木簡が出土する。これらの遺物から官人になるために文字を自習する人がたくさんいたことがわかる（写真19）。

役人にとっての文字とは自らの意思を伝えるものではなく、行政文書を書くための技術であった。令によって様式が定められた行政文書は、「お国訛り」という言葉の違いを越えて全国で通用する情報伝達の手段になったのである。律令国家が定めた文書は「話し言葉」をそのまま文字にしたものではなく、言葉とは違う情報伝達方法として全国に定着したのであった。話し言葉が全く違っても、文字にすればお互いに意思の確認ができるという日本社会は、律令国家の徹底した文書主義が生み出したものであった。

第2章　情報を求める人々

1　律令制下の私的情報

公的な情報の伝達

まず律令制下における公的な情報について整理しておこう。

中央から地方への情報伝達は、基本的には上意下達方式をとっていた。天皇の命令や政府の決定は文書化され、全国七つの地域（東海道、東山道、北陸道、山陰道、山陽道、南海道、西海道）に向けて七通、発出される。文書は、その内容が急を要するものであれば駅使が届けたが、そうでない場合は伝馬を用いる伝使が届けた。しかし、奈良時代後半以降は、内容のいかんを問わずに駅使が運ぶようになる。

また文書は、それぞれの地域のうち最も近い国、たとえば山陽道であれば、播磨国府に届けられた。この文書を受け取った国司は、文書を書き写した後に原本を郡司に命じて、隣の国に届けさせた。つまり近い国から遠い国へと、リレー方式で情報伝達がなされたのである。では、国司のもとに届けられた命令は、国内ではどのように広められるのか。これは、国司が郡司を国府に呼び集めて、それを文書と口頭で伝達し、郡司は郡の役人を管内の村に派遣し牓示（高札）と口頭伝達によって命令を伝えたのであった（一七六頁「コラム　文章と口頭による伝達　加賀郡牓示札」参照）。

都と地方との新たな関係

律令制成立以前の地域の情報の多くは、各地の豪族と天皇家や近畿の有力豪族のつながりによってもたらされていた。それが、律令制の導入によって情報伝達システムが制度化され、統治のために必要な情報が律令法で規定された方法で中央に集まることになった。それによって、近畿の有力豪族は、情報の担い手としての役割の多くを失った。

しかし、有力豪族たちは情報から隔離されたわけではなく、官人という職務上、これまで以上に広い範囲からの、より多くの情報に接することができた。また、国司として赴任地に下向すれば、直接、地方に入り込むことで地方の人々と新たな関係を築くこともできたし、巡察使になればさまざまな地域を自分の目でみることができた。

それに加え、律令国家は、理念上は王土王民、つまりすべての民と土地を天皇のものと位置づけたが、現実には中央の有力貴族や寺社は、私的な土地所有を認められていた（近年の研究では、公民に班給された口分田が私地として扱われていたと理解されている）。封戸（官位や功績に対して、俸禄として与えられた戸で、租税が収入となる）がそれであり、その経営をつうじて中央の有力者と封戸の経営や管理を行った地方の有力者との間に私的なつながりがあった。

こうした中央の有力者と地方の有力者との私的なつながりは、奈良時代中ごろから本格化する新田開発によって拡大していく。律令国家は経済基盤の拡大を目指し、養老七年（七二三）にいわゆる三世一身法（さんぜいっしんのほう）を施行し、天平一五年（七四三）には墾田永年私財法を施行する。これらの法が施行された背景や目的には諸説あるが、こうした一連の耕地拡大政策を受けて、中央の有力者は豊富な自己資産を元手に開発領主として地方へ進出していくことになる。

同時に中央の有力者は、地方に置かれた所領の管理をつうじて地方の有力者との結びつきを強め、やがてそれは私的な主従関係へと発展する。たとえば、東大寺は越前国に所領を持っており、『東大寺東南院文書』には東大寺と越前国の東大寺領荘園の現地管理責任者との間に交わされた文書がいくつか残っている。中央の有力者にとっては、自らの経済基盤の拡大と安定のため、地方の有力者にとっては、中央政権とのパイプを得るとともに地方における自らの権益を守るため、両者の利害関係は一致していたのである。

都と地方との伝統的なつながり

律令制成立以前には、近畿の豪族をつうじて王権に奉仕する中小豪族が各地にいた。こうした中央の有力豪族と地方の有力者との私的なつながりは奈良時代も温存されていた。たとえば、常陸国香島社（鹿島神宮）は七世紀中ごろには中臣氏との深いかかわりを持っており、それをきっかけに中臣鎌足を始祖とする藤原氏の氏神とされた。奈良の春日山の麓にある春日大社は、奈良時代に藤原氏が香島社の分霊を祀ったものである。

奈良時代の政治において絶大な力を持っていた藤原氏の氏神になったことによって、香島社はさまざまな優遇を受ける。国家の正式な使者が定期的に派遣され、また、多くの神戸（かんべ）が与えられるなど、国家の公的な祭祀の対象にもされた。藤原氏に限らず、こうした伝統的な地方とのつながりを大伴（おおとも）氏や紀（き）氏をはじめとする有力貴族たちは代々受け継いでおり、その関係は奈良時代でも温存されていた。このことは、中央の有力者の地方との私的関係が国家に公認され、公的なものとされる場合もあったことを示している。

このように、中央の有力貴族と地方の有力者の関係によって、律令国家が統治に必要として求めたもの以外の情報も行き来していた。そして、こうした私的な交流に関する中央への報告義務は、律令の中には認められない。何かと規制の多い律令制度下でも、私的な交流についての規制は強くなかった。

大伴家持の手紙

中央と地方との間を往来した公的な使者は、公の情報だけでなく私の情報も運んだ。『万葉集』から、越中守として越中国に赴任した大伴家持と平城京にいた妻、坂上大嬢（だいじょう）や越前国に赴任していた同族の大伴池主（いけぬし）らとの間で歌や手紙のやりとりがあったことがわかる。家持の越中守着任（天平一八年〈七四六〉八月）から離任（天平勝宝三年〈七五一〉七月）までの五年間のうち、『万葉集』に採録されるような歌のやりとりが越中国外とのものだけで二〇回くらいあった。

この数が多いのか少ないのかはにわかに判断しがたいが、いずれにせよ私信の往来がそれなりにあったといえるだろう。また、家持が大伴池主に送った歌の中には、歌の左註に公用の使者に託した歌と記されるものもあり、公用の使者に私信を託すことがあったこともわかる。

また、国司は、国司の離着任の時はもちろん、遠方から客が尋ねてきた時、花鳥風月を愛でるためなど、さまざまな理由で宴を催した。こうした宴の場は情報交換の場でもあった。『万葉集』では、越中守家持が参加した宴だけでも二五回以上確認できる。このうち一〇回ほどは、都からの使者の饗応か、越中国から都へ行く使者への餞の宴である。家持は、都にいる一族に自らの消息を告げるようこうした使者に依頼したこともあったのであろう。律令国家の整えた通信システムは公の情報とともに、私的な情報も運んだのである。

私の情報の担い手

公の通信に託すことなく、個人的に使者を立てて情報交換を行うこともあったようである。先に紹介した『万葉集』にみえる「鈴懸けぬ駅馬」(巻一八―四一一〇)とは、正式な使者の証である駅鈴を懸けない早馬のことを指し、私的な使者の到来のことを示すと考えられる。このように、奈良時代における私的な情報伝達は、公の使者に託する方法と、私に使者を立てる方法とがあった。

事実、「雑令」にも、私の旅行者が駅家を利用する場合の規定があり、食事は支給されないが村里がない場所であって、官位や勲位があれば駅家に宿泊できることになっていた。

では、こうした私的な情報伝達の担い手にはどんな人がいただろうか。奈良時代には行基に代表されるように、畿内を中心に教団を率いて布教や社会福祉事業、土木事業を行った者もいた。僧侶とそれに率いられた教団も情報を運んだと考えられる。また、奈良時代には税の輸送などに携わる輸送業者もいた。『続日本紀』霊亀元年（七一五）五月一四日条には、瀬戸内海の海上輸送に携わる民がいたことが確認され、天平勝宝八年（七五六）には山陽道と南海道の白米は、船で輸送するよう規定された。こうした瀬戸内海の海運業者も情報伝達の担い手になったと考えられる。

陸上輸送業者も、『続日本後紀』承和一二年（八四五）正月二五日条に美濃国によって駅馬の不正利用が訴えられていることから、遅くとも平安時代の初めには現れていたことがわかる。駅制が衰退へ向かうのに対し、こうした輸送に携わる業者は増加の一途をたどったようで、こうした者たちが情報伝達の担い手にもなっていった。

2 奈良の都の情報収集

古代の世論調査

律令国家は、その意思決定に際し原則として太政官の合議によって方針を定め、天皇の裁可を仰ぐという形式を執っていた。しかし、国家の重大事項の決定にあたって太政官で意見が対立した時に、世論調査を行って幅広い意見を求めたことがあった。

天平一六年（七四四）閏正月一日。聖武天皇は恭仁（くに）宮の朝堂に集まった百官に対して恭仁京と難波京のどちらが都にふさわしいか意見を求めた。その結果、恭仁京がよいとするものは、五位以上が二四名、六位以下が一五七名。難波京がよいとするものは、五位以上が二三名、六位以下が一三

○名。同様の調査は、閏正月四日に恭仁京の市に高級官人を派遣して行われた。当時の市は、都に住む人だけでなく、地方から都に来ている人など、多くの人々が集まっていたので、幅広い意見を集めるには恰好の場所であった。その結果は、大多数が恭仁京を支持、難波京、平城京を支持したのは一名ずつ。多くの民は遷都を望んでいなかった。

しかし、どういうわけか天皇は閏正月一一日に難波宮へ行幸する。二月一日には恭仁宮から駅鈴と内外印を取り寄せ、そのまま難波に滞在する気配をみせる。その後は和泉宮や紫香楽宮への行幸を繰り返すが、二月二六日に難波遷都を宣言する。先の世論調査の結果は全く無視された。しかし、翌一七年正月には、紫香楽宮を宮と定める。世論を無視して繰り返される遷都に人々は疲れ果てていた。遷都直後の四月にはわずか一一日の間に四回もの山火事が発生している。この不自然な山火事の発生は、遷都に反対する者のしわざと考えられており、聖武天皇もそれによって世論の不満を感じたようである。

天皇は五月に二度目の遷都に関する世論調査を行う。二日に太政官と諸司の官人に意見を聞いたところ、皆が口をそろえて平城京を支持した。四日には、平城京の薬師寺に僧を集め意見を聞いた。そこでも平城京が支持された。これによって、ようやく平城還都が決定する。僧は宗教者というだけでなく中国からもたらされた難しい経典を読み書きできるだけの知識をはじめ、医療などさまざまな知識を持つ、当時、第一級の知識人でもあった。現代にたとえるならば内閣総理大臣が有識者会議を設置し、首都移転問題について諮問したということになろう。

律令制では天皇が唯一無二の存在であり、天皇がさまざまな事柄に対する最終決定者であった。

そうしたことからも、聖武天皇が行った世論調査はきわめて異例である。しかし、現実的には天皇であっても、有力貴族の意向を無視できず、有力貴族も権力を維持するためには、他の官人たちの支持が必要だった。聖武天皇が世論調査を行ったころ、相次ぐ遷都により人心は動揺していた。それによって、政権を支える橘諸兄(たちばなのもろえ)に対する支持も揺らぎ、藤原仲麻呂が急激に力を高めていた時期でもあった。遷都をめぐる世論調査は、橘諸兄を首班とする現政権と光明皇后の庇護により台頭してきた新勢力、藤原仲麻呂による、世論の支持の獲得競争という意味合いもあった。

また、有力貴族は日常的に自らの与党獲得のために集会を開いていたことも知られる。たとえば長屋王邸では多くの官人が集まり宴席をもうけていたことが『懐風藻(かいふうそう)』から知れるし、『続日本紀』や『万葉集』からは橘奈良麻呂邸で反藤原仲麻呂グループが集っていたことが知られている。このような貴族同士の宴席は単に交流を深めるだけでなく、政治上の支持者獲得という意味合いが強かったことは明白である。

奈良時代社会においても、世論はそれなりに重要視されており、市井の声も政策決定に何らかの影響を与えたのであった。

情報を出世のネタに

長屋王、藤原仲麻呂の名が出たところで、ここからはこのふたりにまつわる事件を情報という観点から述べていくこととする。『続日本紀』には、実に多くの政争がみえる。本書の冒頭で述べた藤原広嗣の乱も政争のひとつだが、奈良時代の政争といえば誰しもが思い浮かべるのは、長屋王事件（神亀六年〈七二九〉）、橘奈良麻呂らによる謀反未遂事件（天平宝字元年〈七五七〉）、藤原仲麻呂の乱（天平宝字八年〈七六四〉）であろう。この三つの政争はともに密告、讒言により事件が表面化している。

　長屋王事件は藤原四兄弟との政治的対立が原因ともいわれるが、長屋王が罪を着せられたのは、左道（妖術）により国を傾けようとしているという密告からであった。密告者は漆部君足と中臣宮処東人。事件後、漆部君足は従七位下から外従五位下に、中臣宮処東人は無位から外従五位下に出世した。密告に対する報償であることは明らかである。漆部は漆器製作を職掌とする一族、中臣宮処氏は地方豪族であり、こうした者たちはよほどの才覚を持つか、コネクションがない限り外従五位下が最高位であった。長屋王に対する誣告によって、彼らはこれ以上ないという位階を得たのである。

　橘奈良麻呂事件でも密告者がふたりいた。ひとりは身内を追い落とすため、もうひとりは自らの出世のために、せっせと情報を集め、天皇や奈良麻呂の政敵である藤原仲麻呂に告げた。前者の密告者は山背王。奈良麻呂と大伴古慈斐が謀反を企てていると孝謙天皇に告げた。彼は長屋王の皇子のひとりで、事件発生時は従四位上。事件後に三階級特進して従三位。ちなみに王のふたりの兄、安宿王と黄文王は奈良麻呂の与党であり、安宿王は佐渡へ流罪に、黄文王に至っては奈良麻呂により皇位に擁立されようとしていたため、杖で何度も打たれるという拷問を受けたうえに死亡。山背王はふたりの兄を犠牲にして権力を手に入れた。

　後者の密告者は上道斐太都。奈良麻呂の謀反に加担していた小野東人から直接、謀反への加担を勧められたことを幸いに、藤原仲麻呂のもとに密告した。謀反に誘うぐらいだから、東人は彼を相当、信用していたのだろう。ちなみに小野東人は藤原広嗣の乱にも加担し杖刑のうえ、伊豆へ流罪となっている。彼は奈良麻呂の謀反に加担した罪により刑死するのであるが、生涯に二度も政権打倒のクーデターに参加したという珍しい人物である。

奈良麻呂謀反の噂はすでに多くの者の耳に入っていたようだが、決定的な証拠がつかめずにいた。また、天皇に伝えられた山背王の密告は、混乱を避けようとする孝謙天皇の配慮から、反仲麻呂グループに注意喚起をするだけにとどめられており、刑罰までには至っていない。そうした経過を知る斐太都は、奈良麻呂の政敵、藤原仲麻呂に密告したのである。

謀反決行の前に奈良麻呂一派を根絶やしにしたいとしていた仲麻呂は、その情報にすぐさま飛びつき、一味を一斉に逮捕した。斐太都はこの功績により従八位上から一気に一五階級特進し従四位下に叙せられた。上道氏は当時異例の出世を遂げていた吉備（下道）真備と同じ吉備出身の地方豪族である。彼が密告に及んだのは真備へのライバル心だったともいわれている。

仲麻呂の乱は情報戦

奈良時代最大の政争であり、かつ時の権力者が一気に奈落の底へとたたき落とされたという事件、藤原仲麻呂（恵美押勝）の乱も密告から始まる。仲麻呂謀反を告げたのは、仲麻呂の信頼が篤かった陰陽師の大津大浦。天平宝字八年（七六四）九月一一日のことであった。彼は乱の発生とともに正七位上から一〇階級特進して従四位上となる。

また、『日本書紀』の編纂者としても著名な舎人親王の孫、和気王も孝謙太上天皇に仲麻呂が軍備を整えていることを告げている。仲麻呂によって擁立された、時の淳仁天皇は舎人親王の子のひとりであり、仲麻呂の乱も淳仁天皇と仲麻呂、孝謙太上天皇と道鏡の対立によるものであった。ここでも、一族の中から対立する側に密告する者が現れる。和気王は、乱の鎮圧後に従四位上から三階級特進して従三位となった。

乱は密告があった九月一一日に、淳仁天皇の御所にあった駅鈴と内印（御璽）の争奪戦から始まる。このころは両派の政治的対立が極限にきており、いつ戦闘が勃発してもおかしくない状況であった。この争奪戦に敗れた仲麻呂は、この夜、近江に向けて逃走。一八日に近江国高嶋郡の琵琶湖のほとりで仲麻呂が斬殺されることによって乱は幕を閉じる。

この戦乱の最大の特徴は、双方ともに官人に命令を下す権限を持っていたことである。孝謙太上天皇は太上天皇の立場で勅という命令を、仲麻呂は太政官の命令書である太政官符を太政官の筆頭という立場で発出することができた。律令制では、このふたつの文書はともに正式な命令書である。つまり、双方ともに律令の規定によって諸国の兵を集めることができたのである。しかし、戦闘はわずか八日であっけなく決着する。それは、両軍のスピードが明暗を分けたのだった。

仲麻呂謀反を知った孝謙太上天皇側は、その日（九月一一日）のうちにすぐさま仲麻呂の官位を剝奪するとともに三関の警備を厳重にせよとの使いを出す。さらに、反仲麻呂派の主だった者を昇進させるとともに、この日の夜、近江へ逃走した仲麻呂を追撃する軍を即座に派兵した。翌一二日には、仲麻呂が発出した太政官符が無効であること、仲麻呂を捕らえた者には褒美を与えることを諸国に告げた。そして一二日にも、またその翌一三日にも立て続けに反仲麻呂派を昇進させた。これは、昇進という恩を与えることにより与党を固めるというねらいもあったのだが、位階を授けることは天皇だけが持つ権限であるので、自らの正当性を主張することでもあった。

仲麻呂追討軍を指揮した佐伯伊多智の進軍も凄まじかった。逃走する仲麻呂一行をいつの間にか追い抜き、先回りして東国への逃走経路となる勢多橋（大津市瀬田）を焼いた。それをみた仲麻呂は息子の辛加知が国司を務める越前国を目指すが、そのことはすでに織り込み済みだった。仲麻呂が高嶋郡で宿泊している間に、伊多智は越前国に到着し辛加知を斬り越前国を制圧した。

こうした太上天皇側の迅速さに比べ、仲麻呂は常に後手にまわった。仲麻呂は一二日の夜か一三日に同行した天武天皇の孫で、新田部親王の子、氷上塩焼（塩焼王）を即位させるとともに、そのことを太政官符に記して諸国に発出した。同時に、これまでの勅（孝謙太上天皇の勅）は無効であるので、これから出す勅を用いるよう命じた。つまり太政官符で新天皇の即位を周知し、新天皇の勅でこれまでの勅を取り消そうとしたのである。

しかし、時すでに遅し。太上天皇から昇進を受けた有力官人たちは仲麻呂追討へと向かっている。孤立した仲麻呂は近江国を出ることすらできず敗死する。

仲麻呂の乱は緊迫した政治状況の中、互いに仕掛けるタイミングを見計らい、先に謀反の情報を得た孝謙太上天皇側は、その後も先手をうち、時の権力者、仲麻呂を一気に転落へと追い込んだのである。古代の政争も現代さながらの情報戦という側面を持っていたのである。

なお、孝謙太上天皇側に立って見事な軍略を行ったのは、仲麻呂により冷遇された吉備真備であったといわれる。大宰大弐として怡土城（福岡県糸島市）の築城にあたるなど国防に関する経験も積んだ彼は、乱が発生した年には七〇歳で、造東大寺司として一四年ぶりに都での役職についていた。仲麻呂による彼への冷たい仕打ちが、学者であった彼を有能な軍略家として成長させたのだとすると何とも皮肉な話である。

馬を捜す

ここからは血なまぐさい政争の話から離れ、古代の捜索願いというべき木簡について述べることとする。平城宮の南面を東西に走る二条大路に面して宮に入るための門が三つ開いていた。その門のうち最も西側にある若犬養門の発掘調査でみつかった木簡の中に、馬が盗まれたので捜してほしいと書かれた木簡がある。

盗まれた人物は常陸国から都にやってきた公子部牛主。木簡の記述によると天平宝字八年（七六四）六月二七日の夜に、大学寮（宮近くの京内に置かれた官僚育成機関）の近くで盗まれたという。馬は鹿毛で、馬齢は八歳。後ろ足に特徴があり、もし馬をみつけたり、犯人を知っていたりするならば連絡がほしいと書かれている。この木簡の長さは七〇センチメートル、幅一二センチメートルほどと大きく、おそらく若犬養門の門前に立てられていたと考えられる。

また、同じく平城京の一条南大路と東三坊大路の交差点付近の側溝からは、迷子の馬を尋ねる木簡が出土している。木簡には片目と額が白いという馬の特徴、見失った時間と場所、飼い主の住所が書かれている。書かれている内容は、まるで現在の「迷い犬捜しています」といった貼り紙とそっくりである。この木簡は一メートル近い長さで木簡の先端をとがらせている。これはこの木簡を地面に突き刺していたことを示している。

このふたつの木簡に共通することは、まず人通りの多い大路の側溝から出土していること、木簡そのものが長大であること、そして馬を捜している人物の名前で広く情報提供を呼びかけていることである。このようにまるで現在のペット捜しのように、古代においても、人通りの多い道に情報を掲示し、多くの人から情報を求めようとしていたのである。

暴れ牛の飼い主を捜す

これもまた平城京から出土した木簡の話である。平城京の三条大路付近の東堀河から、ある人物を捜索するための木簡が出土した（写真20）。意訳を掲げよう。

往来の人々に告知する。黒毛の牛を捕捉したことについて。この牛は今月三日に捕らえた。特徴は左右の耳の下に□がふたつあり、足の色は白。［　　］へやってきてひどく□食い荒らしていた。是ゆえにこの牛を捕らえた。このことを知り、もし飼い主がいるならば、問所まで来るように。以上告知する。延暦六年十一月八日

※□［　］は判読不能

延暦六年（七八七）ということは、長岡京に遷都した後のものである。また「問所」とはどんな

施設か不明であるが、内容からして役所であることは間違いない。つまり、この木簡は、暴れ牛の飼い主を捜すために役所が立てたものと考えられる。

立て札を立てて大勢の人から情報を集めるという方法は、古代における正式な情報収集方法とされていたのである。

写真20　牛の飼い主を捜す木簡
右から順に上下につながる。(写真・奈良県立橿原考古学研究所提供)

コラム　民間の情報伝達　閻魔大王の使いの鬼を接待した話

平安時代前半に薬師寺の僧、景戒(けいかい)によって書かれた『日本国現報善悪霊異記(にほんこくげんぽうぜんあくりょういき)』（『日本霊異記』）には仏教にまつわる興味深い説話が多数掲載されている。その中の話のひとつに、閻魔大王の使いの鬼を接待した女の話がある。

讃岐国山田郡（香川県高松市の一部）に布敷臣衣女(ぬのしきのおみきぬめ)という人がいた。ある日、急病になった衣女は、山海の珍味をととのえて家の門の両側に置き、疫病神(やくびょうがみ)に贈り物をしてごちそうした。当時、病は疫病神がもたらすものと考えられており、それを接待することにより災いを取り除こうとしたのである。そこへ、閻魔大王の使いとして、衣女をあの世に召すために送られた鬼が来た。衣女を捜すのに疲れ果てていた鬼は、門前のごちそうをたいらげてしまった。

あの世に連れて行くことになっていた衣女から恩を受けた鬼は、衣女に同姓同名の者に心あたりはないかと尋ねた。衣女は、「この国の鵜垂(うたり)郡に同姓の衣女がおります」と答えた。鬼は山田郡の衣女を連れて鵜垂郡（丸亀市付近）の衣女の家へ行って鵜垂郡の衣女に対面すると、赤い袋から一尺の鑿(のみ)を出して額に打ち立てて、そのまま召し連れて行った。山田郡の衣女はこっそり家に帰った。

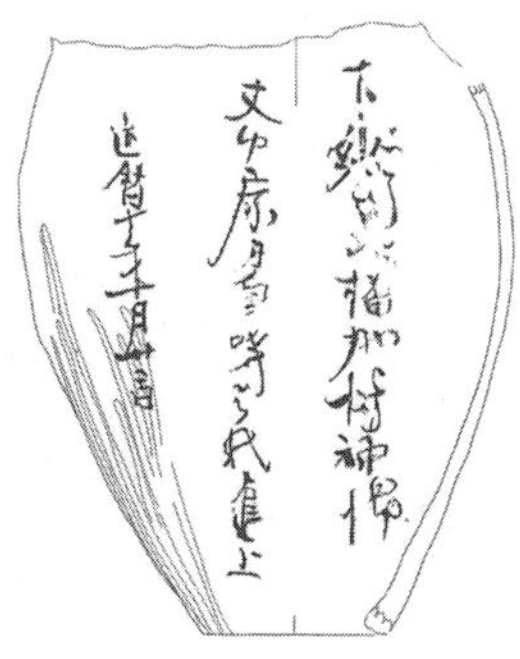

写真21　上谷遺跡（千葉県八千代市）出土墨書土器
「下総国印播郡村神郷　丈部□刀自咩召代進上　延暦十年十月廿二日」と書かれている。刀自咩があの世に召される代わりに壺と中身を差し上げますという意味と考えられる。（八千代市教育委員会所蔵）

閻魔大王は、連れてこられた衣女が自分が召した衣女と違うことを見破り、山田郡の衣女の魂を改めて召した。しかし、その時には鵜垂郡の衣女の肉体は火葬されていた。閻魔大王は山田郡の衣女の肉体に鵜垂郡の衣女の魂を還し、話は一件落着する。話の最後に景戒は、次のようにまとめている。

「このように、ごちそうを用意し、鬼に供え物をする功徳(くどく)は、決して空しいものではない。およそ財産がある者は、やはり供え物をし、ごちそうするがよい」

兵庫県朝来(あさご)市の柴(しば)遺跡からは「左方門立」と書かれた木簡が出土している。この木簡は『日本霊異記』の話と同様、鬼を接待するために門前にごちそうを供え、そのかたわらに立てたものと考えられている。また、千葉県八千代市上谷(かみや)遺跡からは、「召代(めししろ)」という文字と人名が書かれた墨書土器がまとまって出土している(写真21)。「召代」とは「身を(あの世に)召される代わり」を意味すると考えられ、土器に名を示した人物が鬼を接待するために用いた土器だと考えられる。讃岐国の話にみえるものと同様の祭祀が播磨国や下総国でも行われていたのである。

このような自らの命を永らえるための祭祀は、律令国家が行う正式な祭祀とは異なる民間信仰である。律令国家が求めた納税や労役のために、全国各地の人々が故郷を離れ、都へ向かった。そうした人たちは、都や旅の途中で見聞きしたことを、故郷へ伝えたのであろう。鬼を接待して寿命を延ばすという信仰も、こうした人々の往来により全国に広まったと考えられる。人の移動と同時に情報も各地に広まったのである。

第3章　情報伝達システムの崩壊

1　駅制の弛緩

毒殺された駅使

『日本後紀』延暦二四年（八〇五）一一月七日条は、奇妙な事件を伝えている。伊豆国掾（国司の三等官）正六位上の山田宿禰豊浜が駅使として都へ向かった時、伊勢国榎撫駅家（三重県桑名市）と朝明駅家（同四日市市）の間で、村人に湯を求めて飲んだ。さらに豊浜は、村人と酒を温めて飲んだが、その後、嘔吐し、従者は伊賀国との国境付近で死んだ。豊浜は毒酒を飲まされたことを知り、治療に努めたが、都に着いた後に死亡する。朝廷は、事件の調査のため官人を派遣したが、真相は解明できなかった。

なぜ、豊浜と従者は殺されたのか。榎撫駅家と朝明駅家の間は約一四キロメートル。駅使は駅家で接待を受けることができたのに、その途中で村人に湯と酒を求めるなど、到底、急いでいたとは思えない。憶測は広がるが殺害理由は謎である。奈良時代中ごろ以降は、緊急通信制度である駅制は弛緩し、駅馬の利用範囲、事由も次第に拡大していった。また、駅馬の不正利用や規定数以上の利用も横行し、そのことが駅家の経営にあたった駅子(えきし)に大きな負担を与え、彼らを逃亡へと追い込むのである。

駅制を利用できるのは、もともとは緊急の使者だけであった。それは、第1部第3章で述べたように、駅制という制度そのものが唐王朝が国内外の異変をいちはやく、皇帝のもとに知らせるためにつくりあげた制度を、ほぼそのまま移入したものであり、日本でも駅制が整えられたころは、唐や新羅との関係が緊張状態にあったからである。もし、異変が生じた場合は、駅使を急ぎ都へ走らせるために、その他の利用に関しては極力制限していたのである。しかし、周囲を海に囲まれた日本では、そうした緊急事態が発生することは稀であった。だからこそ、律令制を整える時点では、緊急事態以外の利用もある程度、想定されていた。

そして、奈良時代になると日本は国際的な緊張関係から解き放たれていく。新羅との関係は、次第に悪化していくものの、唐や新羅から攻められる危険性はほとんど感じられなくなっていくし、新羅からの使者も途絶えていく。そうなると、緊急通信用のためだけに駅路や駅家を維持し、駅馬を置いておく必要性が薄れ、段階的に緊急事態以外の利用、すなわちこれまで伝馬を利用していた官人たちの通常の往来にも、駅馬を利用するようになっていく。たとえるなら、これまでパトカーのような緊急車両としての利用が主であった駅馬が、通常の公用車のように利用されるようになっていたのである。緊急車両よりも通常の公用車の方が、利用頻度は高い。そのため、その維持や運転を行う駅子の業務は大幅に増加したのであった。

豊浜と従者はその行動からして全く急いでいた形跡がなく、通常の業務のために都へ向かった駅使であったと考えられる。もしかしたら、榎撫駅家と朝明駅家の間の村人は、これまでもこうした急がない駅使から接待を強要されるなどの被害を受けており、その仕返しとばかりに、豊浜らに毒入りの酒を飲ませたのかもしれない。

この記事は、単なる殺人事件を告げるだけではなく、駅制の弛緩と沿線住民の反発を告げているのである。

平将門の乱

天慶二年（九三九）に坂東で反乱を起こした平将門（たいらのまさかど）は翌三年二月一四日に藤原秀郷（ふじわらのひでさと）らによって討ち取られるが、「将門討ち取ったり」という情報が都へ到達したのは同月二五日のことである。将門の乱は、都の貴族たちをも震え上がらせた大事件であり、征討軍も組織されていたが、肝心の乱の終焉を告げる情報が都に届くまで一二日も要している。

将門が討ち取られたのは、彼の本拠地である下総国幸島（さしま）郡。都への第一報をもたらしたのは信濃国で、次いで二九日には常陸・下野・甲斐国からそれぞれ報告されている。将門を討ち取るというニュースの第一報は一五日午前に上野国に伝えられたようである。つまり第一報が上野国府に到達するまで二日を要しており、そこから信濃国に情報が伝えられた後、都へ伝達されたようである。

坂東全域を巻き込んだ争乱であり、坂東のすべての国府が将門軍に制圧され、国司が逃げ散ってしまっていたことが情報の遅れにもつながったようであるが、それでも上野国から都までの約四四〇キロメートル（東山道駅路を利用した場合の距離）を一一日も要したということは、乱による混乱というだけでは説明できず、緊急伝達システムそのものの機能が低下していたと考えられよう。どうやら、古代における情報伝達は奈良時代が速く、平安時代以降は次第に遅くなっているようである。その要因も駅制の弛緩にあった。

2　疲弊する駅子

駅家の生活

繰り返しになるが、奈良時代の初めは、駅制を利用できるのは緊急通信に限られていた。しかし、駅制を運用しているうちに駅馬を利用できる場合が増加し、さらに国司による監視の目が緩むと不正利用も横行することになる。それが駅制の根幹を担う駅子を疲弊させていった（表16）。

駅家の収入は駅起稲（えききとう）の運用益であるため、豊作、不作により年ごとに変動があるものの、大きく増加することは見込めない。一方、支出は駅馬の世話にかかる経常経費と駅使の往来に伴う食費等の経費、乗具などの備品の管理、修繕費。歳入はほぼ一定であるが、歳出は駅使の往来が盛んになればなるほど増加するというシステムである。また、駅子の労働も、駅馬の飼育と駅田（えきでん）の耕作という日常業務と、駅使への饗応、随行という臨時業務の大きくふたつからなっており、後者の業務量は駅使の往来頻度により大きく変動する。歳入と人員は固定化されているため、往来が増加するほど経営にあたる駅長や駅子の負担が増大するというシステムだった。

年			月	日	事項
大宝	2	702	2	13	大幣を班給するために駅馬を馳せて諸国の国造を召集し、入京させる。
養老	4	720	9	22	諸国から太政官に公文書を上申する際に、はじめて駅馬を利用させた。
	6	722	8	29	伊勢・志摩・尾張・参河・遠江・美濃・飛騨・若狭・越前・丹後・但馬・因幡・播磨・美作・備前・備中・淡路・阿波・讃岐などの諸国の国司は、これまで都に近いことから使者として上京する際に駅馬の利用が認められなかった。これを許したが、伊賀・近江・丹波・紀伊は許可しない。
天平宝字	元	757	5	8	駅路を利用しているすべての使者が駅家を利用しているが、これは駅子に苦労をかけるので、これからは令の規定どおりとする。
	2	758	8	1	伝駅戸などの今年の田租を免除。
天平神護	2	766	5	23	備前国藤野郡は土地が痩せていて貧しいのに山陽道の駅が通過しているため、使者の送迎で人々が苦しんでいる。他郡の郷を併合してほしいと上奏。
宝亀	元	770	5	4	国師が駅馬を利用し朝廷に参集することを許す。
延暦	5	786	9	21	畿内の駅子の逃亡が相次ぎ、その防止のために調を免じる。
	18	799	9	13	信濃阿智駅の駅子の調庸を免除。官道が難路のため。
大同	元	806	5	14	備後・安芸・周防・長門の駅は海外の使者の利用に備えて瓦葺き白壁としているが、最近は百姓が疲弊して修理ができない。また使節は海路を利用することがある。駅館は農閑期に修理するとともに、長門の駅は海からも見えるので特別の手当をせよ。
			6	1	西海道から京にのぼる使者が多いため沿線の人々は使者の送迎に忙殺され疲弊しているので、五位以上の官人の入京は任期が切れるまで認めないよう上奏。
弘仁	13	822	1	3	駅子は駅使の送迎に疲弊しているので、諸国の駅子に戸ごとに200束の稲を無利子で貸し付けるとともに、駅家の付近の好田を口分田として与えるように上奏。
承和	5	838	5	9	安芸国の駅路は険しく駅使の送迎にあたる11の駅家の駅子は疲弊しているため、利稲を駅子の食糧として与える。
	7	840	4	23	美濃は人材難のため、大井駅家は人・馬ともに疲弊し、駅館は倒壊。坂本駅家は駅子のほとんどが逃亡。国司が席田郡の国造を派遣したところ、逃亡民がもとにもどったので、臨時に駅吏に任命したいと上奏。
	12	845	1	25	鷹や馬などを貢上する使いの中には旧国司や浮浪人が起用され、彼らが駅馬を利用している。また、私的な荷物を駅子に運搬させるなど、不正を働いている。そのため、鷹や馬を貢上する使いや四度使を除く諸使には、身分の低い者の子弟をあてるよう上奏。

表16　拡大する駅家の利用と駅子の疲弊

『大宝律令』で駅制が規定されたころの駅子の業務量は、一般の農民の庸と雑徭、つまり日数に換算して年七〇日分の労働に相当する程度とされているが、駅家の利用頻度の増加によりそれを大きく上回っていく。

駅子の逃亡

『続日本紀』天平宝字元年（七五七）五月八日条には、次のような孝謙天皇の詔がみえる。

頃者、上下れる諸使、惣て駅家に附ること、理に於て穏にあらず。亦、駅子を苦めむ。今より以後、為に令に依るべし。

駅使以外の者の駅家の利用が常態化し、駅子が疲弊しているため、駅家の利用を規定どおりにせよという命令である。この記事から八世紀中ごろには駅家の利用がかなり拡大していたことがわかる。しかし、この詔の効果はあまりなかったようで駅子の疲弊を告げる記事は、この後、増加の一途をたどり、『続日本紀』延暦五年（七八六）九月二一日条には駅子が逃亡したという最初の記事が現れる。この記事は、先に紹介した摂津職和気清麻呂の上奏であり、畿内の駅子は、畿外の駅子よりも負担が大きいので、その分、調を免除するという対策がとられた。

あたり前の話であるが、たとえば都から周防国府に向かう駅使は山陽道駅路を周防国府まで利用するが、播磨国府へ向かう駅使は播磨国府以西の駅路を利用しない。つまり、都から各地域に向けて放射状に延びるという駅路の路線構成上、都に近い場所ほど往来頻度は高くなり、そのため駅子の負担も増加する。延暦五年に行われた畿内の駅子に対する調の免除は、そうした不均衡を税制上の優遇措置により解消しようとしたものであった。

しかし、駅子の疲弊は何も畿内に限った話ではなかった。その後も各地から駅子の疲弊を告げる上奏や駅子の逃亡の報告が行われている。

山陽道・西海道の駅子

外交窓口である大宰府と都とを結ぶ大路(たいろ)は、七道(しちどう)の中で最も重要とされた路線であり、その分、往来頻度も高かった。第2部第2章でみたように、この間の駅家は外国からの使節に備えて瓦葺き白壁としていたが、『日本後紀』大同元年(八〇六)五月一四日条から備後、安芸、周防、長門国の駅家は百姓の疲弊のために修理もままならない状況になっていたことがわかる。

また、同年六月一日に山陽道観察使(国司の仕事を監査するために派遣された高級官人)藤原園人(そのひと)は西海道の駅子が使者の往来に追われ疲弊していると報告している。そして、その対策として大宰府とその管内の国の五位以上の官人は、任期満了(通常は四年)まで入京を認めないよう上奏し、許可されている。

五位以上の官人に限定したのは、官位が高いほど利用できる駅馬の数が増え、随行する駅子の負担も増えるという理由がある。しかし、こうした上奏が行われた背景には、五位以上の官人が使者の派遣で済むような話であっても、何かと理由をつけて任地と都との間を自らが駅使として頻繁に往来していたという実態があったためと考えられる。おそらく彼らは都の動向をできるだけわが目で確かめ、政界の実力者と関係を結び、地方官としての任期満了後の出世に役立てるために足繁く都へと通ったのだろう。駅子にとっては、大変、迷惑な話である。

さらに、『続日本後紀』承和五年（八三八）五月九日には安芸国が駅子の疲弊を訴えている。安芸国の駅路は山がちであり、また駅使の往来も頻繁であるため、駅子の任務も他国の倍以上であるというのである。そのため、駅子救済のために食糧を支給したいと上奏し、許可されている。

これらの記事から、駅子を疲弊させている最も大きな要因は、駅使の往来頻度の激しさにあることがわかり、加えて往還する道の困難さがあげられる。

東山道の駅子

九世紀前半ごろには東山道でも駅子の疲弊が問題視されていた。『日本後紀』弘仁一三年（八二二）正月三日条には、東山道の駅子の悲惨な姿がみえる。天皇にこのことを上奏したのは、大納言正三位藤原緒嗣（おつぐ）。延暦二四年（八〇五）一二月七日に桓武天皇に対し、平安京の造営と蝦夷（えみし）戦争の中止を求めたエリートでありながら気骨のある人物で、終生、公民の立場に立った政治姿勢を貫いた人物であった。

緒嗣は、主に都を活躍の場としたが、ただ一度だけ地方官を務めたことがある。大同四年（八〇九）に陸奥出羽按察使（あぜち）として一年半、東北の地にいた。その時にみた駅子の姿を上奏し、彼らの救済を求めたのである。

緒嗣によると民衆にとって駅子ほどつらい仕事はないという。夏の暑い日でも、わが身からしたたり落ちる汗を啜り(すす)ながら長い坂道を登り、冬の寒い日は短い粗末な着物を着て氷を踏んで進み、自分の生業（口分田の耕作）を省みる暇はなく、ただ駅使の対応に追われているという。緒嗣は駅子の救済措置として、稲の無利子貸し付けと駅家付近の収穫量の高い田を口分田として駅子に与えることを上奏し、許可された。

一〇年以上前の話をなぜこの時に持ち出したのかは定かでないが、緒嗣の上奏は決して大げさなものではなかった。

『続日本後紀』承和七年（八四〇）四月二三日条によると、美濃国恵奈郡は郡司の人材不足のために郡内の行政に何かと不備があり、その結果、大井駅家では駅子、駅馬が疲弊し、駅家の舎屋は倒壊、坂本駅家では駅子のことごとくが逃亡したとある。また『類聚三代格』(るいじゅうさんだいきゃく)嘉祥三年（八五〇）五月二八日の官符によると、土岐駅家と坂本駅家のあたりは山がちで、駅使の往来も頻繁であるため、負担に耐えかねた駅子の逃亡がやまないとある。この記事からも、駅子の仕事が激務であったことが知られる。

さらに『続日本後紀』は、駅子を苦しめたもうひとつの要因についても記している。承和一二年（八四五）正月二五日条には、美濃国が駅馬の不正利用について上奏している。それによると、鷹や馬、熊の膏(あぶら)、昆布、砂金、薬草等（蝦夷との交易品で陸奥・出羽国から東山道を通って運ばれた）を貢上する使いの中には、交替した国司や浮浪人が輸送責任者として起用され、彼らが駅馬を利用し、公物だけでなく多数の私物の輸送のために駅子を脅して運搬させているとある。そして、このような強制労働をさせられた駅子の中には、事故や過労で死ぬ者もあるというのである。

このように、九世紀中ごろになると「厩牧令」の規定を明らかに無視した不正な駅馬の利用が東山道諸国で行われていたことがわかる。駅子の疲弊は、このような律令制度の形骸化により、一層、拍車がかかったのである。

3　駅制の崩壊

実態を偽る報告

駅馬の不正利用に代表されるような明らかな脱法行為は、駅制だけに限らなかった。たとえば、公民を把握するための戸籍は、奈良時代の後半には偽造されるようになり、平安時代の初めには更新されなくなる。延喜二年（九〇二）の「阿波国板野郡田上郷戸籍」には、四〇五名の名がみえるが、その内訳は女性が三五一名、六〇歳以上は男女合わせて二一一名を占めるのに対し、二一歳以上六〇歳の男子（正丁）は二七名。明らかにいびつな人口比になっている。

律令の規定では、庸・調・雑徭・兵役がともに課せられるのは正丁である。正丁が極端に少なく、逆に口分田は与えられるものの租のみを収めればよいとされている女性の人口が多いのは、税金逃れのための戸籍改竄であることは疑いない。こうしたことが公然と行われ、かつ明らかに怪しいながらも公文書として残っていること自体、律令で定めた情報収集とそのチェック機能が破綻していることを示している。

戸籍改竄が見逃されていた一〇世紀初めごろには、律令制度そのものがすでに形骸化していた。八世紀中ごろ以前、政府は多少の無駄があっても、律令の規定を遵守するという方針をとっていた。それが八世紀中ごろになると、実態に合わせ律令の運用の幅を広げるという方針に転換する。こうした転換は駅制にも影響を与えた。駅制は緊急通信制度である。しかし、せっかく造ったまっすぐな道路や駅家の利用を限定するよりも、幅広く利用する方が効率的であるという考えは律令制施行当初から少なからずあった。ここまでみてきたように、奈良時代の初めでも大伴旅人による駅使派遣のように、規定を拡大解釈した運用例がいくつか認められる。それが、法令遵守よりも実態重視となってくれば、駅制の運用の幅もさらに拡大するのは当然であった。

拡大し続ける駅家の利用、その一方で律令制定当時から何一つ変化のない駅家の経営方法。いくら駅子に税制上の優遇措置をとっても、救済のために米を貸し付けたり支給したりしても、制度そのものを見直さなければ、問題の根本は解決しない。駅家の利用の拡大は、そのまま駅制の崩壊につながり、律令国家の緊急通信制度も崩壊へと向かうのである。

中央集権体制の崩壊

わが国における中央集権体制の崩壊は一〇世紀中ごろ前後とされている。その要因はさまざまであるが、土地所有制度が大きく変化したことが最も大きい。中央集権を維持するためには、すべての公民と国土に関する情報を中央が正しく把握していることが基本となる。言い換えれば、それが不可能になった時、中央集権体制は瓦解するのである。

先にみたように一〇世紀の初めには戸籍の改竄が出現するなど、政府が公民を把握できなくなっていた。このことも実は、土地所有制度の変質と大きくかかわっている。律令による税制は、公民ひとりひとりを戸籍で把握し、性別や年齢に応じて課税や労役を課す、いわば人頭税であった。それが、政府が課した過大な労役や税負担に耐えられなくなり、公民が土地から逃げ出してしまうと人頭税というシステムでは、国家運営に必要な税収の確保が困難になる。

政府はこうした事態に対し確実に税を徴収するために国司を厳しく監察することとしたが、それだけでは十分ではなかった。そして、より納税の実効性を高めるために、国司の任期単位で一定の税を都に納めることを条件に、任国を自由に支配する権限を与えたのである。九世紀後半に成立した納税請負人としての国司を受領（ずりょう）という。

受領に任じられたのは国司の四等官のうち最上席にあたる守（かみ）であった（親王任国とされた上総・常陸・上野は介（すけ）が現地における最上席）。守は全責任を負うかわりに、幅広い権限を得た。奈良時代には、国司の国務を監察するための使者がしばしば中央から派遣されたが、それも廃止された。つまり、政府は地方を直接統治することを放棄し、受領にすべてを委ねたのである。国司の受領化に伴い、税制も人頭税から土地に応じて課税する地税へと変えられた。そうなると、政府としては課税対象となる土地さえ把握しておけば、戸籍により、公民を管理する必要性がなくなるのである。中央集権体制の柱である公民制は、これをもって崩壊する。

また、中央でさほど出世が望めない中・下級官人の中には、地方に土着し、中央の有力者とのつながりを持って地方で国司や郡司を凌ぐほどの大きな力を手に入れるようになる者も出る。そうなると、中央と地方との関係も、律令の規定にある中央―国司―郡司―郷の住民という公の関係から、国司や郡司が介在せずに地方の有力者が中央の有力者と直接、主従関係を結ぶという、私的なつながりへと変化していく。

これは、まさに律令体制そのものの崩壊ともいえ、中央から地方へ打ち込まれた国府や郡衙といった楔は消えてなくなり、中央集権の時代から地域の時代へと向かうのである。中央の命により置かれた駅家や駅路も、もちろん例外ではない。先にみたように、天慶三年（九四〇）の平将門敗死報告に要した時間は、奈良時代の情報伝達のスピードの半分にも満たない。一〇世紀中ごろには駅制そのものが形骸化していたのである。

駅家とともに駅制を支えた駅路も駅家と同じ運命をたどった。発掘調査によると駅路の多くは一〇世紀中ごろ前後に廃絶したり、道幅を大きく減じたり、完全に地域の道路網の中に埋没してしまっている。

律令国家が緊急通信のために設けた駅家と駅路は、それを生み出した律令制の崩壊と運命をともにしたのである。

コラム　情報伝達のスピード競争

圧倒的に速い旗振り通信

駅制による情報伝達スピードが電信機器が発達する以前において、どの程度のスピードであったかということを、後の時代の例と比較してみたい。

まず、圧倒的な速さを実現したのは、江戸時代後半から明治時代の初めにかけて、大阪の米相場の情報を伝える目的で始められた旗振り通信である。昼間は旗、夜間は松明（たいまつ）を用い、身体に対して旗をどの位置で振るか、また旗の角度や振る回数や順序によって相場の値段などを伝達した。旗を振る場所は見通しのよい山が選ばれ、送信側と受信側が相互にみえるようになっていた。旗振り場の相互の距離は、平均一二キロメートル。受信者は遠眼鏡（とおめがね）で送信者の信号を確認し、次の受信者に向けて発信するというリレー方式の伝達方法である。

通信速度は、大阪堂島から和歌山まで三分。広島まで二七分ほど。なんと時速約七三〇キロメートルという驚異的なスピードである。簡単かつ明快に整理された旗振りのルールと、熟練した通信士の存在、そして遠眼鏡という道具の使用によって達成された。

烽火のスピード

それに次ぐのが、烽火（のろし）による通信である。尾道青年会議所の実験によると二五〇キロメートルの距離の烽火リレーに一一八分かかったというのだから、時速は約一二七キロメートルとなる。ただしこの記録は、約八キロメートルごとに烽火を置いているので、もしそれが律令の規定どおり二〇キロメートルごとの烽火であったならば、烽火の数は半分以下の一二カ所で済むことになる。その場合、煙をあげる手間が半減するため、スピードも倍近くになった可能性があるが、一方、烽火間の距離が離れるほど、見落としや誤認といったリスクも高まる。

なお、こうした信号による情報伝達は、天候に左右されやすいという欠点があり、伝える情報量も限定される。さらに、熟練者が行わなければ確実性を保てないという難点もある。だからこそ、その使用目的も限定的であった。

では駅制のように人が情報を運ぶ場合の速度はどれくらいであったろうか。源頼朝は鎌倉と京都間の緊急連絡のために東海道沿道の荘園に伝馬の設置と食糧を供給することを定めたが、律令国家の駅伝制のような体系化されたシステムにはならなかった。戦国時代はシステムを整えて速やかな情報伝達を達成するよりも、交通と情報を管理・統制する方に主眼が置かれ、緊急の場合の情報伝達は身体能力に優れた使者を選ぶなど個人の能力によってスピードを速めたようである。

古代の駅制と同様の制度化された情報伝達システムが整備されるのは江戸時代をまたなければならない。

制度化された江戸時代の緊急通信

慶長六年(一六〇一)、徳川家康は江戸と京都とを結ぶ緊急通信システムの整備を行った。東海道五十三次の名でよく知られるように、沿道には約八キロメートルごとに宿場が設けられ、そこには伝馬や飛脚といった物流や通信を担う機能もあった。ただし、古代国家は駅路という全く新たな道路網を造りあげ、駅馬による情報伝達を基本としたのに対し、江戸時代の街道は既存の道路網をつなぎ合わせ整備し直したもので、飛脚による情報伝達を基本としたという大きな違いがある。

公用の通信を担った継飛脚(つぎひきゃく)は緊急の場合、江戸から京都間の五〇〇キロメートルを三日以内で駆け抜けたという。一日の走行距離は一八〇~二二〇キロメートル。緊急の駅使よりも速い。ただし、駅使は日中のみの移動であったのに対し、継飛脚は昼夜を問わず駆け抜けることになっており、「御用」と書かれた提灯を提げ、ふたり一組で宿場ごとに交替しながら、ひたすら目的地を目指した。

ただし、これはあくまでも幕府の公用に限られた話。それ以外の情報は最も速くとも、同じ区間を六日程度かけて走っていたようであり、走行距離は一日一〇〇キロメートル前後。駅制による情報伝達速度には及ばない。

古代の駅制にせよ、江戸時代の飛脚制度にせよ、速やかで確実な情報伝達を行う場合には、沿道にほぼ等間隔で中継地点となる場所を設けることが不可欠であった。いくら立派な道路を造ったとしても、情報を運ぶのは人である。つまり人を配置し、情報伝達にあたらせることができてはじめてスピーディーな情報伝達が可能になる。

言い換えるならば、全国に強い支配力を及ぼす政権なくして、全国的な緊急通信システムはできあがらない。古代の緊急通信システムは、律令国家の支配力の強さを示しているといえるのである。

エピローグ——律令国家の残照

情報を支配すること、それはいつの時代の為政者にとっても重要であった。しかし、それを全国的な規模で達成するのは簡単ではない。律令国家は一日一四〇キロメートル以上のスピードで情報を伝えることができるシステムを構築した。むしろ、こうしたシステムをつくりあげることができたからこそ、律令による中央集権国家が完成したとするのが適切であるかもしれない。

一〇世紀になると、徴税のために国司の権限を強化した反動として、地方が実利制を高めるとともに、中央と地方との間の情報の往来が緩慢になる。中央集権を維持するために必要最低限な公民、国土に関する情報も中央には行き届かなくなり、中央集権体制そのものが崩壊する。

そもそも情報とは、それを集めるために求める者が何らかの働きかけを行う必要があるものである。律令国家は制度を整えることにより、自然とそれが中央に集まるようにしていたのだが、制度の崩壊は中央から地方の情報を遠ざけた。中央からは地方へ必要な命令は下されるものの、地方からは、第3部第3章でふれた「阿波国板野郡田上郷戸籍」の例のように、あからさまな情報の改竄が行われたり、不都合な情報の隠蔽が行われるようになる。

しかし、それはあくまでも地方と中央間における律令で規定した情報についての話であり、当時の地方の有力者は皇族や中央の有力貴族、寺社などとの結びつきを強めるため、私的な情報交換はむしろこれまで以上に頻繁に行われたと考えられる。平将門も太政大臣藤原忠平と私的な主従関係を結んでおり、親族から訴えられた将門は忠平に太政官への取りなしを私信で頼んでいる。このような主従関係に基づく情報交換は、律令の規定による情報伝達システムに代わって、都と各地域との情報伝達の主流となっていく。律令制度の崩壊によって、情報伝達システムも律令以前の仕組みに戻ったのである。

繰り返しになるが、律令国家は緊迫する東アジア情勢に対応するために生み出されたものである。それは単に天皇を唯一無二の存在と位置づけただけではなく、中央や地方の有力者の既得権益を、制度的にも保障することによって成り立っていた。しかし、既得権益を保障しながらの中央集権制度には、制度を運用していく中で新たな既得権益を生み出すという性質もあった。たとえば高位者の子孫に対し、父祖である高位者の位階に応じて一定以上の位階を与えるという蔭位制は、特定の氏族の中で高位の官人を再生産するシステムであり、藤原氏に代表されるような有力氏族に多大なる利益を与え続けることになった。そして、官人としての給与も位階に応じて与えられるのだから、そうした氏族は新たな既得権益を積み重ねることができた。

一方、駅制がそうであったように、律令制の運用は時代を経るごとに変化しており、官人にとって便利な制度は拡大解釈され、本来の制度にはない利用がされていく。そうした運用が国家財政を支える公民を疲弊させ、やがて逃亡へと追いやってしまう。奈良時代中ごろからは、律令の理念を追求するよりも現状を追認するような政策がとられていくようになり、それが律令制の崩壊へとつながっていく。そして一〇世紀中ごろには、律令国家の地方支配の拠点である国府や郡衙も姿を消し、中央による地方の一元支配は、もはやかなわぬものとなる。

しかし、二〇〇年以上にわたって政権に携わってきた者はしたたかであった。中央の有力貴族は、中央集権体制に見切りをつけ、平将門や藤原秀郷に代表されるような地域勢力間の調停役としての役割を担うことによって自らの権威を保ち続けた。

また、律令国家がつくりあげた律令制に基づく位階や官職は、「権威」として奈良時代に定められたままの形で明治維新まで温存された。羽柴「筑前守」、真田「安房守」などといった官職も、実態はともあれ養老律令による官職である。このように、律令制は、実態を失いながらも永らく生き続けたのである。

主要参考文献

青木和夫『日本律令国家論攷』岩波書店　一九九二
青木和夫・稲岡耕二・笹山晴生・白藤禮幸『新日本古典文学大系　続日本紀』一～五　岩波書店　一九八九～一九九八
秋本吉徳『常陸国風土記　全訳注』講談社学術文庫　二〇〇一
足利健亮『日本古代地理研究』大明堂　一九八五
足利健亮『地図から読む歴史』講談社学術文庫　二〇一二
甘粕健他編『講座・日本技術の社会史六　土木』日本評論社　一九八四
甘粕健他編『講座・日本技術の社会史八　交通・運輸』日本評論社　一九八五
荒井秀規他『交通』東京堂出版　二〇〇一
池邊　彌『和名類聚抄郷名考證』吉川弘文館　一九六六
井上光貞・関晃・土田直鎮・青木和夫『日本思想大系　律令』岩波書店　一九七七
市大樹『すべての道は平城京(みやこ)へ』吉川弘文館　二〇一一
シンポジウム「古代国家とのろし」宇都宮市実行委員会他編『烽の道』青木書店　一九九七
江口桂編『考古調査ハンドブック一一　古代官衙』ニューサイエンス社　二〇一四
近江俊秀『古代国家と道路』青木書店　二〇〇六
近江俊秀『道路誕生』青木書店　二〇〇八
近江俊秀『道が語る日本古代史』朝日選書　二〇一二

近江俊秀『古代道路の謎』祥伝社新書　二〇一三
近江俊秀『日本の古代道路』角川選書　二〇一四
沖森拓也・佐藤信・矢嶋泉『出雲国風土記』山川出版社　二〇〇五
沖森拓也・佐藤信・矢嶋泉『播磨国風土記』山川出版社　二〇〇五
沖森拓也・佐藤信・矢嶋泉『豊後国風土記・肥前国風土記』山川出版社　二〇〇八
上高津貝塚ふるさと歴史の広場編『古代のみち　常陸を通る東海道駅路』二〇一三
岸俊男『日本古代政治史研究』塙書房　一九六六
岸本道昭『日本の遺跡一一　山陽道駅家跡』同成社　二〇〇六
川尻秋生『戦争の日本史四　平将門の乱』吉川弘文館　二〇〇七
川尻秋生『平安京遷都』岩波新書　二〇一一
木下良編『古代を考える　古代道路』吉川弘文館　一九九六
木下良『事典　日本古代の道と駅』吉川弘文館　二〇〇九
木下良『日本古代道路の復原的研究』吉川弘文館　二〇一三
木本雅康『歴史文化ライブラリー一〇八　古代の道路事情』吉川弘文館　二〇〇〇
木本雅康『日本史リブレット六九　遺跡からみた古代の駅家』山川出版社　二〇〇八
黒板勝美編『国史大系　交替式・弘仁式・延喜式　前編』吉川弘文館　一九八三
黒板勝美編『国史大系　延喜式　中編』吉川弘文館　一九八四
黒板勝美編『国史大系　延喜式　後編』吉川弘文館　一九八六
古代交通研究会編『日本古代道路事典』八木書店　二〇〇四

坂上康俊『平城京の時代』岩波新書　二〇一一
坂上康俊『律令国家の転換と「日本」』講談社学術文庫　二〇〇九
坂本太郎・家永三郎・井上光貞・大野晋『日本書紀』一〜五　岩波文庫　一九九四〜一九九五
笹山晴生『古代国家と軍隊』中公新書　一九七五
佐藤信『日本史リブレット八　古代の地方官衙と社会』山川出版社　二〇〇七
篠崎譲治『馬小屋の考古学』高志書院　二〇一〇
柴田昭彦『旗振り山』ナカニシヤ出版　二〇〇六
島方洸一他『地図でみる西日本の古代』平凡社　二〇〇九
島方洸一他『地図でみる東日本の古代』平凡社　二〇一二
鈴木靖民・荒井秀規編『古代東アジアの道路と交通』勉誠出版　二〇一一
高橋崇『人物叢書　坂上田村麻呂』吉川弘文館　一九五九
高橋美久二『古代交通の考古地理』大明堂　一九九五
竹内理三編『寧楽遺文』上　東京堂出版　一九六二
竹内理三他監修『日本歴史地図〈原始・古代編〉』上・下　柏書房　一九八二
武部健一『道Ⅰ』『道Ⅱ』法政大学出版局　二〇〇三
武部健一『完全踏査　古代の道』『完全踏査　続　古代の道』吉川弘文館　二〇〇四　二〇〇五
武部健一『道路の日本史』中公新書　二〇一五
舘野和己『日本古代の交通と社会』塙書房　一九九八
田名網宏『日本歴史叢書　古代の交通』吉川弘文館　一九六九

直木孝次郎『奈良時代の諸問題』塙書房　一九六八
永田英明『古代駅伝馬制度の研究』吉川弘文館　二〇〇四
中田祝夫解説『元和三年古活字版二十巻本　倭名類聚抄』勉誠社　一九七八
中田祝夫『日本古典文学全集六　日本霊異記』小学館　一九七五
中西進『万葉集』一〜四　講談社文庫　一九七八〜一九八三
中村太一『日本古代国家と計画道路』吉川弘文館　一九九六
中村太一『日本の古代道路を探す』平凡社新書　二〇〇〇
中村順昭『歴史文化ライブラリー　地方官人たちの古代史』吉川弘文館　二〇一四
奈良文化財研究所編『駅家と在地社会』奈良文化財研究所　二〇〇四
馬場基『歴史文化ライブラリー　平城京に暮らす』吉川弘文館　二〇一〇
平川南監修　石川県埋蔵文化財センター編『発見！　古代のお触れ書き』大修館書店　二〇〇一
平川南『東北「海道」の古代史』岩波書店　二〇一二
兵庫県立考古博物館編『古代官道　山陽道と駅家』兵庫県立考古博物館　二〇一四
藤岡謙二郎編『日本古代の交通路』一〜四　大明堂　一九七八〜一九七九
古瀬奈津子『摂関家政治』岩波新書　二〇一一
本多隆成『近世の東海道』清文堂出版　二〇一四
前田晴人『日本古代の道と衢』吉川弘文館　一九九六
松原弘宣『日本古代の交通と情報伝達』汲古書院　二〇〇九
松原弘宣編『古代王権と交流　瀬戸内海地域における交流の展開』名著出版　一九九五

松原弘宣　水本邦彦編『日本史における情報伝達』創風社出版　二〇一二
村尾次郎『人物叢書　桓武天皇』吉川弘文館　一九六三
森田悌『日本後紀　全現代語訳』上・中・下　講談社学術文庫　二〇〇六～二〇〇七
森田悌『続日本後紀　全現代語訳』上・下　講談社学術文庫　二〇一〇
彌永貞三『日本古代社会経済史研究』岩波書店　一九八〇
山中敏史『古代地方官衙遺跡の研究』塙書房　一九九四
※単行本のみを記載し、報告書、論文は割愛させていただいた。

『万葉集』の駅家関連の歌

中西進『万葉集』（講談社文庫）より抄出

1
五年戊辰、大宰少弐石川足人朝臣の遷任するに、筑前国の蘆城の駅家にして餞せる歌三首 五四九　天地の神も助けよ草枕旅ゆく君が家に至るまで 五五〇　大船の思ひたのみし君が去なばわれは恋ひむな直に逢ふまでに 五五一　大和路の島の浦廻に寄する波間も無けむわが恋ひまくは

2
大宰大監大伴宿禰百代等の駅使に贈れる歌二首 五六六　草枕旅行く君を愛しみ副ひてそ来し志賀の浜辺を 右の一首は大監大伴宿禰百代 五六七　周防なる磐国山を越えむ日は手向よくせよ荒しその道 右の一首は、少典山口忌寸若麿 以前に天平二年庚午の夏六月、帥大伴卿、忽ちに瘡を脚に生て、枕席に疾苦みき。これによりて駅を馳せて上奏し、望請はくは、庶弟稲公、姪胡麿に、遺言を語らむとすといへれば、右兵庫助大伴宿禰稲公、治部少丞大伴宿禰胡麿の両人に勅して、駅を給ひて発遣し、卿の病を省しむ。しかして数旬に逕りて、幸に平復するを得たり。時に稲公等、病既に癒えたるを以ちて、府を発ちて京に上る。ここに大監大伴宿禰百代、少典山口忌寸若麿、又、卿の男家持等、駅使を相送りて、共に夷守の駅に到り、聊か飲みて別を悲しび、すなはちこの歌を作れり。

大宰帥大伴卿の大納言に任けらえて京に臨入むとせし時に、府の官人等の卿を筑前国の蘆城の駅家にして餞せる歌四首

五六八　み崎廻の荒磯に寄する五百重波立ちても居てもわが思へる君

右の一首は、筑前掾 門部連石足

五六九　韓人の衣染むとふ紫の情に染みて思ほゆるかも

五七〇　大和へに君が立つ日の近づけば野に立つ鹿も響みてそ鳴く

右の二首は、大典麻田連陽春

五七一　月夜よし河音清けしいざここに行くも去かぬも遊びて帰かむ

右の一首は、防人佑 大伴四綱

敬みて熊凝の為に其の志を述べたる歌に和へたる六首幷せて序

大伴君熊凝は、肥後国益城郡の人なり。年十八歳にして、天平三年六月十七日に、相撲使 某国司官位姓名の従人と為り、京都に参向ふ。天なるかも、幸くあらず、路に在りて疾を獲、即ち安芸国佐伯郡の高庭の駅家にして身故りき。臨終らむとする時に、長嘆息きて曰はく「伝へ聞く『仮合の身は滅び易く、泡沫の命は駐め難し』と。所以、千聖も已に去り、百賢も留らず。況むや凡愚の微しき者の、何そ能く逃れ避らむ。ただ、我が老いたる親並に庵室に在す。我を待ちて日を過さば、おのづからに心を傷むる恨あらむ。我を望みて時に違はば、必ず明を喪ふ泣を致さむ。哀しきかも我が父、痛しきかも我が母。一の身の死に向ふ途を患へず、唯し二の親の生に在す苦しみを悲しぶ。今日長に別れなば、いづれの世にか覲ゆるを得む」といへり。乃ち歌六首を作りて死りぬ。その歌

に曰はく

八八六　うち日さす　宮へ上ると　たらちしや　母が手離れ　常知らぬ　国の奥処を　百重山　越えて過ぎ行き　何時しかも　京師を見むと　思ひつつ　語らひ居れど　己が身し　労しければ　玉桙の　道の隈廻に　草手折り　柴取り敷きて　床じもの　うち臥い伏して　思ひつつ　嘆き伏せらく　国に在らば　父とり見まし　家に在らば　母とり見まし　世間は　かくのみならし　犬じもの　道に臥してや　命過ぎなむ

八八七　たらちしの母が目見ずて欝しく何方向きてか吾が別るらむ

八八八　常知らぬ道の長手をくれくれと如何にか行かむ糧は無しに

八八九　家に在りて母がとり見ば慰むる心はあらまし死なば死ぬとも

八九〇　出でて行きし日を数へつつ今日今日と吾を待たすらむ父母らはも

八九一　一世には二遍見えぬ父母を置きてや長く吾が別れなむ

5

天平二年庚午に勅して擢駿馬使大伴道足宿禰を遣しし時の歌一首

九六二　奥山の磐に蘿むし恐くも問ひたまふかも思ひ堪へなくに

右は、勅使大伴道足宿禰を帥の家に饗す。此の日、会集せる衆諸の、駅使葛井連広成を相誘ひて「歌詞を作るべし」と言ふ。登時広成声に応へて、この歌を吟へり。

6

式部大輔　石上　堅魚朝臣の歌一首

一四七二　霍公鳥来鳴き響もす卯の花の共にや来しと問はましものを

右は、神亀五年戊辰に大宰帥大伴卿の妻大伴郎女、病に遇ひて長逝す。時に勅使式部大輔石上朝臣堅魚を大

7

宰府に遣して、喪を弔ひ幷せて物を賜へり。その事既に畢りて駅使と府の諸の卿大夫等と、共に記夷の城に登りて望遊せし日に、乃ちこの歌を作れり。

大宰の諸の卿大夫と官人等との筑前国の蘆城の駅家にして宴せる歌二首

一五三〇　女郎花秋萩まじる蘆城の野今日を始めて万代に見む

一五三一　珠匣蘆城の川を今日見ては万代までに忘らえめやも

右の二首は、作者いまだ詳らかならず。

8

二七四九　駅路に引舟渡し直乗に妹は心に乗りにけるかも

9

三四三九　鈴が音の早馬駅家のつつみ井の水をたまへな妹が直手よ

10

昔者壮士ありき。新たに婚礼を成せり。いまだ幾時も経ずして、忽ちに、駅使となり、遠き境に遣さゆ。公事に限有り。会期に日無し。ここに娘子、感慟き悽愴みて疾疢に沈み臥りき。年を累ねて後に、壮士還り来りて、覆命すこと既に了りぬ。すなはち詣りて相視るに、娘子の姿容の疲羸は甚く異に、言語は哽咽せり。時に壮士哀嘆びて涙を流し、歌を裁りて口号みき。その歌一首

三八〇四　かくのみにありけるものを猪名川の奥を深めてわが思へりける

11

射水郡の駅館の屋の柱に題著せる歌一首

四〇六五　朝びらき入江漕ぐなる梶の音のつばらつばらに吾家し思ほゆ

右の一首は、山上臣の作。名を審らかにせず。或は云はく、憶良大夫の男といへり。ただその正名はいまだ詳らかならず。

12

四一一〇　左夫流児が斎きし殿に鈴掛けぬ駅馬下れり里もとどろに

先の妻の、夫の君の喚使を待たずして、自ら来りし時に作れる歌一首

同じ月十七日に、大伴宿禰家持作れり。

13

更に来贈せる歌二首

駅使を迎ふる事に依りて、今月十五日、部下の加賀郡の境に到来る。面蔭に射水の郷を見、恋緒は深海の村に結ばゆ。身は胡馬に異れど、心は北風に悲しぶ。月に乗じて徘徊り、かつて為す所なし。稍く来封を開くに、その辞云々とあるは、先に奉る所の書の、返りて畏る、疑に度れるかと。僕嘱羅を作し、且使君を悩ます。それ、水を乞ひて酒を得るは、従来より能口なり。時を論じ理に合はば、何ぞ強吏と題さむや。尋ぎて針袋の詠を誦するに、詞の泉酌めども竭きず、膝を抱きて独り咲ひ、能く旅の愁を蠲く。陶然として日を遣り、何をか慮らむ、何をか思はむ。短筆不宣

勝宝元年十二月十五日、物を徴りし下司

謹上　不伏の使君　記室

別に奉る云々歌二首

四一三二　縦様にもかにも横様も奴とぞ吾はありける主の殿門に

四一三三　針袋これは賜りぬすり袋今は得てしか翁さびせむ

駅家名一覧

［凡例］

・駅家名の項目のアミカケは国府に隣接する駅家を指す。
・駅馬疋数は、『延喜式』による。
・駅郷の項目は『和名類聚抄』における「驛家」の有無を表し、○は郡内に１つのみ、●は複数の「驛家」があるもの。
・郡の項目の○は、郡名と合するもの。
・郷の項目の○は郷名と合致するもの、▲は郷名と駅家名が合致するが、駅家所在地に異説があるもの。
・備考欄では、『日本書紀』は「書紀」、『続日本紀』は「続紀」、『日本後紀』は「後紀」、『続日本後紀』は「続後紀」、『日本三代実録』は「実録」、『日本文徳天皇実録』は「文徳実録」と略した。出典のないものは『延喜式』による。「伊場木簡」「伊場遺跡墨書土器」は７世紀後半から８世紀前半、「坂尻遺跡墨書土器」は８世紀後半、「花岡木崎遺跡出土木簡」は８世紀末から９世紀初頭のもの。
・駅の位置の特定は木下良『事典　日本古代の道と駅』を参照した。そのため『和名類聚抄』で国内に同名の郡・郷があっても○が付いていないものもある。同名の他郷という扱いとした。
・史料の表記は、旧字・異体字は新字に改めた。

	行政区分	国名	駅家名	所在する郡	駅馬疋数	備考	駅郷	郡	郷
1	畿内	山城国	山埼	乙訓	20	「後紀」弘仁2年　嵯峨天皇が立ち寄る			○
2			山科	宇治		「後紀」延暦23年廃止			○
3			岡田	相楽		「続紀」和銅4年設置			
4			山本	綴喜		「続紀」和銅4年設置			○
5		大和国	迹見	城上		「書紀」天武8年			
6			平群	平群		日本霊異記		○	○
7			都亭	添上か		「続紀」和銅4年設置　平城京内駅			
8		河内国	楠葉	交野	7	「続紀」和銅4年設置			○
9			槻本	讃良	7				
10			津積	大県	7				○
11			宮池	志紀		「続紀」天平17年　聖武天皇宿泊			
12		和泉国	日部	大鳥	7				○
13			噴(オ)唹	日根	7				○
14		摂津国	草野	豊島	13		○		
15			須磨	八田部	13				
16			葦屋	兎原	12				▲
17			大原	嶋上		「続紀」和銅4年設置			
18			殖村	嶋下		「続紀」和銅4年設置			
19			(不明)	西成		「和名類聚抄」	○		
20	東海道	伊賀国	隠	名張		「書紀」天武元年		○	○
21			伊賀	伊賀		「書紀」天武元年		○	
22			新家	阿拝		「続紀」和銅4年設置			

	行政区分	国名	駅家名	所在する郡	駅馬疋数	備考	駅郷	郡	郷
23	東海道	伊勢国	鈴鹿	鈴鹿	20		○	○	
24			河曲	河曲	10		○	○	
25			朝明	朝明	10	延暦24年　太政官牒		○	
26			榎撫	桑名	10	「後紀」延暦24年			
27			市村	安濃	8		○		
28			飯高	飯高	8		○	○	
29			度会	度会	8		○	○	
30			壱志	一志		「権記」寛弘2年		○	
31		志摩国	鴨部	答志	4		●		
32			礒部	答志	4		●		
33		尾張国	馬津	海部	10				
34			新溝	愛智	10		○		
35			両村	山田	10		○		○
36		参河国	鳥捕	碧海	10	伊場木簡	○		
37			山綱	額田	10	伊場木簡	○		
38			渡津	宝飫	10		○		○
39			宮地	宝飫		伊場木簡			○
40		遠江国	猪鼻	浜名	10	「続後紀」承和10年再興	○		
41			栗原	敷智	10	伊場遺跡墨書土器	○		
42			[引]摩	磐田	10		○		
43			横尾	佐野	10		○		
44			初倉	蓁原	10		○		
45			板築	浜名？		「文徳実録」嘉祥3年			
46			日根	佐野？		坂尻遺跡墨書土器			○
47		駿河国	小川	益頭	10				○
48			横田	安倍	10				○
49			息津	廬原	10				○
50			[蒲]原	富士→廬原	10	「実録」貞観6年移転	○		○
51			長倉	駿河	10	「続後紀」承和7年　伊豆国へ移設			○
52			横走	駿河	20				○
53			柏原	駿河？		「実録」貞観6年廃止			○
54		甲斐国	水市	山梨	5				
55			河口	都留	5				
56			加吉	都留	5				
57		相摸国	坂本	足上	22		○		
58			小総	足下	12		○		
59			箕輪	大住	12		○		
60			浜田	高座	12		○		
61			夷参	高座		「続紀」宝亀2年			○
62		武蔵国	店屋	都築	10		○		○

	行政区分	国名	駅家名	所在する郡	駅馬疋数	備考	駅郷	郡	郷
63	東海道	武蔵国	小高	橘樹	10		○		
64			大井	荏原	10		○		
65			豊嶋	豊島	10	「続紀」神護景雲2年	○	○	
66			乗潴			「続紀」天平神護2年			
67		安房国	白浜	平群	5		●		○
68			川上	平群	5		●		○
69		上総国	大前	周淮	5				
70			藤潴	望陀	5				
71			嶋穴	海上	5				○
72			天羽	天羽	5			○	
73			大倉	市原		正倉院文書「上野国市原郡大倉駅家戸主……」			
74		下総国	井上	葛飾	10	「続紀」天平神護2年	○		
75			浮嶋	千葉	5	「続紀」天平神護2年			
76			河曲	千葉	5	「続紀」天平神護2年			
77			茜津	相馬	10				
78			於賦	相馬	10				▲
79			鳥取	印旛		「後紀」延暦24年廃止			
80			山方	埴生		「後紀」延暦24年廃止			○
81			荒海	香取		「後紀」延暦24年廃止			
82			真敷	香取		「後紀」延暦24年廃止			
83		常陸国	榛谷	信太	5		○		
84			安侯	茨城	2	「後紀」弘仁3年廃止			○
85			曾禰	茨城	5				
86			河内	茨城	2				
87			田後	久慈	2	「後紀」弘仁3年設置			
88			山田	久慈	2	「後紀」の小田駅家のことか			○
89			雄薩	久慈	2	「後紀」弘仁3年設置			
90			石橋	那賀		「後紀」弘仁3年廃止			
91			河内	那賀		「後紀」弘仁3年廃止			○
92			助川	久慈		「風土記」・「後紀」弘仁3年廃止			○
93			藻嶋	多珂		「風土記」・「後紀」弘仁3年廃止			○
94			棚嶋	多珂		「後紀」弘仁3年廃止			
95			榎浦津	信太		「風土記」			
96			板来	行方		「風土記」板来村に所在・「後紀」弘仁6年廃止			○
97			平津	那賀		「風土記」			
98			曾尼	行方		「風土記」曾尼村に所在			○
99			大神	新治		「風土記」			▲
100	東山道	近江国	勢多	栗太	30				○
101			岡田	甲賀	20				

	行政区分	国名	駅家名	所在する郡	駅馬定数	備考	駅郷	郡	郷
102	東山道	近江国	甲賀	甲賀	20			○	
103			篠原	野洲	15		○		○
104			清水	神埼	15		○		
105			鳥籠	犬上	15		○		
106			横川	坂田	15		○		
107			穴多	滋賀	5				
108			和爾	滋賀	7				
109			三尾	高島	7				○
110			鞆結	高島	9				○
111		美濃国	不破	不破	13		○	○	
112			大野	大野	6		○	○	
113			方県	方県	6		○	○	○
114			各務	各務	6		○	○	○
115			可児	可児	8		○	○	○
116			土岐	土岐	10		○	○	○
117			大井	恵奈	10				
118			坂本	恵奈	30	「続後紀」承和7年			○
119			武義	武芸	4			○	
120			加茂	加茂	4		○	○	
121			菅田	武義		「続紀」宝亀7年			○
122		飛騨国	下留	益田	5				
123			上留	益田	5				
124			石浦	大野	5				
125			伴有	益田		「続紀」宝亀7年			
126		信濃国	阿知	伊那	30				
127			育良	伊那	10				
128			賢錐	伊那	10				
129			宮田	伊那	10				
130			深沢	伊那	10				
131			覚志	筑摩	10				
132			錦織	筑摩	15				○
133			浦野	小県	15				
134			曰理	小県	10				
135			清水	佐久	10				
136			長倉	佐久	15				
137			麻続	更級	5				○
138			曰理	更級	5				
139			多古	水内	5				
140			沼辺	高井	5				
141		上野国	坂本	碓氷	15		●		○
142			野後	碓氷	10		●		○

	行政区分	国名	駅家名	所在する郡	駅馬疋数	備考	駅郷	郡	郷
143	東山道	上野国	群[馬]	群[馬]	10		○	○	○
144			佐位	佐位	10		○	○	○
145			新田	新田	10		○	○	○
146		下野国	足利	足利	10	「続紀」宝亀2年	○	○	
147			三鴨	都賀	10		●		
148			田部	都賀	10		●		
149			衣川	河内	10		○		○
150			新田	塩屋	10				
151			磐上	那須	10				○
152			黒川	那須	10				○
153		陸奥国	雄野	白河	10		●		○
154			松田	白河	10		●		○
155			磐瀬	磐瀬	10		○	○	○
156			葦屋	安積	10				○
157			安達	安達	10		●	○	○
158			湯日	安達	10		●		
159			岑越	信夫	10		●		○
160			伊達	信夫	10		●		○
161			篤借	刈田	10				○
162			柴田	柴田	10		●	○	○
163			小野	柴田	10		●		○
164			名取	名取	5		●	○	○
165			玉前	名取	5		●		○
166			栖屋	宮城	5				○
167			黒川	黒川	5		○	○	
168			色麻	色麻	5			○	○
169			玉造	玉造	5			○	○
170			栗原	栗原	5			○	○
171			磐井	磐井	5		○	○	○
172			白鳥	胆沢	5		●		○
173			胆沢	胆沢	5		●	○	
174			磐基	胆沢	5				
175			長有	白河	2	「後紀」弘仁2年設置	●		
176			高野	白河	2	「後紀」弘仁2年設置	●		○
177			嶺基	賀美		「続紀」天平宝字3年設置			
178		出羽国	最上	最上	15			○	○
179			村山	村山	10			○	○
180			野後	村山	10				
181			避翼	村山	12	「続紀」天平宝字3年設置			
182			佐芸	村山	4	船10隻			
183			遊佐	飽海	10				○

	行政区分	国名	駅家名	所在する郡	駅馬定数	備考	駅郷	郡	郷
184	東山道	出羽国	蚶方	飽海	12				
185			由理	河辺	12				
186			白谷	河辺	7				
187			飽海	飽海	10			○	○
188			秋田	秋田	10			○	
189			玉野	村山		「続紀」天平宝字3年設置			
190			平戈	村山		「続紀」天平宝字3年設置			
191			横河	雄勝		「続紀」天平宝字3年設置			
192			雄勝	山本か雄勝		「続紀」天平宝字3年設置		?	
193			助河	河辺		「続紀」天平宝字3年設置			
194	北陸道	若狭国	弥美	三方	5		●		○
195			濃飯	遠敷	5				
196			葦田	三方		平城京木簡	●		
197			玉置	遠敷		平城京木簡			○
198			野	遠敷		平城京木簡「濃飯駅」と同じか			○
199		越前国	松原	敦賀	8	延喜19年渤海使を安置（扶桑略紀）			
200			鹿蒜	敦賀	5				○
201			淑羅	敦賀	5				
202			丹生	丹生	5			○	○
203			朝津	丹生	5				○
204			阿味	今立	5				○
205			足羽	足羽	5			○	○
206			三尾	坂井	5				
207			桑原	坂井		「東南院文書」天平神護2年			
208		加賀国	朝倉	江沼	5				
209			潮津	江沼	5				
210			安宅	能美	5				
211			比楽	能美	5				
212			田上	加賀	5		●		○
213			深見	加賀	5	加賀郡牓示札に深見村	●		
214			横山	加賀	5		●		
215		能登国	撰才	能登	5				
216			越蘇	能登	5	「後紀」大同3年廃止			○
217			穴水	能登		「後紀」大同3年廃止			
218			三井	鳳至		「後紀」大同3年廃止			
219			大市	鳳至		「後紀」大同3年廃止			
220			待野	鳳至		「後紀」大同3年廃止			○
221			珠洲	珠洲		「後紀」大同3年廃止		○	
222		越中国	坂本	礪波	5				

	行政区分	国名	駅家名	所在する郡	駅馬定数	備考	駅郷	郡	郷
223	北陸道	越中国	川合	礪波	5				○
224			日理	射水	5				
225			白城	射水	5				
226			磐瀬	婦負	5				
227			水橋	新川	5				
228			布勢	新川	5				
229			佐味	新川	8				○
230		越後国	滄海	頸城	8				
231			鶉石	頸城	5				
232			名立	頸城	5				
233			水門	頸城	5				
234			佐味	頸城	5				○
235			三嶋	三島	5			○	○
236			多太	三島	5				
237			大家	古志	5				○
238			伊神	蒲原	2				
239			渡戸	古志		佐渡への水駅「大屋駅」と一体か			
240		佐渡国	松埼	羽茂	5				
241			三川	羽茂	5				
242			雑太	雑太	5			○	○
243	山陰道	丹波国	大枝	桑田	8				
244			野口	船井	8				○
245			小野	多紀	8				
246			長柄	多紀	8				
247			星角	氷上	8				
248			佐治	氷上	8				○
249			日出	氷上	5				
250			花浪	天田	5				
251		丹後国	勾金	与謝	5				
252		但馬国	粟鹿	朝来	8				○
253			郡[部]	養父	8				
254			養耆	養父	8				○
255			山前	出石か？	5		○		
256			面治	二方	8				
257			射添	七美	8		●		○
258			春野	七美	5		●		
259			高田	気多		正倉院鳥兜残欠「高田駅家戸主……」			○
260		因幡国	山埼	法美？	8				
261			佐尉	法美？	8				

	行政区分	国名	駅家名	所在する郡	駅馬定数	備考	駅郷	郡	郷
262	山陰道	因幡国	敷見	高草	8				
263			柏尾	気多	8				
264			莫男	八上		「後紀」大同3年			
265			道俣	智頭		「後紀」大同3年			
266		伯耆国	笏賀	河村	5				○
267			松原	久米	5				
268			清水	八橋	5				
269			和奈	汗入	5				○
270			相見	会見	5			○	○
271		出雲国	野城	能義	5	「風土記」		○	○
272			黒田	意宇	5	「風土記」　郡家と同じ場所			
273			宍道	意宇	5	「風土記」			○
274			狭結	神門	5	「風土記」 郡家と同じ場所『出雲国大税賑給歴名帳』			○
275			多伎	神門	5	「風土記」『出雲国大税賑給歴名帳』			○
276			千酌	島根	5	「風土記」			○
277		石見国	波禰	安濃	5				○
278			託農	邇摩	5				○
279			樟道	邇摩	5				
280			江東	那賀	5				
281			江西	那賀	5				
282			伊甘	那賀	5				○
283	山陽道	播磨国	明石	明石	30			○	○
284			賀古	賀古	40			○	○
285			草上	飾磨	30	宝亀4年　太政官符			○
286			大市	揖保	20	風土記は邑智駅家			○
287			布勢	揖保	20				○
288			高田	赤穂	20				○
289			野磨	赤穂	20	「今昔物語」			○
290			越部	揖保	5				○
291			中川	佐用	5				○
292			佐突	印南		「続後紀」承和6年再興			○
293		備前国	坂長	和気	20				○
294			珂磨	磐梨	20				○
295			高月	赤坂	20				○
296			津高	津高	14		○	○	○
297			藤野	藤野		「続紀」延暦7年移設		○	○
298		備中国	津峴	都宇	20		○		
299			河辺	下道	20				○

	行政区分	国名	駅家名	所在する郡	駅馬疋数	備考	駅郷	郡	郷
300	山陽道	備中国	小田	小田	20		○	○	○
301			後月	後月	20		○	○	
302		備後国	安那	安那	20		○	○	
303			品治	品治	20		○	○	○
304			(看)度	御調	20				○
305			(不明)	葦田		「和名類聚抄」	○		
306		安芸国	真良	沼田	20				○
307			梨葉	沼田	20				○
308			都宇	沼田	20				○
309			鹿附	賀茂	20				
310			木綿	賀茂	20				○
311			大山	安芸？	20		●		
312			荒山	安芸	20		●		
313			安芸	安芸	20		●	○	○
314			伴部	佐伯	20		●		
315			大町	佐伯	20		●		○
316			種篦	佐伯	20		●		○
317			濃唹	佐伯	20	「万葉集」の高庭駅家か	●		
318			遠管	佐伯	20		●		○
319		周防国	石国	玖珂	20		●		○
320			野口	玖珂	20		●		○
321			周防	熊毛	20		○		○
322			生屋	都濃	20		○		○
323			平野	都濃	20		○		○
324			勝間	佐波	20				○
325			八千	吉敷	20				○
326			賀[宝]	吉敷	20				○
327			大前	佐波		「日本紀略」寛平元年廃止			
328		長門国	阿潭	厚狭	20		●		
329			厚狭	厚狭	20		●	○	○
330			埴生	厚狭	20		●		
331			宅賀	豊浦	20		●		
332			臨門	豊浦	20		●		
333			阿津	美禰	3		●		
334			鹿野	美禰	3		●		
335			意福	美禰	3		●		
336			由宇	大津	3		●		
337			三隅	大津	3		●		○
338			参美	阿武	3		●		
339			垣田	阿武	3		●		
340			阿武	阿武	3		●	○	○

	行政区分	国名	駅家名	所在する郡	駅馬定数	備考	駅郷	郡	郷
341	山陽道	長門国	[宅]佐	阿武	3		●		○
342			小川	阿武	3		●		
343	南海道	紀伊国	荻原	伊都	8	「後紀」弘仁2年廃止			
344			名草	名草		「後紀」弘仁2年廃止	●	○	
345			賀太	海部	8	「後紀」弘仁2年廃止			○
346			荻原	那珂		「後紀」弘仁3年設置			
347		淡路国	由良	津名	5				
348			大野	津名	5				
349			福良	三原	5				
350			神本	三原		「続紀」神護景雲2年廃止			
351		阿波国	石隈	板野	5				
352			郡頭	板野	5				
353			武芸	那賀		平城京木簡			
354			薩麻	那賀		平城京木簡			
355		讃岐国	引田	大内	4				○
356			松本	寒川	4				
357			三谿	山田	4				○
358			河内	阿野	4				▲
359			甕井	多度？	4				
360			柞田	苅田	4				○
361		伊予国	大岡	宇摩	5				
362			山背	宇摩	5				
363			近井	宇摩	5				○
364			新居	新居	5			○	○
365			周敷	周敷	5			○	
366			越智	越智	5			○	
367		土佐国	頭駅	長岡	5				
368			吾椅	長岡	5	「後紀」延暦16年設置			
369			丹川	長岡	5	「後紀」延暦16年設置			
370	西海道	筑前国	独見	遠賀	15				
371			夜久	遠賀	15				
372			嶋門	遠賀	23	貞観18年太政官符			
373			津日	宗像	22				
374			席打	宗像	15				○
375			夷守	糟谷	15	「万葉集」			
376			美野	那珂	15				
377			久爾	席田	10				
378			佐尉	怡土	5				
379			深江	怡土	5	「万葉集」			
380			比菩	怡土	5				
381			額田	早良	5				○

	行政区分	国名	駅家名	所在する郡	駅馬定数	備考	駅郷	郡	郷
382	西海道	筑前国	石瀬	那珂	5				
383			長丘	御笠	5				○
384			把伎	上座	5				○
385			広瀬	上座	5				○
386			隈埼	夜須	5				
387			伏見	穂波	5				
388			綱別	嘉麻	5				○
389			蘆城	御笠		「万葉集」			
390		筑後国	御井	御井	5			○	
391			葛野	上妻	5				○
392			狩道	山門	5				
393		豊前国	社埼	企救	15				
394			到津	企救	15				
395			田河	田河	5			○	
396			多米	京都	5				
397			刈田	京都	5				○
398			築城	築城	5			○	
399			下毛	下毛	5			○	
400			宇佐	宇佐	5			○	
401			安覆	宇佐	5				
402		豊後国	小野	大野	10				
403			荒田	球珠	5				
404			石井	日田	5				○
405			直入	直入	5			○	○
406			三重	大野	5				○
407			丹生	海部	5				○
408			高坂	大分	5				
409			長湯	速見	5				
410			由布	速見	5				○
411		肥前国	基肆	基肆	10			○	○
412			切山	三根	5				
413			佐嘉	佐嘉	5			○	
414			高来	小城	5				○
415			磐氷	松浦	5				
416			大村	松浦	5				
417			賀周	松浦	5				
418			逢鹿	松浦	5	「風土記」			
419			登望	松浦	5	「風土記」			
420			杵嶋	杵嶋	5			○	○
421			塩田	藤津	5				○
422			新分	彼杵	5				○

	行政区分	国名	駅家名	所在する郡	駅馬定数	備考	駅郷	郡	郷
423	西海道	肥前国	船越	高来	5				
424			山田	高来	5				○
425			野鳥	高来	5				○
426		肥後国	大水	玉名	5				○
427			江田	玉名	5				○
428			坂本	合志	5				
429			二重	阿蘇	5				
430			蛟藁	阿蘇	5				
431			高原	山本	5				○
432			蚕養	飽田	5				○
433			球磨	益城	5				
434			長崎	宇土	5				
435			豊向	八代か益城	5				▲
436			高屋	天草	5				○
437			片野	八代	5				
438			朽網	葦北	5				
439			[佐]職	葦北	5	花岡木崎遺跡から「佐色駅」の木簡			
440			水俣	葦北	5				○
441			仁主	葦北	5				
442		大隅国	蒲生	桑原	5				
443			大水	菱刈	5				○
444		薩摩国	市来	出水	5				
445			英禰	出水	5				
446			網津	高来	5				
447			田後	薩摩	5	「後紀」延暦23年			
448			櫟野	薩摩	5	「後紀」延暦23年設置			
449			高来	高城	5				
450		日向国	長井	臼杵	5				
451			川辺	臼杵	5				
452			刈田	臼杵	5				○
453			美弥	臼杵	5				
454			去飛	児湯	5				
455			児湯	児湯	5			○	
456			当磨	宮崎	5				
457			[広]田	宮崎	5				
458			救麻	宮崎	5				
459			救弐	諸県	5				
460			亜椰	諸県	5				
461			野後	諸県	5				
462			夷守	諸県	5				

	行政区分	国名	駅家名	所在する郡	駅馬定数	備考	駅郷	郡	郷
463	西海道	日向国	真斫	諸県	5				
464			水俣	諸県	5				
465			嶋津	諸県	5				
466		壱岐嶋	優通	石田	5				
467			[伊周]	壱岐	5				

近江俊秀（おおみ・としひで）
1966年宮城県石巻市生まれ。文化庁文化財部記念物課文化財調査官。奈良大学卒。奈良県立橿原考古学研究所研究員を経て現職。専門は日本古代交通史。おもな著書に『古代国家と道路』『道路誕生』（ともに青木書店）、『道が語る日本古代史』（古代歴史文化なら賞、朝日選書）、『古代道路の謎』（祥伝社新書）、『日本の古代道路』（角川選書）、『平城京の住宅事情』（吉川弘文館）などがある。

朝日選書 953

古代日本の情報戦略

2016年12月25日　第1刷発行

著者　近江俊秀

発行者　友澤和子

発行所　朝日新聞出版
〒104-8011 東京都中央区築地5-3-2
電話 03-5541-8832（編集）
03-5540-7793（販売）

印刷所　大日本印刷株式会社

Published in Japan by Asahi Shimbun Publications Inc.
ISBN978-4-02-263053-7
定価はカバーに表示してあります。

落丁・乱丁の場合は弊社業務部（電話03-5540-7800）へご連絡ください。
送料弊社負担にてお取り替えいたします。